Las lenguas en la sociedad

PROYECTO EDITORIAL
CLAVES DE LA LINGÜÍSTICA

Director:
Juan Carlos Moreno Cabrera

Las lenguas en la sociedad

Carla Amorós Negre

EDITORIAL
SINTESIS

© Carla Amorós Negre

© EDITORIAL SÍNTESIS, S. A.
Vallehermoso, 34. 28015 Madrid
Teléfono 91 593 20 98
http://www.sintesis.com

ISBN: 978-84-995882-7-8
Depósito Legal: M. 8.630-2014

Impreso en España - Printed in Spain

Índice

Índice

Introducción

Indudablemente, la lingüística moderna ha conseguido desentrañar muchos interrogantes acerca de la propia naturaleza del lenguaje y de las lenguas. Desde distintos paradigmas (estructuralista, generativista, funcionalista, cognitivista, etc.) se han propuesto teorías y modelos para dar cuenta del desarrollo y adquisición de la capacidad lingüística en el ser humano, de la relación entre lenguaje y cognición o de las posibles clasificaciones de la enorme diversidad lingüística.

Los distintos enfoques, orientados hacia la descripción de la estructura interna de las lenguas, bien centrados en el uso lingüístico y en la dinámica del acto comunicativo, o bien más interesados en la organización del conocimiento lingüístico y en los procesos mentales por los cuales los seres humanos conceptualizamos el mundo, han tratado de responder a distintos conflictos de raigambre lingüística: elaboración de materiales didácticos adecuados para la enseñanza de lenguas extranjeras, desarrollo de programas de inmersión lingüística, tratamientos de patologías lingüísticas, asesoramiento lingüístico en ámbitos legislativos, audiovisuales, etc. No obstante, todavía son muchas las cuestiones a las que los lingüistas de una u otra perspectiva, auxiliados por profesionales de otras disciplinas (psicología, sociología, etnografía de la comunicación, antropología, etc.), deben prestar atención, no solo por mera cuestión heurística de curiosidad intelectual, sino para proporcionar las mejores aplicaciones y soluciones a los problemas relacionados con el lenguaje.

1

Lenguaje y sociedad: conceptos fundamentales

El lenguaje es, seguramente, la facultad más fascinante de la condición humana y a la vez la más compleja. Aunque la capacidad lingüística es la peculiaridad que más distingue al *sapiens* del resto de seres vivos, no suele repararse en que los hechos aparentemente más triviales de la conducta lingüística obedecen al funcionamiento de un intrincado y sofisticado sistema combinatorio, que permite representar, conceptualizar, procesar y comunicar todo tipo de información.

El carácter intrínsecamente humano del lenguaje desvela por qué la gran mayoría de la población, hablante nativa de al menos una lengua, se siente atraída y es sensible a las cuestiones lingüísticas. Esta cercanía de los hablantes a lo que para los lingüistas constituye el objeto científico de estudio explica que sea común entre los legos opinar e incluso discutir apasionadamente sobre aquello que es parte consustancial de sí mismos. Esto no suele suceder, lógicamente, con las ciencias no humanas, como la física, la química o las matemáticas, dado que es el lenguaje el cimiento de la socialización y organización del entorno de toda comunidad.

No sorprende, pues, que la población emita juicios de valor sobre las lenguas y que manifieste abierta o implícitamente sus creencias y actitudes lingüísticas, una fuente valiosísima de información para el futuro devenir de lenguas. Sin embargo, es cierto que muchas de estas opiniones se basan en ideas preconcebidas y mitos infundados sobre el grado de perfección, evolución, dificultad de los sistemas lingüísticos que al propio lingüista le compete desterrar. Los profesionales del estudio de las lenguas tienen el deber de acercarse a las cuestiones que preocupan y sobre las que se manifiestan abiertamente los hablantes en sus explicaciones acerca de la dinámica social del lenguaje y de las lenguas. Esta labor implica hacer visibles los tópicos discriminatorios, los prejuicios y las ideologías que subyacen a muchas decisiones que solo aparentemente tienen raigambre lingüística.

1.1. El ser humano: animal lingüístico y social

El mismo Aristóteles, ya en el siglo IV a.C., se refirió al ser humano como un animal social (*zoon politikón*) que necesitaba de la facultad lingüística para vivir y organizarse en una colectividad.

> Si el hombre es infinitamente más sociable que las abejas y que todos los demás animales que viven en grey, es evidentemente, como he dicho muchas veces, porque la naturaleza no hace nada en vano. Pues bien, ella concede la palabra al hombre exclusivamente. Es verdad que la voz puede realmente expresar la alegría y el dolor, y así no les falta a los demás animales, porque su organización les permite sentir estas dos afecciones, y comunicárselas entre sí; pero la palabra ha sido concedida para expresar el bien y el mal, y por consiguiente lo justo y lo injusto, y el hombre tiene esto de especial entre todos los animales: que sólo él percibe el bien y el mal, lo justo y lo injusto, y todos los sentimientos del mismo orden, cuya asociación constituye precisamente la familia y el Estado (Aristóteles, *Política*, Libro primero, capítulo primero "Origen del Estado y de la sociedad").

En efecto, los lingüistas han puesto de manifiesto que frente a la comunicación animal, fundamentalmente instintiva (localización de alimento, apareamiento, aviso de depredadores, etc.), limitada en cuanto a sus posibilidades expresivas y muy dependiente de los estímulos circundantes, el lenguaje humano presenta una serie de propiedades que le son exclusivas y lo dotan de infinitas posibilidades de creación de nuevas realidades. En efecto, las diferencias entre las diversas formas de lenguaje del reino animal y el lenguaje humano no son solo cuantitativas, sino también cualitativas. Solo el lenguaje humano nos permite desligarnos del aquí y del ahora, producir infinidad de mensajes lingüísticos nunca antes oídos o emitidos y reflexionar sobre el propio sistema y el uso que hacemos de él. Se trata, por lo tanto, de un complejo sistema de comunicación doblemente articulado.

Pero, además, el lenguaje humano es determinante en el proceso de enculturación y socialización de los individuos. No en balde las hipótesis gradualistas sobre el origen del lenguaje han enfatizado la relevancia sociológica de la interacción simbólica en la conformación de grupos y comunidades humanas. La aparición del lenguaje en los homínidos, paralelamente a la evolución biológica y al desarrollo cognitivo, permitiría el trabajo cooperativo, la cohesión social, la resolución de problemas, la ritualización de las prácticas comunitarias, la fabricación de instrumentos cada vez más perfeccionados, de forma tal que conforme fuesen más complejos los vínculos grupales y aumentasen los requisitos comunicativos, el lenguaje se haría también más preciso (Tusón, 2003).

Podríamos no estar de acuerdo, sin embargo, con las teorías interaccionistas y defender, siguiendo a Chomsky, la existencia de una mutación genética que explicase la aparición del lenguaje en la especie humana de una forma bastante repentina, pero el hecho de que los partidarios del innatismo aboguen por la existencia de una Gramática Universal (GU), impresa en nuestra dotación genética, no niega el reconocimiento de la influencia del entorno sociocultural, de la transmisión cultural y de la experiencia en el uso que los hablantes hacen de su lengua. Filogenética y ontogenéticamente, el lenguaje humano posee una dimensión social innegable.

El lenguaje humano tiene una importancia capital en el modo en el que se perpetúa, percibe, interpreta y construye la vida social, en la transmisión de la experiencia individual a la colectiva. Las manifestaciones lingüísticas de una comunidad reflejan el acervo histórico-cultural de la misma, las evaluaciones, normas y convenciones sociales de sus individuos. Las tradiciones discursivas orales y escritas de las distintas sociedades configuran una visión del mundo particular, en la que el individuo como ser social debe conocer no solo el sistema lingüístico, sino también el universo simbólico compartido y el entorno social que envuelve el acto comunicativo. El lenguaje es uno de los sistemas semióticos que configuran la cultura, cuyo inmenso potencial de significación en el establecimiento de vínculos entre los significantes y los significados debe desvelarse siempre atendiendo a las coordenadas concretas del contexto sociocultural. Este hecho supone dar entrada a la dimensión social en el estudio lingüístico, a la interpretación de las realizaciones lingüísticas como manifestaciones de un significado social.

> Todos los que han reflexionado sobre el lenguaje han llamado la atención sobre su amplio poder comunicativo y su papel indispensable en la vida humana [...] Es más, el propio diseño del lenguaje –una proyección de significados en forma de sonidos– es precisamente lo que puede esperarse para un sistema que ha evolucionado para la comunicación (Pinker y Jackendoff, "The nature of the language faculty and its implications for the evolution of language" *Cognition*, 97 (2), 2005: 95).

1.2. El estudio de la lengua en su contexto social

El estudio de las lenguas como instituciones sociales, soportes significativos a través de los cuales damos forma al pensamiento y organizamos nuestra vida social es, justamente, la orientación y perspectiva lingüística que se adopta en este libro. Téngase en cuenta que el origen social del lenguaje humano está implícito en la propia definición del signo lingüístico, convencional y arbitrario, determinado socialmente.

Igualmente legítimo resultaría adoptar un punto de vista interno e inmanente en la descripción de las lenguas y concebirlas como códigos formales y abstractos, un acercamiento a la cuestión lingüística como el seguido por la corriente generativista. Chomsky, de hecho, había distinguido dos dimensiones en el análisis lingüístico: el *lenguaje I* (interiorizado) y el *lenguaje E* (exteriorizado), y se decantó por el primero como objeto científico de estudio. Al igual que el estructuralismo saussureano se había inclinado por la *langue*, frente al uso individual o *parole*, el generativismo prestó atención al conocimiento lingüístico interno del individuo (*competencia*), a los mecanismos cognitivos y a los sistemas responsables de la capacidad lingüística humana. Sin embargo, desde esta óptica formalista, que basaba su teoría lingüística en la ficción de homogeneidad de un *hablante oyente-ideal*, la vertiente comunicativa y social de la lengua no tenía cabida.

Por el contrario, las perspectivas funcionalistas de Halliday, Givón o Langacker reaccionaron contra los presupuestos de las corrientes estructuralistas y generativistas y se interesaron en el aspecto social del lenguaje, en las manifestaciones reales y concretas del conocimiento lingüístico de los hablantes (*actuación*). El advenimiento del nuevo paradigma de la *lingüística de la comunicación* (Gutiérrez Ordóñez, 2002) enfatizó que la variabilidad era un hecho inherente al lenguaje y a las lenguas y que era necesario explicar el funcionamiento del lenguaje humano como instrumento de comunicación e interacción sociales.

En este contexto, el surgimiento en la segunda mitad del siglo XX de disciplinas como la sociolingüística, la pragmática o el análisis del discurso hizo hincapié en que las realizaciones del sistema lingüístico, si bien dependen de la competencia y se ven expuestas a limitaciones de memoria, distracciones, errores fortuitos, etc., son también sistemáticas y pueden constituirse en objeto esencial de investigación lingüística. En este sentido, se defendió que la heterogeneidad lingüística estaba condicionada por factores lingüísticos, pero también por factores de naturaleza externa (ámbito de uso, participantes, escenario, canal de comunicación, etc.), a los que debía prestarse atención para comprender la interrelación entre lenguaje y sociedad.

La competencia lingüística chomskiana, reducida al componente gramatical, parecía no satisfacer las demandas de una lingüística social. Hymes (1972), etnógrafo de la comunicación, propondría el término más amplio de *competencia comunicativa* para aludir no solo al conocimiento relacionado con el dominio del código lingüístico, sino también a la propia habilidad lingüística en sus dimensiones pragmática, sociolingüística, discursiva o estratégica. Describir una lengua tal y como realmente se materializa en el uso requiere, por tanto, atender a los factores externos sociales, contextuales y geográficos de la variación.

competencia > gramática

Cuadro 1.1. *La naturaleza social de la lengua como objeto científico de estudio*

Lingüística formal	*Lingüística social*
– Criterios inmanentes.	– Criterios sociohistóricos.
– Variables de naturaleza interna.	– Variables de naturaleza interna y externa.
– Modelo hipotético-deductivo.	– Modelo empírico-inductivo.
– Establecimiento de leyes causales, deterministas.	– Establecimiento de leyes interpretativas, tendencias explicativas.
– Modelo de las ciencias naturales.	– Modelo de las ciencias sociales.
– Objeto de descripción lingüística: la competencia lingüística.	– Objeto de descripción lingüística: la competencia comunicativa.

1.2.1. *La lengua: medio de comunicación*

Cierto es que el lenguaje verbal o signado no es el único medio de comunicación. Los seres humanos estamos continuamente en contacto con distintos tipos de signos (táctiles, visuales, olfativos, acústicos, etc.), de los cuales los lingüísticos constituyen solo un tipo, si bien con capacidad simbólica. Otros códigos no lingüísticos, como el de las señales de tráfico o la música, forman también parte de nuestra vida cotidiana. Actualmente, nadie duda del enorme potencial comunicativo de los sistemas de comunicación no verbales en todas las culturas: los movimientos y gestos corporales (cinésica), la distancia entre los interlocutores (proxémica) o las vocalizaciones no lingüísticas (paralenguaje), que pueden enfatizar, completar o contradecir los mismos contenidos expresados verbalmente.

Pero, sin duda, las propias unidades del lenguaje humano y la organización de las mismas lo convierten en el principal sistema de comunicación. Las diferentes manifestaciones del lenguaje humano verbal y signado en las lenguas del mundo son los instrumentos principales con los que cuenta el ser humano para transmitir sus pensamientos, ideas y emociones al resto de individuos. Las intenciones comunicativas pueden ser muy variadas y, en la mayor parte de ocasiones, no se pretende proporcionar asépticamente una información nueva, como sucede en una clase magistral o en un informativo televisivo, sino manifestar alegría, queja o rechazo, saludar, interrumpir, felicitar, disculparse, etc. Todas estas acciones las llevan a cabo los hablantes teniendo en cuenta los requisitos de las diferentes situaciones comunicativas, que varían en función de los parámetros propuestos por Hymes con el acrónimo SPEAKING.

Cuadro 1.2. *Los componentes de la comunicación lingüística*

Acrónimo mnemotécnico SPEAKING
S *Setting*: escenario, contexto físico espaciotemporal del acto comunicativo.
P *Participants*: los participantes, interlocutores y la relación que se establece entre ellos.
E *Ends*: objetivos de la interacción comunicativa.
A *Act of speech*: forma y contenido del mensaje lingüístico.
K Key: tono, estilo y grado de formalidad empleado en la interacción.
I *Instrumentalities*: las formas lingüísticas empleadas; empleo del código oral o escrito.
N *Norms*: normas que regulan el comportamiento verbal y no verbal de los participantes y las expectativas del acto comunicativo.
G *Genre*: los distintos géneros discursivos, cada uno de los cuales posee sus propias convenciones (entrevista, conferencia, debate, etc.).

Fuente: adaptado de Hymes, 1972.

como comunicar

En este contexto, cabe afirmar que cuando se otorga preeminencia a la función comunicativa del lenguaje, la eficiencia pragmática se convierte en el objetivo prioritario. En tales circunstancias, en las que prima la concepción instrumental del lenguaje, lo más importante es lograr la eficacia comunicativa, ser capaz de transmitir una información a un destinario y que este pueda procesarla y comprenderla. Esto se logra con independencia del seguimiento estricto de las normas lingüísticas codificadas en diccionarios y gramáticas. Valga como ejemplo el lenguaje de los sms, de los chats y de los foros de Internet.

Escribir *K acs wapa?* o *kdamos en ksa sta noxe?* en una situación comunicativa en la que prevalece la economía y la rapidez no implica que las personas, en su mayor parte jóvenes, que emplean ese tipo de lenguaje desconozcan los distintos niveles y registros comunicativos adecuados para otras circunstancias que requieren un uso lingüístico más cuidado y formal, como un examen o una exposición pública. Quienes escriben mensajes como estos con sus teléfonos móviles están produciendo textos escritos oralizados, un tipo de texto escrito solo por el medio de transmisión, pero oral desde el punto de vista concepcional, esto es, por cómo ha sido concebido, en una situación de espontaneidad no planificada. El empleo de la lengua en estas circunstancias transgrede las normas del código lingüístico de la escrituralidad, pensadas para los contextos comunicativos de la distancia. El oportuno incumplimiento de estas normas no debe llevar a suponer que los mismos usuarios que, en ocasiones, las violan no sean capaces de seguirlas cuando manejan otros tipos de discursos en los que se exige y debe exigirse una mayor atención a dichas reglas de corrección, adecuación y propiedad. No olvidemos, además, que el empleo de estos procedimientos de abreviación y contracción, que buscan la economía lingüística, tiene miles de años de antigüedad en la práctica de escribas y copistas.

Así las cosas, si se concibe el lenguaje como una herramienta, como mero medio de comunicación, conviene actuar con cautela. En los comienzos de la subdisciplina de planificación lingüística, uno de los enfoques propuestos fue, precisamente, el *instrumental*, actualmente muy desestimado por descuidar otra de las funciones básicas del lenguaje y de las lenguas, el ser vehículo de interacción y cohesión sociales. A este respecto, no puede perderse de vista que toda medida lingüística encaminada a intervenir en la forma o función de las variedades lingüísticas debe tener en cuenta el valor simbólico de estas y su importancia en el seno de la comunidad. Una perspectiva excesivamente instrumental puede llevar a evaluar las lenguas desde el punto de vista estructural como +/– perfectas, lógicas, útiles, etc. y establecer, en consecuencia, una jerarquía lingüística contraria al proceder del científico lingüista y a un axioma aceptado casi plenamente en la moderna lingüística, la igualdad potencial de todas las variedades lingüísticas.

1.2.2. La lengua: vehículo de interacción

Según se anticipó anteriormente, las lenguas ofrecen múltiples posibilidades de decir y hacer. Los actos de habla son, como demostró Austin, muchos y muy variados y, en la mayor parte de ocasiones, poseen naturaleza interactiva, es decir, cuentan con más de un participante y su propósito es mantener o reforzar los lazos sociales. De hecho, la llamada función fática del lenguaje es una muestra de cómo la lengua puede usarse simplemente para establecer un contacto y evitar así silencios que pueden resultar incómodos. Cuando decimos *buenos días* o *gracias* recurrimos a un intercambio comunicativo estereotipado culturalmente cuyo propósito no es otro que mostrar empatía o cordialidad. Para Bernárdez (2009 [2004]: 235), el 70% del tiempo dedicado a la comunicación lo ocupa esta función interpersonal.

Los distintos interlocutores entran en contacto, negocian e intercambian información y para que la comunicación tenga éxito, es decir, para que el emisor transmita su intención comunicativa al receptor y este la interprete correctamente, es necesario la conjunción de dos tipos de conocimiento: explícito e implícito, tanto en la fase de comprensión como en la de producción.

A lo largo de la historia, las teorías de la comunicación han otorgado una importancia capital a la información lingüística explícita y al conocimiento de las reglas gramaticales para una codificación y descodificación adecuada de los mensajes. Sin embargo, a partir de la segunda mitad del siglo XX, se ha enfatizado el hecho de que el conocimiento del código lingüístico no basta para desentrañar el significado último del acto comunicativo ni para garantizar la efectividad en la comunicación. Así pues, se requiere dar entrada a la dimensión pragmático-inferencial, por la cual el emisor produce intencionadamente estímulos que hace manifiestos al destinatario, quien lleva a cabo las suposiciones y deducciones pertinentes que le permiten averiguar la intención comunicativa de su interlocutor. En este sentido, en la explicación del funcionamiento de la interacción humana cobra gran importancia el componente implícito, que va mucho más allá de la información codificada lingüísticamente para atender a los elementos extralingüísticos del contexto físico pero también cognitivo (el conocimiento del mundo de los participantes y su experiencia compartida).

En este sentido, Sperber y Wilson hicieron hincapié en el principio universal de la relevancia, por el que todo ser humano es cognitivamente capaz de seleccionar la información pertinente para llevar a cabo las inferencias derivadas del contexto de enunciación y así interpretar el mensaje con el menor coste de procesamiento. Sin embargo, los patrones socioculturales, las rutinas discursivas que orientan la interacción comunicativa no son las mismas en las diferentes culturas, por lo que deben aprenderse. Entre estos saberes compartidos por los miembros de una misma comunidad de habla se hallan, precisamente, las pautas que guían la planificación y el desarrollo de los intercambios comunicativos, atendiendo a principios de comportamiento sociolingüístico verbal y no verbal considerados adecuados y apropiados (cómo iniciar y terminar un turno de habla, cómo disculparse por llegar con retraso a un acontecimiento, cómo solicitar la repetición de información, cómo despedirse, etc.).

El desconocimiento de las convenciones lingüísticas, sociales y culturales que guían el éxito en la comunicación es fuente de muchos malentendidos e interferencias que pueden desembocar en el fracaso comunicativo entre interlocutores que comparten el mismo código de comunicación, pero que son miembros de diferentes comunidades culturales. Los estudios de pragmática intercultural y de enseñanza de lenguas proporcionan muchos ejemplos al respecto. Así, un enunciado como *¿Puede usted decirme la hora?* podría suscitar rechazo y resultarle descortés a un interlocutor tailandés, que puede interpretar que se cuestiona su capacidad de llevar a cabo una acción muy simple. Por otro lado, en lo referente a la comunicación no verbal, mientras que en Europa occidental eructar o hurgarse la nariz es rechazado de forma contundente, señal de escasa educación, en muchos lugares de China es una práctica muy habitual que no posee estigma social.

1.2.3. *La lengua: símbolo de identidad y de expresión cultural*

La lengua, además de un medio de comunicación e interacción con nuestros congéneres, es también un factor de identidad que nos hace sentir miembros de un grupo y nos permite establecer lazos de unión con otros individuos. Al igual que sucede con los grupos surgidos por afinidades religiosas, generacionales u ocupacionales, las lenguas trascienden su función meramente comunicativa para convertirse en símbolos de pertenencia a un colectivo. Actuar lingüísticamente de uno u otro modo nos adscribe a un determinado grupo social al que se le asocian unas características, una información fundamental para la disciplina sociolingüística, que explora las relaciones entre lenguaje y sociedad.

Nuestro modo de hablar refleja nuestro acervo cultural y constituye una fuente inagotable de información sobre quiénes somos, cómo somos y qué nos hace diferentes (pensamientos, creencias, valores, etc.) a otros (alteridad). Por ello, no resulta deseable que una comunidad lingüística renuncie a su lengua originaria, que no es un simple instrumento fácilmente reemplazable sino parte consustancial de su identidad.

El elemento lingüístico se ha considerado determinante en el proceso de construcción de muchas naciones-estado tras la Revolución Francesa. Así sucedió en los procesos de emancipación de la América hispana, en los cuales el español fue erigido en símbolo de cohesión e identidad nacional, sin que ello implicara renunciar a las peculiaridades y singularidades lingüísticas que había adquirido el español en los diferentes territorios. No se trataba de trasplantar al Nuevo Mundo la identidad peninsular de la metrópoli española, que poco tenía que ver con la realidad americana, sino de que el español se convirtiera en cauce de expresión de nuevas tradiciones idiomáticas. Si bien la colonización trajo consigo la imposición de una lengua, la española, las variedades americanas la dotaron de una personalidad y autenticidad propias.

Poca importancia se otorgó, por el contrario, a las lenguas indígenas autóctonas en la construcción lingüística identitaria de las nuevas naciones americanas, que fueron mayoritariamente obviadas y silenciadas hasta mucho tiempo después. Así las cosas, las reivindicaciones de la población amerindia por el reconocimiento como idiomas nacionales del guaraní (Paraguay), del quechua (Ecuador, Perú) o del aimara (Perú) han llevado a que la legislación lingüística en pro de los derechos de las minorías tenga un reflejo cada vez mayor en la puesta en práctica de medidas efectivas de promoción y difusión lingüística. Sin embargo, todavía queda mucho camino por recorrer, especialmente, en lo que respecta a la implantación de una verdadera educación plurilingüe y multicultural en el territorio americano.

La era de la postmodernidad, caracterizada por el intenso contacto entre lenguas y culturas, ha llevado al individuo a buscar una reorientación en la aldea global y a continuar buscando sistemas simbólicos de referencia. La identidad, ahora más que nunca, no puede concebirse como una dimensión fija y monolítica, sino dinámica, híbrida y múltiple, que se reconstruye y adapta continuamente según el individuo se autocategoriza. Asimismo, el concepto de comunidad lingüística debe reinterpretarse para atender a los grupos humanos forjados a distancia y en distintos escenarios, cuyos repertorios lingüísticos muestran la intersección de flujos culturales globales y locales.

A este respecto, cabe también enfatizar que, al igual que un individuo puede sentirse identificado con distintos grupos de población y presentarse y ser percibido como gallego, español y europeo, una lengua puede relacionarse también con muy diversas identidades. El caso del inglés es paradigmático. Lengua global por antonomasia, el inglés ha trascendido su identificación con la cultura anglosajona-estadounidense para dar cabida a la expresión de nuevas tradiciones discursivas en territorios como Australia, India, Singapur o Malasia, donde funcionó al principio como segunda lengua. Son los mismos hablantes quienes reclamaron la legitimidad e institucionalización de dichas variedades del *World Englishes*, que sienten como propias y que emplean como variedades vernáculas para muy distintos propósitos comunicativos. En otros casos, el vínculo identificativo con la lengua inglesa es menor, tal y como ocurre en gran parte del continente europeo, donde el inglés se emplea con fines meramente utilitarios como *lingua franca* de la ciencia, del comercio o para la comunicación en el plano internacional.

Los lingüistas deben tener muy presente los distintos valores y funciones que los mismos hablantes le otorgan a las distintas lenguas o variedades en el seno de su comunidad y tratar de planificar en consecuencia. Justamente, la corriente mayoritaria actualmente en el proceder de la planificación de las lenguas es la *sociolingüística*, que considera que todas las variedades son sistemas simbólicos de igual valor nativo en cuya modificación resulta fundamental atender al componente actitudinal de la población. El plurilingüismo y el plurilectalismo son consustanciales a la mayor parte de seres humanos, que en unas ocasiones eligen satisfacer simplemente una necesidad comunicativa y en otras apelar a lo más íntimo de la especificidad de su comunidad y fomentar la lealtad grupal.

1.2.4. La lengua: construcción social

Meillet comentaba que la concepción de la lengua como institución social lleva necesariamente a hablar de la lingüística como una ciencia social. Evidentemente, gracias a la lengua los seres humanos construyen la realidad social, otorgan significados a las prácticas humanas y dan nombre a nuevas conceptualizaciones con las que organizar el pensamiento, comprender y reflexionar sobre el mundo circundante. Pero la misma noción de *lengua* es una categorización subjetiva, una elaboración teórica muy vinculada al concepto de identidad, que no puede establecerse con criterios estrictamente lingüísticos.

El estatus de lengua o dialecto de las diferentes variedades lingüísticas –término mucho más neutro y desprovisto de connotaciones ideológicas– guarda una estrecha relación con factores de naturaleza sociopolítica, económica y cultural. La reivindicación de la excepcionalidad lingüística y la elaboración funcional de variedades lingüísticas autóctonas, como sucede en Andalucía, Aragón, Asturias, Valencia, etc. en el estado español, pero también en la Bretaña francesa, en el norte de Irlanda, etc. en el territorio europeo, no responde a la existencia de un elevado grado de diferenciación estructural o *Abstand* (Kloss, 1967) respecto a otras variedades lingüísticas próximas, sino a motivaciones sociopolíticas y económicas y, en muchos casos, al deseo de los propios hablantes de establecer un distanciamiento respecto a otras variedades que provienen de un mismo continuo lingüístico.

Es muy conocido el ejemplo del serbio y del croata. En el siglo XIX se trabajó por la conjunción de ambas comunidades, junto a eslovacos, macedonios, etc. en el estado yugoslavo. Los serbios, demográfica y económicamente más poderosos que los croatas, decidieron en gran medida los designios de la política lingüística del llamado serbocrata, que contaba con una academia conjunta. Este hecho supuso que los croatas renunciaran a muchas de sus idiosincrasias gramaticales y léxicas en pro del mantenimiento de una única variedad escrita y un estándar oral para los ámbitos comunicativos formales. La elección del alfabeto latino por parte de los croatas desde 1945, frente al empleo del cirílico por los serbios, era una muestra palpable del deseo del pueblo croata de reclamar una identidad cultural y lingüística propia, pese a que con la creación de Yugoslavia todas las lenguas del país podían emplear bien el alfabeto cirílico, bien el latino. Sin embargo, la escisión de Yugoslavia en 1991 en sus diferentes grupos etnolingüísticos cambió radicalmente el panorama político y también lingüístico. El reconocimiento como estados independientes de Serbia y Croacia llevó al establecimiento de dos lenguas nacionales distintas y a la cristalización de las demandas de los croatas de un estatus de lengua independiente.

Otro caso similar se presenta con el neerlandés y el afrikaans. A pesar de que ciertos lingüistas holandeses continúan refiriéndose a este último como un dialecto del neerlandés, el carácter propiamente africano que ha adquirido en el territorio sudafricano y el abandono de la variedad lingüística holandesa como marco de referencia explican que la mayor parte de lingüistas hable del afrikaans en términos de lengua. De hecho, desde 1925 neerlandés y afrikaans son consideradas lenguas oficiales en Sudáfrica.

Otras parejas (sueco y noruego, búlgaro y macedonio, moldavo y rumano, hindi y urdu, etc.) responden también a este patrón esbozado. Primeramente, fueron consideradas variedades lingüísticas de un mismo sistema y, posteriormente, constituidas en lenguas *Ausbau* diferenciadas (Kloss, 1967), idiomas nacionales con los cuales reivindicar una autonomía e identidad propias tras un proceso de independencia política. En todos los casos, se observa que un mismo continuo se ha escindido por motivos no estrictamente lingüísticos (diferenciación estructural, ininteligibilidad, etc.) sino sociopolíticos.

Del lado contrario, también son motivos de índole sociopolítica o cultural los que han llevado a hablar de una única lengua china con amplia diversidad dialectal, atendiendo a que los diferentes dialectos chinos comparten un mismo código escrito que les lleva a la inteligibilidad. Sin embargo, la comprensibilidad mutua en la comunicación oral entre los hablantes de las distintas variedades chinas se ve muy a menudo comprometida. Los casos del quechua (quechua ancashino, quechua yaru-huanuco, quechua jauja-huanca, quechua yauyos, quechua cajamarca-cañaris o norteño, quechua chachapoyas-lamas, quechua ayacucho-cuzco o sureño) o el sami (sami iraní, sami kildin, sami lule, sami pite, sami skolt, sami ter, sami ume, sami norteño y sami sureños) son también llamativos. Su gran variabilidad interna ha llevado a gran parte de lingüistas a hablar de una familia o conjunto de lenguas y no de variedades de una única lengua. La inteligibilidad es, además, muy difícil de medir, puesto que depende, en gran manera, de la voluntad de entendimiento mutuo.

Asimismo, se debe hacer hincapié en que las lenguas son entidades continuas, no discretas, lo que explica la dificultad de trazar límites dialectales tan precisos. Así, existen variedades lingüísticas más o menos próximas e inteligibles a otras, una situación que puede cambiar con el paso del tiempo y en función de la proximidad o lejanía geográfica que se establezca entre ellas.

En este orden de cosas, cabe precisar que la reafirmación de una identidad lingüística, como toda identidad cultural, requiere siempre de un proceso de objetivación que reconstruya, legitime y naturalice la autenticidad y singularidad de sus valores, tradiciones y patrimonio, en este caso lingüístico, en la aldea global. Por ello, en la misma concepción de lengua resultan fundamentales las demandas de los propios hablantes de crear esa entidad institucionalizada y objetivarla como producto de la existencia, a pesar de que son los mismos miembros de una comunidad lingüística quienes actúan y se comportan como si la idea de *lengua*, en lugar de un artefacto cultural arbitrario, una abstracción fruto de una determinada forma de organización de la actividad lingüística, entre otras muchas posibles, existiese como una disposición innata. En este sentido, conviene tener presente que el término "lengua" manejado por la lingüística occidental no puede hacerse equivalente al que se utiliza en otras ecologías lingüísticas como en la zona del Pacífico, donde falta mucha información sobre el propio concepto indígena de lengua, que permita hacer diagnósticos lingüísticos fidedignos.

A este respecto, merece también la pena detenerse brevemente en la noción de *lengua estándar*, una cuestión sobre la que se profundizará más adelante. Cuando Dante Alighieri decide convertir una *lingua vulgaris*, el romance italiano, en *lin-*

gua illustre y regulata y dotarla del prestigio que hasta entonces habían tenido solo las lenguas clásicas, inicia esa construcción sociocognitiva de una idea particular de lengua, la estándar, la lengua cultivada por un proceso de normativización y normalización lingüísticas. A partir de ese momento, la concepción de una lengua estándar, muy dependiente de la escrituralidad, estará presente en la tradición lingüística occidental judeo-cristiana y en las aculturadas a esta, pero no se trata de una dimensión universal y natural en la historia de las lenguas, sino de un concepto histórico.

El estándar solo es una variedad más del complejo dialectal que por razones extralingüísticas (supremacía sociopolítica, económica o demográfica) goza de mayor estima y prestigio social, pero no es lingüísticamente superior a ninguna otra. Es por un proceso de ideologización por el que la conformación de una variedad estándar se objetiva, se naturaliza y llega a identificarse erróneamente con la lengua toda.

1.3. La vida social de las lenguas: plurilingüismo y diversidad

El lenguaje humano tiene su manifestación en las miles de lenguas que se distribuyen irregularmente por los cinco continentes. La diversidad lingüística y cultural son consustanciales a la condición humana y reflejan las distintas cosmovisiones y organizaciones del pensamiento, por lo que es tan importante luchar por el mantenimiento de la riqueza lingüística como por la biológica; de ahí que se abogue por la preservación de la logosfera (Krauss, 1992) de forma paralela a la biosfera. Cada lengua es depositaria de la historia colectiva de un pueblo y alberga sus creencias, tradiciones, leyendas, narraciones, etc. de incalculable valor para aprender de la experiencia humana. Por ello, debe ponerse de relieve que el estado natural del hombre y de las lenguas no es, en modo alguno, la homogeneidad y el monolingüismo, sino la heterogeneidad y el plurilingüismo. Las fronteras son cada vez más permeables y los contactos entre diferentes grupos humanos son constantes, lo que origina que el mestizaje lingüístico y cultural sea ahora más intenso que nunca.

Ya en el Renacimiento y en la Ilustración se tomó conciencia de la necesidad de estudiar lenguas que hasta entonces habían permanecido al margen del quehacer de los lingüistas (amerindias, orientales, etc.). Humboldt llamó la atención sobre la forma interior de cada lengua en la conceptualización del mundo, manifestada en las relaciones que se establecen entre las lenguas y las culturas. Pero, fue sobre todo a partir de los siglos XIX y XX, de la mano de personalidades como Boas o Sapir, cuando se dio un paso decisivo en la descripción e investigación de lenguas ajenas al patrón occidental y comenzó a hablarse de *antropología lingüística* o *etnolingüística*.

23

A pesar de las limitaciones iniciales del método y de las inexactitudes en muchas observaciones, un conocimiento cada vez mayor de nuevas realidades lingüísticas les llevó a formular fuertes críticas contra quienes defendían el primitivismo o limitación cognitiva que imponían unas lenguas frente a otras. Por primera vez, se puso de relieve que todas las lenguas humanas conocidas cumplían con las necesidades de expresión de sus respectivos pueblos y que eran elementos imprescindibles de la cultura. Así las cosas, los prejuicios, la ignorancia y la intolerancia llevan a que sea necesario seguir insistiendo en que la diversidad lingüística debe concebirse como una ventaja y no como un problema para el progreso y el bienestar de la humanidad.

Es preciso llevar a cabo una relectura del *castigo de Babel* y concebir la diversidad lingüística no como un castigo para los hombres, un obstáculo para el desarrollo económico y un problema para la comunicación, sino como un bien común al servicio de la humanidad. Por tanto, es tarea de los planificadores de lenguas revertir la muy extendida interpretación del texto bíblico, según la cual Dios castigó a la humanidad con "el desbarajuste lingüístico y frenesí babelizador" (Salvador, 1992: 57), de tal forma que la multiplicidad de lenguas dificultó el entendimiento entre los hombres.

De este modo, Moreno Cabrera (2006) sugiere prestar atención a otro pasaje de la Biblia en el que se recoge la idea contraria, el *milagro de Pentecostés*, por el cual los seres humanos, hablantes nativos de lenguas diferentes, fueron capaces de entenderse, gracias a actitudes positivas y a estrategias comunicativas que buscan la intercomprensión lingüística, sin renunciar a la expresión de la propia idiosincrasia idiolectal. Este es el objetivo que persigue el fomento del plurilingüismo pasivo y del *sesquilingüismo* cooperativo, que se practica, por ejemplo, en los países nórdicos y que explica que daneses, noruegos y suecos posean un conocimiento básico de las estructuras gramaticales y unas habilidades comunicativas determinadas que les permiten comprender, aunque no necesariamente producir en las otras lenguas.

1.3.1. *Riqueza etnolingüística*

Fue Einar Haugen, pionero en los estudios de planificación lingüística, quien empleó en un primer momento la metáfora de la *ecología lingüística* para referirse a la diversidad lingüística. Su propósito consistía en llamar la atención sobre la importancia de la interrelación entre el devenir de las lenguas y las diferentes comunidades étnicas y entornos socioculturales vinculados a ellas (los contactos e influencias lingüísticas, el número de hablantes de L1 o L2, dominios de uso, grado de codificación, expansiones territoriales, genocidios o deportaciones poblaciones, etc.). A lo largo de las décadas, el concepto de ecología lingüística o ecolingüística se ha ido perfilando como una aproximación al estudio de la dinámica de las lenguas y de sus respectivos usuarios, de forma tal que, como veremos más adelante, en los últimos años, la subdisciplina encargada de intervenir deliberadamente en la forma y función de las variedades lingüísticas, la política y la planificación del lenguaje, ha adoptado en muchos casos una perspectiva ecológica.

Este hecho supone ampliar las fronteras estatales, que tomó en consideración primeramente Haugen, para gestionar la diversidad lingüística a escala regional, nacional e internacional. Las distintas lenguas deben adaptarse al entorno dinámico del que forman parte y las diversas comunidades lingüísticas convencerse de la importancia del mantenimiento del patrimonio lingüístico, de la necesidad de la convivencia armónica de distintas lenguas y etnias y de la toma de conciencia sobre el empobrecimiento que conlleva el monoculturalismo y la extinción de lenguas. Solo así podrá llegarse a una mayor equidad y justicia social, aspiraciones de las que, en pleno siglo XXI, todavía estamos muy alejados.

En este estado de cosas, llama, sin duda, la atención la disparidad de cifras que se han barajado para el número de lenguas del mundo, entre los 3.000 y 10.000 ejemplares. Si bien la mayor parte de especialistas coincide en que el cómputo más aproximado se sitúa en torno a 6.000-6.500, el *Ethnologue*, una de las fuentes más consultadas acerca de la diversidad lingüística mundial, proporciona la cifra de 7.105 en su última edición de 2013. A este respecto, los lingüistas han manifestado en múltiples ocasiones el problema que supone precisar cuántas lenguas hay en el mundo por diversas razones:

1. La dificultad para establecer una distinción entre lenguas independientes o variedades de una misma lengua. Según se advirtió anteriormente, las fronteras lingüísticas no son nítidas y se determinan, en la mayoría de ocasiones, por factores de naturaleza extralingüística, por lo que no extraña que los datos varíen notablemente según la fuente de consulta. El *Ethnologue* (2013), por ejemplo, baraja para España la cifra de 15 lenguas: 5 respaldadas institucionalmente (español, catalán, gallego, vasco y aranés), 2 en estado de "desarrollo" (caló o romaní y la lengua de signos española), 5 "vigorosas" (lengua de signos catalana, lengua de signos valenciana, fala o galaico-extremeño y quinqui, lengua de los mercheros nómadas, sin aparente parentesco conocido) y 3 amenazadas (asturiano-leonés, aragonés y erromintxela, calificada como lengua mixta vasco-romaní).

    Se trata de una clasificación lingüística en la que se le otorga el estatus de lengua independiente a lo que para otros lingüistas constituyen modalidades lingüísticas de diferente naturaleza: 1) variedades lingüísticas surgidas de los dialectos históricos o primarios del latín, que en los últimos años están siendo objeto de medidas explícitas de normativización y normalización que les pueden conducir al estatus de lengua en un futuro (asturiano-leonés y aragonés); 2) variedades de frontera, pertenecientes a un mismo sistema lingüístico, que no muestran suficiente grado de diferenciación estructural como para ser consideradas lenguas independientes (la fala respecto al gallego o al portugués y el aranés respecto al occitano); 3) variedades diastráticas, propias de un determinado grupos social (caló, quinqui o eromintxela). Resulta significativo que entre las distintas lenguas de España que recoge el *Ethnologue* (2013) no se encuentre el valenciano como lengua independiente del catalán (cuestión muy ideologizada políticamente), pero sí se le otorgue dicho carácter autónomo a sus respectivas lenguas de signos: valenciana y catalana.

2. El desconocimiento profundo de muchas regiones del planeta y de sus respectivos idiomas. A finales de 2008, la prensa se hizo eco del descubrimiento de una lengua, el koro, que no había sido registrada ni estudiada previamente por los lingüistas. Hablada en el noreste de la India (en el estado de Arunachal Pradesh) por menos de 1.000 hablantes, el koro ha sido clasificada dentro de la familia tibetano-birmana y ya se incluye en los catálogos de las lenguas del mundo. Al inconveniente de la inaccesibilidad a determinadas zonas del planeta durante muchas décadas habría que añadir el hecho de que la catalogación y descripción de algunas lenguas se llevó a cabo en épocas pasadas por personas que poseían escasa formación lingüística.

Existe, indudablemente, una mayor y más exhaustiva documentación sobre las lenguas del continente europeo en comparación con el resto, lo cual puede llevar a unos cálculos más precisos en torno al número de lenguas habladas en Europa. Asimismo, es claro que en África y en la zona del Pacífico se concentra el mayor número de lenguas (Grimes, 2000), aunque este hecho no puede llevar, como sucede en algunos escritos, a inflar las cifras sobre el número de lenguas en estas regiones, que los occidentales sienten como más exóticas y remotas. Parece como si, aun careciendo de datos fehacientes que permiten llegar a conclusiones más certeras sobre la situación lingüística de determinadas zonas del planeta, interesara exagerar la diversidad en unos casos y no en otros, de la misma manera que sucedió con la realidad mitificada de los grupos inuit y yupik, de quienes se llegó a decir que poseían 100 o 200 términos para referirse a "la nieve". Por ello, si se defiende que existen más de 30 lenguas quechua diferentes, siguiendo el mismo criterio, debería hablarse de varias lenguas italianas, dado el elevado grado de enorme heterogeneidad y dialectalización que presenta este sistema lingüístico.

3. La diversidad glotonímica para aludir a un mismo referente lingüístico. En ocasiones, una cuantificación precisa de las lenguas del mundo se ve impedida por la diversidad de denominaciones para aludir a una misma lengua por parte de los mismos hablantes, por grupos foráneos o por los mismos lingüistas. Como explica Crystal (2000: 18), a la lengua tapshin o tapshinawa de la familia níger-congo, por ejemplo, se la conoce también con el nombre de suru o nsur, denominaciones que derivan del autoglotónimo que se daba la misma comunidad. Sin embargo, el pueblo vecino ngas se refería a ellos con el nombre de dishili, glotónimo que también ha perdurado para referirse a esta lengua, al igual que myet, nombre de otro pueblo vecino con el cual, según la comunidad tapshin, comparten la lengua.

4. El vertiginoso ritmo al que mueren muchas lenguas. Efectivamente, la desaparición de lenguas, que lleva aparejada en ocasiones la extinción de un grupo étnico por completo, es un problema acuciante que pone en serio peligro la estabilidad ecolingüística del planeta y sobre el que deben tomar conciencia los lingüistas y planificadores de lenguas. De las mencionadas 7.105 lenguas existentes que cita el *Ethnologue* en su última versión, la vitalidad de 1.481 está "comprometida" (*in trouble)* y se requieren serios esfuerzos de revitalización lingüística; 906 lenguas podrían considerarse moribundas, puesto que no se transmiten como lengua materna de padres a hijos. Asimismo, teniendo en cuenta la rapidez con la que han ido desaparecido lenguas desde que comenzaron los recuentos de esta enciclopedia (1950), 377 en menos de un siglo, el porvenir se presenta muy poco halagüeño. Hay quienes piensan que más de la mitad de las lenguas habladas actualmente se extinguirán al final de la centuria, una desaparición que consideran muy unida al fenómeno de la globalización, que ha llevado a una extensión sin precedentes de solo un puñado de lenguas, las mayoritarias. De hecho, solo 8 lenguas en el mundo cuentan con más de 100 millones de hablantes y en torno al 80% de la población mundial habla un total de 75 lenguas. Además, es preciso mencionar que solo existen aproximadamente 600 lenguas cuyo número de hablantes supera los 100.000, cifra que puede asegurar su mantenimiento a medio plazo (Bernárdez, 2009 [2004]: 25). *scary*

A la luz de estos datos escalofriantes, muchos lingüistas (Crystal, *arrival* 2000; Nettle y Romaine, 2000) manifiestan su preocupación por el advenimiento de una homogeneización lingüística a ultranza *staunch* que se traduzca en el empleo de un escaso número de lenguas occidentales, una *oligoglosia* que privilegie deliberadamente, por motivos de naturaleza sociopolítica y económica, a unas pocas lenguas y revierta en la aceleración de los procesos de desaparición y muerte de lenguas.

Así las cosas, también hay lingüistas que piensan que nunca será posible esa globalización etnolingüística a ultranza, justamente porque los seres humanos necesitarán siempre reivindicar su propia personalidad en los nuevos horizontes de interacción social. De hecho, la difusión y expansión lingüísticas en la era global ha llevado al surgimiento de nuevas variedades y cánones lingüísticos, fruto de la intensificación de relaciones a escala global pero también local. Por ello, hay quienes han preferido hablar en términos de *glocalización* (Robertson, 1992) para enfatizar la apropiación y reinterpretación por parte de diferentes grupos culturales de lenguas, conocimientos, prácticas, ideas, etc. en nuevos escenarios y contextos de usos, de forma tal que la mundialización pueda orientarse hacia la diversidad y la riqueza lingüístico-cultural.

Cuadro 1.3. *Clasificación del estado de vitalidad-peligro de las lenguas según los criterios del Ethnologue (2013)*

Nivel	Etiqueta lingüística	Descripción
0	*Internacional*	Ampliamente empleada para la comunicación más allá de las fronteras nacionales para el intercambio comercial, científico, etc. y para la diplomacia. Ejemplos: inglés, español, francés, alemán, swahili, árabe, etc.
1	*Nacional*	Carácter oficial a nivel estatal y presente en los distintos ámbitos comunicativos de la nación: gubernamentales, laborales, educaciones y en los medios de comunicación. Ejemplos: español, francés, portugués, hebreo moderno, afrikaans, chino, etc.
2	*Provincial*	Carácter oficial a nivel subestatal y presente en los distintos ámbitos de uso de alcance regional: gubernamentales, laborales, educaciones y en los medios de comunicación. Ejemplos: hausa, albanés, tamil, catalán, gallego, vasco, etc.
3	*Comunicación a gran escala*	Destinada a funcionar como vehículo que asegura la inteligibilidad entre distintas comunidades y empelada en los medios de comunicación de masas y en el trabajo. En muchas ocasiones, se trata de una L2 para gran parte de sus usuarios. Ejemplos: shona, zulu, yula, curdo, krío, malayo, etc.
4	*Educacional*	Empleada como lengua para la alfabetización y la educación y dotada de los suficientes recursos didácticos y de un alto grado de estandarización. Ejemplos: escocés, luxemburgués, yiddish, occitano, wolof, tai, etc.

5	*En vías de desarrollo*	Dotada de un considerable grado de estandarización, aunque sin un apoyo institucional suficiente que lleve a su implantación y difusión en el ámbito educativo. Ejemplos: romaní, penyabí, osético, javanés, cuna, yanomami, etc.
6a	*Vigorosa*	Usada activamente para la comunicación ordinaria entre personas de las diferentes generaciones. Ejemplos: chuan, lengua de signos francesa, nubi, georgiano, miao, lakia, etc.
6b	*Amenazada*	Usada para la comunicación ordinaria entre personas de las diferentes generaciones, pero que está perdiendo cada vez un mayor número de usuarios. Ejemplos: aymara, navajo, tonga, cheroki, hopi, dakota.
7	*Cambio en proceso*	Utilizada todavía por las generaciones jóvenes, pero ya no es transmitida como lengua materna a los hijos. Ejemplos: zapoteco, náuhatl, yupik, aleuta, hua, okanagán.
8a	*Moribunda*	Utilizada únicamente por los hablantes de edad más avanzada. Ejemplos: menómini, kete, lengua de signos sueco-finlandesa, casubio, yirbal, comanche.
8b	*Cercana a la extinción*	Conocida únicamente por los hablantes de edad más avanzada, pero con poca posibilidades de uso. Ejemplos: tuscarora, ainu, taíno, baré, cumanagoto, chochoteca.
9	*Inactiva*	Valorada simbólicamente como signo identitario del pasado de la comunidad. Prácticamente carente de hablantes nativos. Ejemplos: kamba, kereke, copto, cachiquel, lenca, eyak.
10	*Extinta*	No cuenta con ningún hablante nativo y carece de todo vínculo identificativo con la población. Ejemplos: córnico, dálmata, gótico, frigio, jorá, manés.

Según se aprecia en el cuadro 1.3, los distintos niveles conforman una escala de mayor (nivel 10) a menor (nivel 1) vitalidad que pueden presentar las lenguas, atendiendo a la transmisión intergeneracional de la mismas, al estatus conferido por la administración y las instituciones educativas, así como al valor que les otorga la población. La pertenencia de una lengua a un nivel determinado de la escala implica el cumplimiento de los requisitos de los niveles inferiores.

1. Los niveles 0-4 corresponden a lenguas *institucionalizadas*, esto es, lenguas que tienen vitalidad y presencia no solo en los ámbitos familiares, sino también en los organismos e instituciones gubernamentales, de los que reciben un apoyo explícito. Según el *Ethnologue* (2013), menos del 10% de las lenguas del mundo pueden ser tipificadas como tales, aunque con distinto grado de institucionalización y presencia en los foros internacionales. En el ámbito científico y en la red, la omnipresencia del inglés continúa siendo indiscutible e incomparable.

2. El nivel 5 da cuenta de las lenguas *en desarrollo*, que están siendo objeto de medidas de planificación para ampliar sus ámbitos de uso, un proceso al que suelen asociarse tres dimensiones fundamentales (Ferguson, 1968): la *representación gráfica*, la *estandarización* (la formulación de una norma explícita) y la *modernización* (elaboración funcional para satisfacer las diferentes necesidades comunicativas). Se cifra que un 22% de lenguas del mundo responden a este esquema.

3. El nivel 6a se refiere a lenguas no estandarizadas pero con fuerte presencia, *vigorosas* por el uso que hacen de ella los miembros de la comunidad lingüística en cuestión. Aproximadamente el 35% de las lenguas del mundo se encuentra en este estadio.

4. Los niveles 6b y 7 describen la *situación problemática* de lenguas cuya transmisión intergeneracional peligra. Cabe poner de manifiesto que es precisamente a partir de estos niveles cuando debe trabajarse más a fondo por la revitalización lingüística y por la adopción de medidas respaldadas oficialmente que restauren su prestigio, potencien el uso de la lengua entre las generaciones adultas e incentiven el deseo de los más jóvenes de mantenerla y aprenderla.

5. Los niveles 8a, 8b y 9 responden a la triste realidad de lenguas *en proceso de desaparición,* usadas únicamente por las generaciones más avanzadas, cuyo mantenimiento corre un serio peligro.

6. El nivel 10 atiende a las lenguas consideradas *muertas*, *extintas,* desaparecidas por completo como medio de comunicación y como vínculo simbólico de la comunidad, en la que ya no se encuentran hablantes nativos de esta.

A continuación, se presentan los datos de las 8 lenguas del mundo que presentan la mayor vitalidad lingüística en lo concerniente a hablantes nativos, cuya expansión se incrementa en gran manera, en casos como los del inglés, el español o el portugués, por el amplio porcentaje de población que los aprende como lenguas segundas o extranjeras.

Cuadro 1.4. *Las lenguas más habladas del mundo*
(Ethnologue, 2013)

Lengua (L1)	Millones de hablantes
Chino	1.197
Español	406
Inglés	335
Hindi	260
Árabe	223
Portugués	202
Bengalí	193
Ruso	162

En efecto, son una minoría en el panorama lingüístico global, lenguas que poseen la mayor visibilidad y que, en muchas ocasiones, han sido impuestas a otras en situaciones de dominio y colonialismo por su asociación con las culturas del progreso y del ascenso socioeconómico. A este respecto, son conocidos los procesos de sustitución lingüística y asimilación cultural llevados a cabo por los colonos blancos en Norteamérica, que forzaron a tribus indígenas a la adopción de la lengua inglesa, al igual que sucedió en Australia con los pueblos aborígenes, y en distintas regiones de Asia y África. Asimismo, en el antiguo territorio de la Unión Soviética, el ruso fue ocupando ámbitos de uso tradicionalmente reservados a las lenguas siberianas, que fueron paulatinamente desplazadas y cuyos hablantes se vieron obligados a cambiar de lengua.

La extensión del portugués en Brasil, Angola, Mozambique, Cabo Verde, Santo Tomé, Príncipe o Guinea Bissau y del español en América, Guinea Ecuatorial y Filipinas responden también a este patrón colonial, que trajo como consecuencia la discriminación y marginación de las lenguas autóctonas, relegadas a los ámbitos de uso privado y familiar y reducidas sus funciones lingüísticas, con lo cual se aceleró el proceso de desaparición de muchas de ellas. La irrupción de las culturas exógenas de los pueblos vencedores, dominantes, fue acompañada de la minusvaloración y la aparición de actitudes negativas hacia las civilizaciones tradicionales y las lenguas vernáculas locales, lo cual llevó a los propios hablantes a desarrollar sentimientos de inferioridad y deslealtad lingüística en muchos casos. De esta cuestión, en particular, y de las lenguas amenazadas en la actualidad se tratará específicamente en el tercer capítulo.

En otro orden de cosas, tal y como se anticipaba líneas más atrás, si bien el número de hablantes de las lenguas no se distribuye de forma uniforme, tampoco esta gran diversidad lingüística se organiza equitativamente desde el punto de vista geográfico. En este sentido, el grado de diversificación lingüística se ha correlacionado con la antigüedad de los emplazamientos poblacionales, por lo que se sostiene que en África, desde donde comenzaría la andadura de nuestros antepasados *sapiens* por el resto del globo, se encontrarían los mayores niveles de variación y las lenguas más antiguas. En concreto, se piensa que el privilegio lo ostentan las lenguas de la familia *khoisan o joisan*, compuesta por unas 50 lenguas habladas en el sur del continente alrededor del desierto de Kalahari por los pueblos de los pastores nómadas *san y joijói.* Algunas de estas lenguas emplean los famosos *clicks,* sonidos no pulmonares parecidos a un chasquido o un beso, producidos por succión, y que en estas lenguas funcionan como consonantes con sus diferentes puntos de articulación.

No a gran distancia le siguen un par de familias lingüísticas de Nueva Guinea, una isla del Pacífico donde se localizan más de 800 lenguas y cuyos primeros pobladores parece que datan de hace aproximadamente 50.000 años, atendiendo a los restos arqueológico hallados en el territorio. Nueva Guinea concentra, pues, muchos grupos lingüísticos diferentes, pero la mayor parte de estas lenguas no poseen más de 1.000 hablantes. En este contexto, merece la pena destacar la gran densidad lingüística que presenta el estado de Vanuatu, la mayor en términos relativos, dado que cuenta con más de 100 lenguas habladas en un territorio de 150.000 habitantes.

En los siguientes cuadros 1.5 y 1.6 se recogen la distribución del porcentaje de lenguas de cada continente y los países en los que se habla un mayor número de lenguas.

Cuadro 1.5. *El reparto geolingüístico (Ethnologue, 2013)*

Continente	Número de lenguas	(%)	Número de hablantes nativos (aprox. millones)
África	2.146	30,2	789
Asia	2.304	32,4	3.743
Oceanía y el Pacífico	1.311	18,5	6,5
América	1.060	14,9	51
Europa	284	4	1.647
TOTAL	7.105	100	6.236

Cuadro 1.6. *Los estados con mayor diversidad lingüística del mundo*

Estado	Número de lenguas
Papúa Nueva Guinea	823
Indonesia	726
Nigeria	505
India	387
México	288
Camerún	279
Australia	235
Congo	218
China	201
Brasil	192
Estados Unidos	176
Filipinas	169
Malasia	139
Tanzania	135
Sudán	134
Chad	132
Nepal	120
Vanuatu	109
Myanmar	107
Rusia	100

Fuente: Grimes, 2000.

En estas regiones suele predominar un multilingüismo más equilibrado que en otras zonas del planeta, dado que muchos hablantes nativos lo son de lenguas minoritarias y, al entrar en contacto con pueblos vecinos por propósitos comerciales, alianzas o matrimonios mixtos, han ampliado su repertorio lingüístico para poder comunicarse intergrupalmente sin necesidad de renunciar a su vernáculo y sin que ninguna de las lenguas vecinas se impusiese como dominante.

Volviendo a la cuestión de la diversidad lingüística, es preciso echar la vista atrás hacia el siglo XIX, cuando la lingüística histórico-comparada, de la mano de Jones, Bopp, Rask, Grimm o Schleicher, puso de relieve que la similitud entre lenguas geográficamente tan alejadas entre sí, como sucedía con el griego, el latín o el sánscrito, no podía deberse a la casualidad. El estudio sistemático de las palabras semejantes grafofónica y semánticamente en dichas lenguas, los *cognados*, permitió constatar que procedían de un tronco común, el filo *indoeuropeo*, el más estudiado, al que pertenecen la mayor parte de lenguas europeas y que se extiende también por Asia y América. Dentro de cada filo se establecieron a su vez diferentes subfamilias o ramas lingüísticas de mayor proximidad filogenética, como el grupo romance, el grupo germánico o el grupo indo-iranio, por ejemplo, todos ellos derivados del indoeuropeo.

Cuadro 1.7. *La semejanza interlingüística entre algunas lenguas indoeuropeas: los cognados*

Sánscrito	Griego	Latín	Español	Francés	Catalán	Italiano	Inglés	Alemán	Hindi
duvá	duo	duo	dos	deux	dos, dues	due	two	zwei	do
trayah	treis	tres, tria	tres	trois	tres	tre	three	drei	tin
matar	mater	mater	madre	mère	mare	madre	mother	Mutter	mata
nakti	nykhta	nox	noche	nuit	nit	notte	night	Nacht	nakta
str	aster	stella	estrella	étoile	estel	stella	star	Stern	tara

A partir del modelo de la reconstrucción del indoeuropeo, se recrearon los estadios y etapas anteriores de muchas lenguas del mundo, con objeto de averiguar si procedían de un mismo antepasado, de una lengua madre o protolengua cuyo sistema lingüístico hipotético era necesario establecer. El estudio de la evolución histórica de las lenguas, cómo llegaron a ser lo que son y sus relaciones genealógicas, llevó a agrupar el 90% de las lenguas conocidas. Así las cosas, es cierto que existen controversias sobre determinadas clasificaciones, como sucede con las lenguas de América, y hay que tener presente que existen todavía lenguas aisladas de las cuales desconocemos su árbol genealógico, muy posiblemente porque son las únicas supervivientes de una familia lingüística ya extinta. En todo caso, las propuestas de clasificación genética, iniciadas por William Jones y consolidadas por Joseph Greenberg, aunque sujetas a muchas modificaciones, han permitido distinguir por su parentesco las familias o filos principales de lenguas del mundo, que se presentan a continuación distribuidas por continentes (Moreno Cabrera, 2005; Junyent y Muncunill, 2010):

Cuadro 1.8. *Principales filos o familias lingüísticas de África*

Familia o filo	Situación	Subgrupos y ejemplos de lenguas
Afroasiática	Unas 366 lenguas habladas en el norte y cuerno este de África y también en el suroeste de Asia	– semítico (árabe, arameo, hebreo) – bereber o tamazí (tuareg, rifeño, guanche †) – cusita (somalí, oromo) – omótico (aari, dizi) – chádico (hausa, egipcio, bura)
Nilosahariana	Unas 140 lenguas habladas en la zona centroriental, alrededor de los ríos Nilo y Chari, cuyo parentesco entre los diferentes grupos ha sido muy discutido.	– A. songái (songái) – B. sahariano (kanuri) – C. maban (maba) – D. fur (fur) – E. sudánico oriental (masai, nuer, lúo, acholi, lugbara) – F. sudánico central (mbuti) – G. berta (berta) – H. kunama (kunama) – I. koman (shabo) – J. gumuz (gumuz) – K. ik (ik) – L. kadu (krongo)
Níger-Congo	Unas 1.400 lenguas, la mayor familia de África, que ocupa desde el sur del Sahara hasta el sur del continente.	– cordofana(ko) – mande (mandinga) – atlántico (volofo) – ijoid (oruma) – dogón (kamba) – volta-congo (incluye el subgrupo benue-congo de las lenguas bantúes: yoruba, ibo, suahili, zulú, sona, josa, rwanda, etc.)
Joisan	Unas 50 lenguas, la familia lingüística más pequeña de África, habladas alrededor del desierto de Kalahari y en Tanzania pero en muchos casos sin llegar a los 5.000 hablantes.	kwadi, hatsa, sandave, chua, engamaní, /gwi, etc.

Cuadro 1.9. *Principales filos o familias lingüísticas de Asia*

Familia o filo	Situación	Subgrupos y ejemplos de lenguas
Paleosiberiana	Se trata de lenguas no relacionadas genéticamente con morfología aglutinante y orden Sujeto-Objeto-Verbo, habladas por tribus nómadas en el norte oriental de Siberia. Todas son lenguas amenazadas.	– chukoto-kamchadal (chuckchi, koryak, kereko) – yeniséi (arin †, assan †, kete)
Altaica	Lenguas habladas desde los Balcanes hasta el noroeste de Asia, incluyendo la zona de los montes Altai.	– túrquico (turco, uzbeko, kazajo) – mongol (mongol) – tungús (evenki, manchú)
Drávida	Unas 20 lenguas de tipo aglutinante habladas al sur de la India y en Sri Lanka. El contacto con las lenguas indoeuropeas de la rama indoaria explica los frecuentes intercambios lingüísticos.	telugu, tamil, malabar, kanarés, brahuí, etc.
Sinotibetana	Unas 250 lenguas tonales, de morfología fuertemente aislante, extendidas desde el norte de la India hasta Taiwán y desde China hasta la península de Malaca. Se trata del segundo filo en número de hablantes, solo por detrás del indoeuropeo.	– sínico (variedades del chino: mandarín o putonghua, wu, min, yue [cantonés], hakka) – tibetano-birmana (tibetano-birmano, lisú)
Austroasiática	Unas 165 lenguas que presentan una gran riqueza en el sistema vocálico, habladas en el sudeste de Asia y en la India.	– munda (mundarí, santali) – mon- khmer (vietnamita, camboyano)
Daica	Aproximadamente 40 lenguas tonales fuertemente aislantes habladas en el sudeste asiático.	tai, lao, lingao, lakia, don, etc.
Indoeuropea (rama indoirania)	Habladas al este del los montes Urales y en el sur de Asia.	– índico (sánscrito, hindi, urdu, penyabí, bengalí, nepalí) – nuristaní (kati, kamviri) – iraniano (avéstico, persa, curdo)

Cuadro 1.10. *Principales filos o familias lingüísticas de Oceanía y el Pacífico*

Familia o filo	Situación	Subgrupos y ejemplos de lenguas
Austronésica	Alrededor de 1.250 lenguas habladas en la zona indopacífica (Indonesia, Malasia, Filipinas, Madagascar y Polinesia), una de las regiones de mayor diversidad lingüística del planeta.	– malayo-polinesio occidental (tagalo, malgache, malayo, javanés, cebuano, ilocano) – malayo-polinesio central (fiyi, samoano, maorí, tahitiano)
Pama-ñungana	175 lenguas aborígenes muy diversas, por lo que se discute su filiación genética habladas. Se hablan en toda Australia excepto en la zona norteña y se caracterizan por un orden sintáctico relativamente libre. Ninguna de ellas sobrepasa los 4.000 hablantes y ninguna posee reconocimiento oficial en el territorio. Un elevado índice de estas lenguas desapareció y el futuro es poco esperanzador para el resto.	yirbal, varlpiri, lardil, yidín, burarra, kaurna †, jiwarli †, etc.
Papú	Lenguas no austronésicas y no pama-ñunganas habladas en Papúa Nueva Guinea e Indonesia, cuyo parentesco es muy discutido. Son mayoritariamente lenguas tonales con orden SOV.	tok-pisin, rotokas, dani, yareba, etc.

Cuadro 1.11. *Principales filos o familias lingüísticas de América*

Familia o filo	Situación	Subgrupos y ejemplos de lenguas
Esquimo-aleutiana	Se trata de lenguas habladas en Alaska, Groenlandia, las islas Aleutianas y Canadá, caracterizadas por la predominancia de morfología polisintética o incorporante. Se encuentran en grave peligro de extinción.	– aleuta (aleuta) – inuit (inuit, yupik)
Na-dené	Grupo de aproximadamente 30 lenguas habladas en Alaska, Canadá y Estados Unidos.	eyak-atapascano (haida, eyak †, apache, navajo)
Algonquina	Conjunto de lenguas mayoritariamente polisintética que ocupan un amplio territorio, desde la costa californiana hasta el Atlántico. Es el grupo de lenguas nativas estadounidense que cuenta con mayor número de hablantes y uno de los grupos de lenguas mejor estudiados de América, ya que fueron las primeras del continente con las cuales los europeos entraron en contacto.	menómini, cheyén, arapaho, micmac, etc.
Iroquí o siu	Grupo de aproximadamente 30 lenguas, predominantemente aglutinantes, habladas en el centro-este de Estados Unidos, la mayoría de las cuales no llegan a los 1.000 hablantes.	cheroki, mohicano, mohawk, dakota, etc.
Mosan o sélica	Conjunto de lenguas habladas en la costa del Pacífico, sudeste de Canadá y EE. UU.).	bella coola, nutka, kalispel, liluet, etc.

Penutí	Subgrupo de lenguas seriamente amenazado que se extiende en el sudoeste de Canadá, el oeste de Estados Unidos (Oregón, California), en la Columbia británica, México y América central. Suelen presentar alternancias vocálicas en las raíces.	-maya (chol, quiché, cachiquel, yucateca)
Yuto-azteca	De una familia de aproximadamente 60 lenguas, sobreviven unas 20 habladas desde el sur de los Estados Unidos (Oregón) hasta Nicaragua. Son lenguas que tienden a situar el verbo al final (SOV).	náhuatl, comanche, hopi, azteca, etc.
Chichba	Se trata de un filo de unas 50 lenguas que cuentan con pocos hablantes en Honduras, Nicaragua, Panamá, Costa Rica, Colombia, Ecuador, Venezuela, Bolivia y Brasil.	chibcha, yanomami, cuna, miskito, etc.
Ge Pano	Filo de lenguas situadas al este de los Andes y en la cuenca brasileña del Amazonas, la mayoría de las cuales no supera los 1000 hablantes.	matac, sipibo, casibo, yahuanahua, etc.
Arahuaco o araucano	Grupo de lenguas repartidas desde América central hasta Argentina.	– maipure (caribe, guajiro) – arahuaca (guajibo, taíno)
Andino-ecuatoriano	Aproximadamente 250 lenguas habladas en Perú y Ecuador, Argentina, Colombia y Chile.	– quechua (quechua) – aymara (aymara) – araucana (mapuche)
Tupí	Unas 80 lenguas, algunas de ellas ergativas, extendidas por la cuenca del Amazonas y del Plata.	guaraní, chiriguano, kamayurá, emerilón, etc.

Cuadro 1.12. *Principales filos o familias lingüísticas de Europa*

Familia o filo	Situación	Subgrupos y ejemplos de lenguas
Indoeuropea	Familia lingüística extendida por gran parte del continente europeo, Asia menor y la India. Comprende en torno a 140 lenguas habladas por unos 3.000 millones de hablantes, la mayor familia lingüística del mundo en estos términos y la mejor conocida.	– albanesa (albanés) – armenia (armenio) – griega (griego) – italo-románica (gallego, portugués, español, catalán, francés, occitano, rumano, italiano, sardo, dálmata †) – germánica (alemán, neerlandés, inglés, danés, islandés, noruego, sueco, gótico †) – celta (galés, bretón, gaélico escocés, gaélico irlandés, manés †, córnico †) – balto-eslava (letón, lituano, ruso, polaco, checo, eslovaco, búlgaro, esloveno, serbio, croata, macedonio, ucraniano) – indoirania (ver lenguas de Asia - rama indoirania) – anatolia (hitita †) – tocaria (tocario †)
Urálica	Lenguas de morfología aglutinante habladas en torno a los montes Urales, desde Rusia hasta Siberia.	– fino-úgrica (húngaro, estonio, finés, sami) – samoyeda (enets, nenets) – yukaghir (yukaguir, odul)
Caucásica	Unas 40 lenguas habladas en la zona montañosa del Cáucaso, la de mayor diversidad lingüística del continente europeo. Son lenguas caracterizadas por poseer consonantes eyectivas, morfología aglutinante y construcción ergativa.	– kartveliana o caucásico meridional (georgiano, mingrelio) – absajo-adigué o caucásico noroccidental (absajo, ubijé) – nakh-daguestana o caucásica nooriental (checheno, lako)

Cuadro 1.13. *Ejemplos de lenguas aisladas o de filiación dudosa*

Lengua	Descripción	Hipótesis sobre filiación
Euskara o vasco	Considerada la única lengua superviviente preindoeuropea occidental. Cuenta con unos 700.000 hablantes en la comunidad autónoma del País Vasco, donde es lengua oficial, y en Navarra (España), así como en la zona suroccidental del Pirineo francés. Desde 1918 cuenta con una Real Academia de la Lengua Vasca (Euskaltzaindia). Morfológicamente, posee un complejo sistema de declinaciones y sintácticamente se caracteriza por su ergatividad y el orden SOV.	– familia afroasiática (rama bereber) – familia caucásica – ibero (lengua prerromana hablada en la península ibérica)
Japonés	Lengua mayoritaria que cuenta con más de 120 millones de hablantes nativos en las islas de Japón, Honshu, Hokkaido, Shikoku, etc. y en antiguas colonias japonesas como Corea y Hawái. Es la única lengua nacional y oficial del territorio. Desde el punto de vista morfológico, es una lengua predominantemente aglutinante y, desde el punto de vista sintáctico, destaca por su orden SOV, Cuenta con aproximadamente un millón de hablantes de L2. Posee un complejo sistema de escritura: ideográfico, basado en los caracteres chinos o *kanji, y* fonográfico, dado que cuenta con dos silabarios (*katakana, hiragana*) y la transcripción al alfabeto romano (*romaji*). Posee una fuerte influencia del chino.	– familia altaica – familia austronésica
Coreano	Cuenta con aproximadamente 70 millones de hablantes en Corea del Norte y Corea del Sur, donde funciona como lengua oficial, pero también en China, Japón, Rusia o Tailandia, países en los que ha adquirido gran importancia en el ámbito educativo. Posee también carácter aglutinante y orden SOV. Destaca su sistema de escritura alfabético *hangul* empleado en Corea del Norte, frente a la escritura ideográfica china de Corea del Sur.	– familia altaica – familia austronésica

Nihali	Se habla en el noroeste de la India por unas 2000 personas. Recibe muchas influencias de la lengua korku y de las lenguas de la familia drávida, de las que ha adoptado más del 60% del vocabulario.	familia austroasiática (rama munda)
Burushaski	Más propiamente un grupo de lenguas del norte de Pakistán que poseen más de 80.000 hablantes en la actualidad y un uso vigoroso. Se escriben con el alfabeto árabe y toman muchos préstamos del urdu.	– familia caucásica – familia drávida
Gilyak	Lengua seriamente amenazada, hablada por unas 200 personas en la zona este de Rusia, en la isla de Sajalín y en el área del río Amur. Se escribe en alfabeto cirílico y alfabeto romano.	– familia esquimo-aleutiana – familia paleosiberiana (rama chukoto-kamchadal) – familia altaica

1.3.2. Heterogeneidad y variabilidad lingüísticas

Anteriormente se prestó atención a la diversidad lingüística mundial, fruto de la evolución histórica de las diferentes lenguas a través del tiempo, sometidas a sucesivos avatares sociales, políticos y culturales que llevaron al alejamiento de variedades muy próximas que se han hecho incluso mutuamente ininteligibles y que se han constituido en sistemas lingüísticos diferenciados. Indiscutiblemente, todas las lenguas del mundo responden a un patrón similar en cuanto al modo en que estructuran los niveles lingüísticos, puesto que todas son fruto de una misma capacidad cognitiva de la especie humana e instrumentos encargados de las mismas funciones (esencialmente, la transmisión de información, la interacción). No en balde existen propiedades o tendencias estructurales comunes a todas las lenguas, los llamados *universales lingüísticos*, que se explican por unas necesidades comunicativas similares de todos los seres humanos, por los principios de estructuración y regularización que exhiben todas las lenguas y por el modo en el que se lleva a cabo el procesamiento lingüístico.

En efecto, la existencia de pronombres de primera y segunda persona es un rasgo lingüístico universal que obedece a la cotidianeidad de la interacción comunicativa cara a cara en todas las culturas. Igualmente, todas las lenguas de mundo poseen sílabas formadas por una consonante y una vocal (CV) para facilitar la articulación de los sonidos. Otro ejemplo lo constituye el universal morfológico por el cual todas las lenguas presentan nombres y verbos, dado que en todas las culturas se habla de personas, de cosas y de acciones o acontecimientos.

Sin embargo, la diversidad de cosmovisiones y organizaciones del pensamiento que manifiestan los distintos pueblos se refleja también en las categorizaciones lingüísticas respectivas, que traslucirán las realidades que poseen mayor peso en dichas culturas. Así, lenguas como el navajo son muy ricas en lo que concierne a la categoría "movimiento" (el tipo y la forma en la que se produce, el espacio donde tiene lugar, el objeto o persona que recibe el movimiento, etc.), muy posiblemente por la importancia de los desplazamientos para un pueblo tradicionalmente seminómada (Bernárdez, 2004 [1999]: 307). Por ello, el navajo codifica lingüísticamente de forma muy detallada, a partir de una misma raíz verbal general (por ejemplo, "tirar, derramar" –naa–) y de varios temas con prefijos derivativos, una información que en español necesitamos transmitir mediante una paráfrasis (Luque Durán, "Aspectos universales y particulares del léxico de las lenguas del mundo" *Estudios de Lingüística del Español, 21,* 2004: 564):

naadeeł: tirar, dejar caer un objeto delgado y flexible.
naajooł: tirar, dejar caer una sustancia no compacta, como, p. ej., la lana.
naakęęs: tirar, dejar caer un objeto delgado y rígido.
naakaad: tirar, dejar caer una sustancia contenida en una vasija abierta.
naalts' íid: tirar, dejar caer un objeto redondo y voluminoso.
naałhéésh: tirar, dejar caer (una carga, fardo o sustancia pastosa).
naanééh: tirar, dejar caer un objeto flexible y plano.
naatlíísh: tirar, dejar caer una entidad animada.

En japonés también se emplean, junto a los numerales, clasificadores de los objetos según la forma que estos presentan. De este modo, se categoriza lingüísticamente si los objetos son alargados y delgados (sufijo *hon*), si son planos y pequeños (sufijo *mai*) o si se trata de objetos pequeños y redondeados (sufijo *ko*) (Yule, *El lenguaje*. Madrid: Akal, 2003: 272):

Banana ni- hon: dos plátanos.
Syatu ni-mai: dos camisas.
Ringo ni-ko: dos manzanas.

Desde el punto de vista sintáctico, las lenguas presentan también diferentes órdenes de básicos o no marcados de las palabras en la oración. Así, hay lenguas del tipo SVO, en las que el objeto directo es típicamente anterior al verbo, como en español (*El hombre ha comido el pastel*), inglés, hausa, vietnamita o hebreo moderno, al contrario de lo que sucede en vasco, por ejemplo, cuya forma no marcada se expresa con el verbo tras el objeto directo (*Gizonak gozokia jan du* = El hombre pastel ha comido). A este patrón SOV pertenecen también el turco, el japonés, el coreano o el tibetano, entre otros. SVO y SOV son, además, los esquemas sintácticos más comunes en el panorama lingüístico, pues el 75% de las lenguas del mundo sigue esta estructuración. Solo un 10-15% presenta el orden no marcado VSO (galés, tongano y tagalo) o VOS (malgache, nicobarés) y un reducidísimo número, al parecer unas pocas lenguas de la Cuenca del Amazonas (vilela, warao, xamamadi o xavante) optarían por la colocación del objeto al principio (OVS y OSV).

Los ejemplos podrían multiplicarse pero, al margen de la mencionada heterogeneidad de los diferentes sistemas lingüísticos, interesa poner de relieve que la gran diversidad lingüística mundial parece oscurecerse tras las políticas lingüísticas *de facto* emprendidas en muchos estados con la promoción y difusión del monolingüismo oficial. Así ocurre con el portugués en Portugal; el ruso en Rusia; el japonés en Japón; el español en México, El Salvador, Nicaragua, Chile, Argentina, etc; el francés en Francia, Costa de Marfil, República Democrática del Congo, Mali, Gabón, etc.; el chino mandarín (*puntonghua*) en China; el danés en Dinamarca; el neerlandés en Holanda; el italiano en Italia, el bahasa indonesio en Indonesia; el inglés en Australia, Nigeria, Gambia Namibia, etc.

En este sentido, es cierto que el bilingüismo y el multilingüismo están siendo paulatinamente legitimados e incentivados en muchos estados. El reconocimiento oficial de alemán, francés, italiano y retorromance en Suiza; de afrikaans, inglés, endebele, soto, swati, chonga, chuana, venda, josa y zulú en Sudáfrica; de francés y flamenco en Bélgica; de español, catalán, vasco y gallego en España; de francés e inglés en Canadá; de filipino e inglés en Filipinas; de francés y árabe en Chad; de francés e inglés en Camerún; de español y guaraní en Paraguay o de español, quechua y aymara en Perú dan buena cuenta de ello.

No obstante, la legislación lingüística continúa siendo poco favorable a la promoción de la diversidad lingüística de muchas regiones del planeta. Dado que suele orientar sus esfuerzos hacia el impulso de un puñado de lenguas en detrimento de una gran mayoría, compromete seriamente la vitalidad de muchas lenguas cuyo destino se abandona a los esfuerzos que los propios hablantes dediquen a su preservación. En Nigeria, por ejemplo, país multilingüe por excelencia que cuenta con más de 400 lenguas, solo el inglés tiene reconocido el estatus de oficial, mientras que hausa, yoruba o igbo, lenguas nacionales que concentran a más de 50 millones de hablantes nativos, ven minada su influencia por el dominio del inglés en los ámbitos prestigiosos de uso, en los organismos administrativos y estatales. Del mismo modo, el amhárico es la única lengua oficial en Etiopía, a pesar de la existencia de diferentes lenguas nacionales en el territorio, algunas de las cuales, el gallah, por ejemplo, cuentan con un mayor número de hablantes nativos.

El bilingüismo o el multilingüismo individual o social son consustanciales a la mayor parte de hablantes, cuya elección lingüística en los distintos espacios comunicativos viene motivada por factores de identidad y de funcionalidad. En muchas ocasiones, el hablante bilingüe o multilingüe opta por el cambio de lengua porque desea expresar solidaridad con el oyente o bien porque no posee una competencia equilibrada en las diferentes lenguas que maneja, lo cual le lleva a decantarse por la que le permite actuar más cómodamente en ciertos ámbitos de uso. Por ello, no son infrecuentes las transferencias de unas lenguas a otras y el *intercambio de códigos*. Un buen ejemplo lo proporciona el *espanglish*, variedad fruto del mestizaje y del contacto entre español e inglés empleada por los hispanos en Estados Unidos, que supone cierta resistencia por parte de este grupo étnico frente a la lengua dominante, el inglés. *"Si tú eres puertorriqueño, your father's Puerto Rican, you should at least, de vez en cuando you know, hablar español"* (López Morales, *Sociolingüística*. Madrid: Gredos, 1989: 173).

El multilingüismo se evidencia también en la creación de nuevas lenguas *pidgin* y *criollas,* en principio lenguas francas destinadas a facilitar la comunicación entre hablantes que no comparten la lengua materna y que han entrado en contacto por conquistas, invasiones, relaciones comerciales, religiosas, etc. En la mayoría de ocasiones, estas variedades lingüísticas aprendidas (pidgins) o ya adquiridas como lenguas maternas (criollos) (Medina López, *Lenguas en contacto*. Madrid: Arco Libros, 2002 [1997]: 27) toman la mayor parte del léxico del *superestrato*, generalmente lengua de la potencia colonial occidental que goza de mayor prestigio, mientras que la fonología y la gramática procede de las lenguas de *sustrato,* las dominadas. Este es el caso del criollo haitiano, cuyo vocabulario deriva principalmente del francés, el krío, criollo inglés hablado en Sierra Leona, el criollo portugués de Macao o el chabacano, criollo español en Filipinas. Entre los pidgin, cabe citar el fanakaló, empleado por mineros en Sudáfrica para comunicarse con otros trabajadores de otras tribus, o el russenorsk, hablado por pescadores rusos y noruegos en Escandinavia desde el siglo XVIII. Otras veces se asiste al nacimiento de *variedades de frontera,* modalidades mixtas surgidas por la interrelación de lenguas en un territorio, como sucede con el dialecto fronterizo uruguayo-brasileño, sistema lingüístico constituido por elementos de la variedad española uruguaya y de la variedad portuguesa de Río Grande do Sul.

Todos los ejemplos aportados son una clara evidencia de que el estado natural de las lenguas no es la homogeneidad y el aislamiento, sino la diversidad y el dinamismo, que llevan a la creación de sistemas lingüísticos mixtos, a las alternancias de códigos, a la adopción de préstamos, al contacto de rasgos fónicos o gramaticales, como en las llamadas "áreas lingüísticas", etc. Sin embargo, conviene también poner de relieve que hablar de heterogeneidad lingüística no lleva irremediablemente a referirse a lenguas distintas y a las diversas situaciones de multilingüismo que origina la convivencia de estas y de sus respectivos hablantes en un territorio compartido, sino que toda lengua es en sí misma un sistema variable. No hay dos hablantes que empleen de manera idéntica un sistema lingüístico, llámese lengua, dialecto, geolecto o variedad, términos que emplea la lingüística como abstracción de los usos lingüísticos particulares, reales y concretos de los hablantes.

La sociolingüística ha puesto de relieve que, en la gran mayoría de ocasiones, las unidades de los diferentes niveles lingüísticos (fonético-fonológico, morfológico, sintáctico o léxico) se realizan de forma diversa por factores sociales, geográficos y contextuales, además de los propiamente lingüísticos. Así, por ejemplo, el fonema implosivo /s/ se aspira [h] o se pierde [Ø] en el español andaluz y canario, frente al español castellano [s], caracterizado por el mantenimiento. En el plano morfológico, el sociolecto bajo del español puertorriqueño tiende al empleo del morfema [-nos] para la primera persona del singular del presente de indicativo, una forma claramente estigmatizada por la mayoría de hablantes, que selecciona [-mos] (*íbamos*). En cuanto a la variación sintáctica de la lengua inglesa, destaca, por ejemplo, el empleo de la doble negación en el dialecto social del inglés afroamericano (*I didn't say nothing*) frente a la negación simple (*I said nothing*), variante propia del inglés estándar. Pero, sin duda, el nivel léxico, del que poseen una mayor conciencia los hablantes, es el más permeable al cambio y en el que intervienen en mayor medida los factores de naturaleza extralingüística. En alemán, por ejemplo, en situaciones comunicativas de mayor informalidad y coloquialidad se recurre al llamado *Umgangssprache,* que implica un registro y un estilo de lengua de mayor cercanía comunicativa que el *Hochdeutsch* y en el que se emplean expresiones como *keinen Bock haben* (keine Lust haben), *quatschen* (sprechen, reden), *echt* (wirklich), *kriegen* (etwas bewältigen), *Kohle* (Geld), etc.

Sin embargo, es preciso advertir que esta variabilidad intrínseca a las lenguas aparece en ocasiones ciertamente enmascarada. Esto sucede cuando se habla de lengua como sinónimo de variedad estándar, la propia de los ámbitos más formales de uso, codificada en diccionarios y gramáticas. Esta errónea asociación propicia la idea de que el estado natural de las lenguas es la homogeneidad lingüística que se persigue con la elaboración de un estándar, una variedad de lengua cultivada que busca la mayor eficiencia funcional con la mínima variación formal y, en consecuencia, neutraliza los rasgos y características más marcadas de la actuación lingüística real de los hablantes.

En el continente europeo, cuya gran mayoría de lenguas cuenta con una variedad tipificada como estándar, lo que en realidad se incentiva es el multilingüismo oligoglósico, es decir, el aprendizaje y adquisición por parte de las elites de las respectivas variedades estándares del inglés, español, alemán, francés, etc. No se plantea la promoción y el conocimiento de repertorios lingüísticos que incluyen a las variedades nativas vernáculas, un *multilingüismo plebeyo* como diría Jäspers, que engloba a los diferentes recursos y estrategias de sesquilingüismo empleadas por gran parte de la población emigrante.

Una de las principales características de la historia lingüística europea desde el Renacimiento no es su empeño por lograr la implantación de un mayor multilingüismo, sino, en realidad, el advenimiento de la ideología del monolingüismo o monolectalismo en la lengua nacional o estándar [...]

Las opiniones de los europeos acerca del multilingüismo individual y social se encuentran prejuiciadas por el concepto de *lengua estándar:* las decisiones de fomentar el multilingüismo, por ejemplo en el nivel de la Unión Europea, implican la promoción de individuos que dominan las lenguas estándares prestigiosas, claramente delimitadas, idealmente en un nivel de competencia cercano al del hablante nativo. En otras palabras, aquello que se promueve es el *monolingüismo aditivo o monolingüe* (Hüning *et al.*, 2012: VII; la traducción es mía).

Reflexiones y actividades propuestas

1. En la Reunión Internacional de Expertos sobre el programa de la UNESCO (1995) "Salvaguardia de las Lenguas en Peligro", se citan opiniones como las siguientes. Coméntalas y manifiesta tu opinión al respecto.

> Yo hablo mi lengua favorita porque eso es quien soy.
> Enseñamos a nuestros hijos nuestra lengua favorita
> porque queremos que sepan quiénes son.

> Christine Johnson, anciana Tohono O'odham,
> American Indian Language Development Institute, junio de 2002

> Mientras una civilización ejerza sobre sus semejantes una presión política, intelectual y moral basada en aquello que la naturaleza y la historia le han concedido, no podrá haber esperanza de paz para la humanidad: la negación de la especificidad cultural de un pueblo equivale a la negación de su dignidad.

> Alpha Oumar Konaré, Presidente de la República de Malí, 1993.

2. ¿Qué quiso decir Weinreich con la famosa afirmación *Una lengua es un dialecto con un ejército y una marina*?
3. A continuación, se presentan los dos fragmentos de la Biblia a los que se hizo referencia en el capítulo, metáforas que traslucen dos actitudes manifiestamente encontradas ante la diversidad lingüística. Identifícalas.

    a) Era la tierra toda de una sola lengua y unas mismas palabras. En su marcha desde Oriente hallaron una llanura en la tierra de Senaar y se establecieron. Dijéronse unos a otros [...]: "Vamos a edificarnos una ciudad y una torre, cuya cúspide toque a los cielos y nos haga famosos" [...] Bajó Yavé a ver la ciudad y la torre que estaban haciendo los hijos de los hombres y se dijo "He aquí un pueblo uno, pues tienen todos una lengua sola. Se han propuesto esto, y nada les impedirá llevarlo a cabo. Bajemos, pues, y confundamos su lengua, de modo que no se entiendan unos a otros". Y los dispersó de allí Yavé por toda la haz de la tierra, y así cesaron de edificar la ciudad. [...] (Génesis, 11, 1-9).

b) Estando todos juntos en un lugar, se produjo de repente un ruido como el de un viento impetuoso que invadió toda la casa en que residían. Aparecieron, como divididas, lenguas de fuego, que se posaron sobre cada uno de ellos quedando todos llenos de Espíritu Santo; y comenzaron a hablar en lenguas extrañas, según que el Espíritu les daba. Residían en Jerusalén judíos, varones piadosos, de cuantas naciones hay bajo el cielo, y habiéndose corrido la voz, se juntó una muchedumbre que se quedó confusa al oírlos hablar cada uno en su propia lengua. Estupefactos de admiración, decían: Todos estos que hablan, ¿no son galileos? Pues ¿cómo nosotros los oímos cada uno en nuestra propia lengua, en la que hemos nacido? [...] (Hechos de los Apóstoles, 2, 1-11).

4. En el cuadro 1.3. se proporciona una clasificación del estado de vitalidad-peligro de las lenguas y se citan muchos ejemplos de lenguas. Averigua más sobre ellas: localización, familia lingüística a la que pertenecen, número de hablantes, legislación y estatus sociolingüístico, sistemas de escritura empleados. Puedes ayudarte de la información proporcionada en Moreno Cabrera (2005), Junyent y Muncunill (2010) y el *Ethnologue* (2013).

5. Consulta "El Kiosko Global" (muestras de prensa de todo el mundo)", en http://asignatura.us.es/lenguasmundo/ y trata de identificar de qué lenguas se trata en las 25 portadas de los periódicos seleccionados.

2
De la lingüística tradicional a la lingüística moderna: la prescripción encubierta

En la actualidad, en casi todos los libros y manuales de referencia sobre lingüística se insiste en el carácter descriptivo de la disciplina. En efecto, el trabajo del lingüista, como el de todo científico, debe fijar como prioridad la descripción de los hechos y usos del sistema lingüístico y la construcción de modelos y teorías que expliquen su funcionamiento. Obviamente, el objetivo prioritario de la ciencia lingüística debe ser explicar cómo se habla y no cómo se debería hablar.

Así las cosas, es evidente que existen normas explícitas e implícitas de buen uso que condicionan nuestra conducta lingüística e influyen en los juicios de valor que todos los hablantes profesan sobre la corrección, calidad o aceptabilidad de los enunciados. Somos los mismos hablantes, cuando sancionamos las conductas lingüísticas, propias y ajenas, quienes manifestamos actitudes y comportamientos prescriptivos. La población, en general, desea lícitamente conocer las normas de buen uso que garantizan el éxito comunicativo, así como los comportamientos lingüísticos que pueden llevarles al fracaso comunicativo o a la estigmatización social, lo cual les lleva a buscar orientación en materia idiomática. El lingüista debe, por tanto, ocuparse también secundariamente de estas cuestiones que preocupan a los hablantes, sometidos a una gran presión mediática y social que continuamente les recuerda cómo deberían hablar y escribir.

Una disciplina que estudia la lengua en su contexto social no puede desatender que los hablantes le otorgan a las lenguas un carácter normativo. La conciencia lingüística es un universal cultural, motor del cambio lingüístico, y las repercusiones que en el uso lingüístico se derivan de las propias actitudes manifestadas por los hablantes no deben permanecer al margen de nuestro quehacer como lingüistas, aun cuando sean prescriptivas, discriminatorias y acientíficas. Es necesario acometer un estudio descriptivo de la prescripción lingüística, insoslayable realidad sociolingüística, fundamentada, mayoritariamente, en hechos no objetivos, arbitrarios y dependientes de factores sociales y culturales que hay que desvelar. Es preciso atender a las motivaciones, las ideologías y los mecanismos, manifiestos y encubiertos, que subyacen a la práctica prescriptiva, con objeto de averiguar cómo se perpetúan las ideas y mitos sobre las lenguas entre los hablantes. Un adecuado y objetivo estudio de los fenómenos prescriptivos puede contribuir a un mayor entendimiento del funcionamiento de las lenguas en la sociedad, al tiempo que puede ayudar a frenar muchos comportamientos discriminatorios.

2.1. Los postulados de la lingüística como disciplina científica

Los historiadores de la lingüística coinciden en afirmar que en el siglo XIX se asientan los cimientos que llevarán al nacimiento de la lingüística como ciencia. Este hecho no puede, sin embargo, minusvalorar las aportaciones e indagaciones que desde hace más de 2.000 años se realizaron en torno a la naturaleza del lenguaje y de las lenguas. Desde filósofos y retóricos como Platón o Aristóteles, gramáticos como Dionisio de Tracia, Donato, Prisciano, Quintiliano o Pānini hasta teólogos como Tomás de Aquino o Roger Bacon y poetas como Dante se preguntaron por los orígenes del lenguaje, por las relaciones entre las formas lingüísticas y los significados, por las analogías y anomalías lingüísticas, por el establecimiento de las distintas partes de la oración, por la elaboración de tratados gramaticales, etc.

Fue sobre todo con la llegada del Renacimiento cuando creció el interés por el estudio de tradiciones lingüísticas distintas a la grecolatina y por la descripción de lenguas amerindias y orientales hasta entonces desconocidas. Las obras gramaticales de las lenguas griega o latina y aquellas de tipo general y filosófico se acompañaron de gramáticas de las lenguas vulgares, que proporcionaron una importante base de conocimiento sobre la estructura y diversidad de las lenguas. Las distintas reflexiones, ideas, teorías y descripciones lingüísticas constituyeron una fuente de conocimientos de incalculable valor para el progreso de lo que, a partir del siglo XIX, ha convenido en llamarse propiamente *la ciencia lingüística*.

Es cierto que hasta ese momento el acercamiento a la cuestión lingüística había sido fruto de una intensa actividad intelectual, pero mayoritariamente individual e idiosincrática, sin el respaldo de un método científico caracterizado por la rigurosidad, el empirismo y la objetividad en la investigación. De hecho, la lingüística no se consideró una disciplina autónoma con un objeto de estudio claramente definido hasta el advenimiento de la lingüística histórico-comparada decimonónica (Robins, 1997 [1967]).

2.1.1. Enfoque descriptivo

El descubrimiento del parentesco existente entre el sánscrito y las lenguas europeas marcó el inicio del estudio histórico-comparativo y el paso de la lingüística tradicional a la lingüística moderna. La comparación y reconstrucción de los estadios anteriores de las lenguas se llevó a cabo por primera vez de forma sistemática, siguiendo el modelo taxonomista y terminológico de la biología. La evolución de las lenguas, consideradas organismos vivos, fue asimilada a la de las leyes de la evolución humana, tal y como había sugerido el propio Darwin en *El origen de las especies*. En este sentido, el filólogo alemán Schleicher propuso la clasificación de las lenguas en árboles genealógicos (*Stammbaumtheorie*) que dieran cuenta de las diferentes relaciones de filiación entre ellas. La equiparación entre lengua y especie biológica era patente y llevó aparejada la defensa de la legitimidad de la lingüística para convertirse en disciplina científica, al mismo nivel que las ciencias naturales. Así las cosas, el estatus de ciencia requería una reorientación en su objeto de estudio que se tradujo, entre otras cosas, en la adopción de un enfoque descriptivo y teórico en la explicación de los hechos del lenguaje y de las lenguas.

Al normativismo y al autoritarismo lingüístico de épocas precedentes dio paso el dinamismo del período romántico, en el que la observación directa y el análisis del uso lingüístico real ganaron terreno a la rección idiomática y la variedad se impuso a la uniformidad. Por ello, si bien como puso de relieve Haugen (1966: 51), podría decirse que la lingüística anterior al siglo XIX era fundamentalmente normativa, esto es, tenía como fin establecer los usos lingüísticos correctos y los modelos del buen hablar y escribir, a partir de entonces una obra científica debía ser descriptiva (o téorica) y abandonar los juicios de valor. Triunfó, por tanto, una concepción naturalista y positivista en el estudio de las lenguas que hasta la fecha había sido minoritaria.

> En los estoicos encontramos las bases de la gramática descriptiva, no prescriptiva, que es una gramática que no pretende corregir o enmendar las irregularidades o supuestas anomalías de la lengua, sino dar cuenta de ellas como elementos esenciales del habla humana natural (Moreno Cabrera, 2011: 202-203).

> Durante la segunda mitad del siglo XIX y a lo largo del siglo XX la gramática normativa sufrió un duro revés teórico. Las humanidades intentaron conseguir el estatuto científico de las ciencias. La primera evidencia era su carácter descriptivo y experimental. El concepto de norma estaba completamente desterrado de su proceder. Al químico le correspondía describir la composición, las propiedades, las reacciones del ácido sulfúrico, pero nunca se le ocurriría decirle: "Por favor, no seas tan corrosivo". La lingüística abandonó el modelo normativo y buscó afanosamente convertir sus conclusiones en leyes y principios de aplica-

ción constante y general (Gutiérrez Ordóñez, *Del arte gramatical a la competencia comunicativa. Discurso de ingreso en la Real Academia Española*. Madrid, 2008: 25).

A partir de entonces, se tomó conciencia de la inadecuación de reglas gramaticales que habían sido prescritas para muchas lenguas, simplemente por analogía con el modelo estructural grecolatino, espejo de la perfección lingüística en el que debían ampararse los vernáculos para adquirir el prestigio que habían ostentado únicamente las lenguas clásicas. En este sentido, son conocidos los cambios ortográficos que experimentó el inglés en los siglos XV y XVI, con objeto de hacer más evidente el origen etimológico de muchos de sus vocablos, de modo que *det* cambió a *debt* y *iland* pasó a ser *island,* por ejemplo. En el ámbito sintáctico, la proscripción de los enunciados ingleses terminados en preposición (*Who are you listening to?* vs. *To whom are you listening?*) tuvo su origen también en la adopción de un patrón grecolatino ajeno.

Para el caso español, también en el siglo XVIII se recuperaron los grupos consonánticos cultos en la norma escrita de términos como *indigno* por *indino, lector* por *letor, philosophia* por *filosofía,* debido al influjo latinizante, una tendencia que se observa claramente en las grafías adoptadas por el *Diccionario de Autoridades* de la Real Academia Española (1726: 74-76), en el que prevalece visiblemente el criterio etimológico sobre el del uso y el de la pronunciación:

> Aunque haya quanta uniformidád se pueda imaginar en la pronunciación, de ninguna manéra puede servir de regla general, para que por ella se forme y establezca la Ortographia [...]
> Siendo sumamente incierto, como queda demostrado, que por sola la manéra de hablar se pueda regular y formar la Ortographia: el medio seguro y cierto para fijarla en el modo posible es recurrir à los orígenes de las palabras, y examinar sus etymologías [...]

En este estado de cosas, en la primera edición de la *Ortographia española* (1741) se afirma que el principio etimologista, que había primado en la fijación de la norma ortográfica académica será suplantado por el de la pronunciación en la selección entre las opciones gráficas disponibles. No obstante, este planteamiento teórico no se verá cristalizado en la práctica hasta la edición de 1815, cuando se emprenden reformas ortográficas más ajustadas al sistema fonológico del español, de forma que se logre una mayor correspondencia entre grafías y sonidos. Así, se reducen los dígrafos latinizantes cuya pronunciación obedecía a un sonido simple: th > t (*theatro, thesoro* por *teatro, tesoro*); ph > f (*blasphemia, triumpho* por *blasfemia, triunfo*); rh > r (*rhetor por retor, rheuma por reuma*; ch > c, para el sonido velar oclusivo sordo (*patriarchâ* por *patriarca, châridad* por *caridad*).

El andamiaje teórico empleado por la gramática tradicional de las lenguas clásicas se había tomado en muchas ocasiones como base para la descripción de las lenguas modernas, con la consecuente falta de precisión entre las distinciones gramaticales y terminológicas de unas y otras. Así, la definición de la categoría número en latín era nocional y se basaba en la existencia bien de un referente extralingüístico (singular), bien de varios (plural). Se trataba de una opción binaria insuficiente para dar cuenta de por qué, por ejemplo, los colectivos son sustantivos singulares por su condición gramatical (*gente, familia, rebaño*, etc.), que denotan, sin embargo, un conjunto de individuos o elementos del mundo real. Cada lengua debía, pues, ser descrita y analizada según su propia estructura, partiendo de las categorías gramaticales, establecidas según principios morfológicos, sintácticos y semánticos, que no son equivalentes ni a las categorías filosóficas ni a las biológicas.

La tradición gramatical española proporciona una buena muestra de la dificultad que continúa presentando la caracterización de los distintos modos en español y la inclusión de los diferentes tiempos verbales en indicativo, subjuntivo o imperativo, muy posiblemente por ese apego excesivo a los esquemas gramaticales latinos que se tomaron como base para la descripción y elaboración gramatical del romance castellano. La falta de acuerdo entre los gramáticos a la hora de clasificar y operar con categorías y valores modales inexistentes en la lengua latina se vislumbra, por ejemplo, en el debate en torno a la clasificación del condicional. Si bien Nebrija, entre otros, lo incluyó en el subjuntivo y Bello decidió adscribirlo al indicativo, solución que adoptó la Academia en el *Esbozo*, otros autores plantearon la existencia de otro modo diferenciado en el que clasificarlo: el potencial. Así las cosas, el ejemplo más flagrante de dependencia respecto de la gramática latina es la consideración de la existencia de declinación en español. Esta lengua se sirvió de las preposiciones para señalar las funciones gramaticales de los constituyentes en la oración, por lo que el intento de establecer paralelismos a este respecto resulta totalmente inadecuado.

En otras ocasiones, los preceptos normativistas se amparaban en una supuesta logicidad de unas lenguas en oposición a otras. En este contexto, se sostuvo que el francés era una lengua que servía en mayor medida a la expresión del pensamiento lógico del ser humano. La *Encyclopédie* de Diderot y D'Alembert defendía que debía ser la justa heredera del latín para iluminar e instruir a la población. Se argumentaba que su esquema sintáctico se adaptaba mejor que lenguas como el español, el inglés o el alemán al orden natural de sucesión de los acontecimientos: primero aparece el agente, que realiza la acción verbal, sobre un objeto o paciente.

Sin embargo, no solo el francés sino también el español, el inglés o el alemán, "supuestamente" menos claros y menos aptos para la expresión de la racionalidad, responden igualmente al orden básico Sujeto-Verbo-Objeto para una oración enunciativa transitiva, que sigue la estructura informativa canónica tema-rema

(*Lui a écrit une lettre; Él ha escrito una carta; He has written a letter; Er hat einen Brief geschrieben*). Esta organización se invierte, no obstante, en todas estas lenguas en muchas circunstancias, sin que ello suponga ningún impedimento para sus hablantes. Así pues, cuando se desea resaltar, esto es, topicalizar un constituyente particular de la oración, de lo cual podemos obtener innumerables muestras en el discurso oral, aparecen enunciados con un orden marcado OSV del tipo *Ça, je ne sais pas; Eso, no lo sé; That, I do not know; Das, weiß ich nicht*, perfectamente gramaticales e igual de lógicos que los expuestos anteriormente.

En este contexto, otro ejemplo prototípico de la aplicación de las leyes de la lógica a la lengua es la aversión que muchos gramáticos, periodistas y aficionados a las cuestiones idiomáticas han sentido por el empleo de los dobles negativos. Se ha demostrado que la negación múltiple es una propiedad común a muchas lenguas del mundo, empleada para enfatizar y reforzar dicha negación. Con el paso del tiempo, se ha hecho especial hincapié en la necesidad de juzgar las estructuras de las lenguas atendiendo a principios lingüísticos que dan cuenta del motivo y circunstancias de su aparición, pero no apelando a principios matemáticos, según los cuales la doble negación constituye una afirmación.

De esta manera, este tipo de estudios especulativos y apriorísticos, que contenían juicios impresionistas y traslucían mitos y prejuicios etnolingüísticos, fueron sustituidos progresivamente por trabajos más rigurosos, empíricos y objetivos. Adoptar un enfoque descriptivo implicaba, sin lugar a dudas, encontrar una explicación a los hechos lingüísticos observables. Con el empleo de una metodología rigurosa y a partir de datos lingüísticos empíricos, había que formular hipótesis susceptibles de refutación que, al comprobarse, harían posible el establecimiento de principios generales sobre el funcionamiento del lenguaje y los principios constitutivos del mismo. Indudablemente, un requisito básico de toda ciencia consiste en que sus conocimientos se divulguen y transmitan de la forma más explícita, inequívoca y clara posible, un logro al cual contribuyeron sobremanera en el ámbito lingüístico las diferentes corrientes estructuralistas y generativistas del siglo XX. La taxonomía de la lingüística decimonónica había constituido el primer eslabón de la ciencia, pero no el estadio definitivo.

La publicación del *Curso de lingüística general* de Saussure condujo al afianzamiento de la autonomía de la disciplina y a resaltar el carácter inmanente de la lingüística, que debía estudiarse por y para sí misma de forma sistemática y con gran rigor metodológico. Para ello, además de la perspectiva diacrónica de los estudios anteriores, cuyo fin era el análisis lingüístico para descubrir la relación filogenética de las lenguas, era preciso emprender una descripción sincrónica de las mismas que, a partir de los datos concretos y particulares y con un método inductivo, permitiera llegar a abstracciones y generalizaciones sobre las lenguas particulares en sus diferentes niveles de análisis. De ahí el esfuerzo de Hjemslev en la búsqueda del método científico para la segmentación de las unidades de la lengua, que se definen por las relaciones que guardan con el resto de elementos de la estructura o sistema. Las diversas escuelas estructuralistas pusieron también de relieve la necesidad de atender a las manifestaciones de la oralidad y a no depender únicamente de fuentes escritas para el análisis de las categorías lingüísticas, como había sido característico del proceder decimonónico. La fuente de experimentación residía en el mismo lenguaje, con cuyas manifestaciones el lingüista debía construir su propio corpus de datos lingüísticos.

Todavía más revolucionaria para la disciplina lingüística fue la llegada del formalismo chomskiano, que hundía sus raíces en la filosofía racionalista dieciochesca en su explicación de la capacidad lingüística humana, considerada innata. El generativismo adoptó un método hipotético-deductivo basado en conjeturas y refutaciones, tal y como proponía Popper, con un metalenguaje muy inspirado en la lógica, dado que pensaba que el lenguaje podía explicarse siguiendo el patrón de las matemáticas. La mente humana se concebía como un sistema computacional que trabaja con algoritmos y reglas finitas para la generación de las estructuras posibles en una lengua, gracias a las cuales un hablante puede entender y producir infinidad de enunciados nunca antes oídos o emitidos.

Frente al estructuralismo, la gramática generativa concedió gran importancia a la intuición del hablante en la explicación de la ambigüedad de las oraciones y las condiciones de gramaticalidad-agramaticalidad de las mismas. Chomsky hizo hincapié en la necesidad de la capacidad predictiva de la ciencia lingüística a la hora de determinar por qué algunas formas lingüísticas se asocian a ciertos significados y por qué las lenguas presentan unas estructuras y organizaciones jerárquicas particulares y no otras.

> ¿Pero quién desearía sustituir la lengua por las matemáticas en su vida social? La rica diversidad de las lenguas y dialectos humanos forma parte de la condición humana. Ponerle remedio haciendo que todas las lenguas fueran [uniformes] no sólo sería una labor de Sísifo, sino un objetivo monstruoso indigno de un humanista (Haugen, 1971: 288).

Así las cosas, la ficción de homogeneidad y el grado de abstracción del objeto de estudio de estructuralistas y generativistas, el conocimiento lingüístico interiorizado, explica que corrientes lingüísticas posteriores criticaran esa mitificación de que era objeto, en cierto modo, la ciencia lingüística, dada la desvinculación con el propio individuo hablante y con su comportamiento lingüístico real en sociedad. Al igual que el historicismo decimonónico, la lingüística interna descuidaba las condiciones de variabilidad del hecho lingüístico, lo que continuaba imprimiendo a esta ciencia un carácter estático, solo que la descripción se llevaba a cabo en un periodo de tiempo concreto y no a través del paso del tiempo.

La emergencia del paradigma de la lingüística de la comunicación en la segunda mitad del siglo XX supuso un gran avance en la concepción de la variación y el cambio lingüístico como aspectos consustanciales a la vida de las lenguas. Las diferentes variedades fueron descritas como realidades cambiantes por la acción de factores de naturaleza interna (la armonía y el rendimiento funcional de las estructuras del sistema lingüístico, la analogía, la frecuencia de uso, etc.) y externas (el contacto lingüístico, las innovaciones surgidas y difundidas en las comunidades de habla, los diferentes patrones de uso lingüístico extendidos entre grupos de diferente edad, sexo, nivel sociocultural, etc.).

Por tanto, puede afirmarse que en la actualidad para los lingüistas es evidente que su tarea no es evaluar los distintos usos lingüísticos, a fin de seleccionar y prestigiar unos pocos en detrimento de la censura de muchos otros, sino explicar todos ellos y dar cuenta de sus respectivas condiciones y contextos de aparición. No obstante, según veremos a continuación, quedan todavía resabios de este proceder subjetivo e ideologizado no solo en las manifestaciones de los legos en la materia, sino también en profesionales del estudio de las lenguas que continúan hablando de la mayor y menor aptitud, perfección y eficacia de unos sistemas frente a otros.

En este sentido, la imparcialidad y el distanciamiento en el tratamiento de los fenómenos lingüísticos son las consignas que deben guiar el trabajo de todo lingüista. Solo la ética o la moral juzgan comportamientos e imponen normas, pero no las ciencias. Sin embargo, no conviene olvidar que el objeto de indagación de los lingüistas es parte consustancial de sí mismos, lo que confiere a la lingüística, en particular, y a las ciencias sociales, en general, un carácter humano muy especial.

> Todo el análisis y toda la teorización que se haga sobre el lenguaje y las lenguas naturales no puede hacerse sino por medio del lenguaje mismo, Esta es una situación excepcional, que se da exclusivamente en Lingüística. Piénsese, por ejemplo, en el ámbito de la Biología: los fenómenos que se investigan pertenecen a una esfera de la realidad muy diferente del instrumento con que se teoriza sobre ellos. En el caso del lenguaje, en cambio, hay una coincidencia entre el objeto de estudio y el instrumento con que se aborda dicho estudio, es decir, entre el *lenguaje-objeto* […] y el *metalenguaje* (Escandell Vidal *et al.,* El lenguaje humano. Madrid: Editorial Universitaria Ramón Areces, 2009: 44).

2.1.2. Legitimidad e igualdad potencial de todas las variedades lingüísticas

Otra de las premisas básicas del carácter científico de la lingüística es la defensa de la igualdad de todas las variedades lingüísticas como manifestaciones de una misma facultad humana, el lenguaje. Las diferentes lenguas, dialectos y hablas son sistemas lingüísticos de igual valor nativo que pueden servir potencialmente para cumplir todo tipo de funciones comunicativas en el seno de la sociedad. Es cierto que no conocemos todas las lenguas y que las que conocemos no son estructural ni formalmente equivalentes, pero la igualdad se cifra en términos de dignidad, legitimidad y capacidad para dar cabida al pensamiento abstracto y racional y para satisfacer las necesidades comunicativas de sus respectivos hablantes.

Como se vio en el capítulo anterior, el estado natural de las lenguas es su diversidad en todos los planos: fonológico, morfológico, sintáctico y semántico. Así, el rotokas, hablado en Papúa Nueva Guinea, posee un reducido inventario fonológico: 6 consonantes y 5 vocales, mientras que el xoo! o engamaní de la familia khoisana, hablado en Botsuana y Namibia, se cree que es la lengua conocida con un mayor número de fonemas: 47 consonantes, 78 clicks y 20 vocales. ¿Quiere esto decir acaso que el xoo! es una lengua más evolucionada que el rotokas?

Piénsese, por ejemplo, en lenguas occidentales como el portugués y el español. Ambos comparten un mismo número de fonemas consonánticos (19), pero mientras que el portugués destaca por la riqueza de su sistema vocálico (9 vocales orales en el portugués europeo y 7 vocales orales en el brasileño, 5 vocales nasales y un complejo sistema de diptongos orales y nasales), suele considerarse que el español solo presenta 5 fonemas vocálicos orales. ¿Es por ello el portugués una lengua más compleja que el español? O, por el contrario, como sugirió primeramente Menéndez Pidal, ¿la sencillez de poseer cinco signos gráficos correspondientes a cinco fonemas vocálicos puede explicar la extensión e imposición del castellano frente a otros dialectos peninsulares, a la vez que es garante de unidad en todos los territorios del mundo hispánico?

> No me importa decir que buena parte del éxito del castellano hay que atribuírselo a sus cinco vocales netamente diferenciadas, el sistema vocálico más perfecto de los posibles, sin vocales mixtas ni intermedias, sin sensibles diferencias en su intensidad [...] La corporeidad fonética de sus palabras y su casi estricta correspondencia con la corporeidad gráfica le otorgan un puesto central y de equilibrio en el territorio románico [...] (Salvador, 1992: 44).

La exaltación del sistema de cinco vocales del español ha sido puesta en duda y criticada como uno de los tópicos llamativos del *nacionalismo español* (Moreno Cabrera, 2008), consistente en la omisión de la existencia de diferentes sistemas vocálicos en otras variedades de la lengua española. Así, para el andaluz oriental, algunos lingüistas llegan a hablar de 8 o 10 fonemas vocálicos, al destacar el carácter distinguidor de significados de las vocales abiertas cuando se omite la consonante final en la formación del plural nominal y verbal. Curiosamente, la presencia de cinco fonemas vocálicos del euskera nunca ha sido esgrimida como indicio de la perfección y facilidad para aprender esta lengua. A la luz de esta situación, se observa claramente cómo la posesión de determinadas cualidades lingüísticas puede utilizarse con propósitos y fines extralingüísticos muy diversos.

A este respecto, es preciso poner de relieve que hasta la fecha no se cuenta con datos científicos fidedignos que avalen la existencia de sistemas lingüísticos más evolucionados y perfeccionados que otros. No hay variedades lingüísticas que no permitan organizar el mundo, crear nuevos conceptos y desarrollar diferentes procedimientos para nombrar nuevas realidades. Todas las variedades se adaptan a su particular ecología para satisfacer todos los requisitos expresivos para los cuales las destinen sus hablantes. Tampoco puede hablarse de complejidad o de simplicidad absoluta de una lengua frente a otra porque existe siempre un equilibrio constante entre los diferentes componentes que la conforman: la sencillez en un nivel lingüístico se compensa con un mayor peso concedido a otro plano lingüístico, de tal forma que el esfuerzo en el proceso de adquisición de la lengua materna y de transmisión intergeneracional es equivalente.

En este sentido, hay lenguas de tipo aislante cuya carencia de morfología nominal y verbal tiene como correlato una sobrecarga en las estrategias léxicas, sintácticas o fonológicas. En chino, vietnamita o indonesio, por ejemplo, no existen terminaciones y los diferentes significados se expresan mediante morfemas independientes (*ta qù zhongguó xué zhongguó huà* = él ir China aprender China pintura). *Ta* es un pronombre invariable de tercera persona que sirve tanto para masculino como para femenino y tampoco los verbos *qù* y *xué* muestran ningún tipo de variación formal y concordancia con el pronombre sujeto *ta*. Dada esta ausencia de flexión y derivación, el componente sintáctico cobra gran importancia en la asignación de las diferentes funciones sintácticas de las palabras en la oración, por lo que el orden de constituyentes es bastante estricto.

Sin embargo, es preciso insistir en que las lenguas no pertenecen a un tipo u otro únicamente, sino que suelen participar de varios, aunque se las identifique con el predominante. De este modo, lenguas como el vasco, el húngaro, el finés, o el swahili se consideran aglutinantes desde el punto de vista morfológico, esto es, en ellas los distintos morfos que componen las palabras son fácilmente identificables con un morfema (un significado). En vasco, por ejemplo, *etxearen* (de la casa), se segmenta en *etxe-* (casa), *-a-* (artículo determinado singular) y *-ren* (genitivo).

Por otro lado, la mayor parte de lenguas europeas son flexivas, es decir, que las relaciones gramaticales se expresan cambiando la estructura interna de la palabra mediante el uso de desinencias, prefijos, sufijos, declinaciones y casos, por lo que el orden sintáctico en la oración suele ser más libre. Este tipo de lenguas se distingue por un elevado grado de síntesis, de forma tal que un mismo morfo suele condensar más de un morfema. Así, la terminación verbal *-eî* del griego *φιλ-εί* (ama) expresa a la vez que se trata de una tercera persona del singular del tiempo presente del modo indicativo, de una manera similar al español, cuya desinencia *-ste* en *cantaste* informa simultáneamente de que nos encontramos con una segunda persona del singular del pretérito indefinido del modo indicativo. Otro ejemplo claro de fusión lo representa el latín, que se sirve de los diferentes casos del paradigma nominal para señalar los oficios de las palabras y para precisar el número y el género del sustantivo. Por ejemplo, *-orum* de *romanorum* es marca de genitivo plural de un sustantivo masculino (de los romanos).

En este estado de cosas, la admiración y el prestigio que desde el siglo XIX alcanzaron las lenguas indoeuropeas, sobre todo el griego, el latín y el sánscrito, originó que la organización y estructuración lingüística flexiva fuera considerada mejor, más perfecta y evolucionada que la del resto de lenguas aislantes y aglutinantes, caracterizadas, según el propio Humboldt, por un supuesto primitivismo. No obstante, en palabras de Moreno Cabrera (2000: 92):

> Hoy día se sabe que los estadios *aislante > aglutinante > flexivo* no constituyen una línea, sino un círculo: las lenguas flexivas pasan a aislantes y el ciclo se repite. Este ciclo es un ciclo de cambio lingüístico que se da de una forma característica en cada lengua o familia lingüística y no es un ciclo evolutivo que da origen a lenguas más evolucionadas a partir de lenguas más primitivas.

En efecto, las lenguas no llegan a un estadio de perfección y ejemplaridad a partir del cual solo puede esperarse degeneración y corrupción. Esta idea procede de una visión purista muy popular en el siglo XVIII que no tiene en cuenta que el cambio lingüístico es un proceso natural, continuo e intrínseco en la vida de las lenguas. El uso lingüístico comporta variación geográfica, social y contextual en una dimensión sincrónica y horizontal que, con el paso del tiempo, puede cristalizar en una dimensión diacrónica o vertical y reajustar el sistema de una lengua. Por ejemplo, el inglés era en sus comienzos una lengua mucho más flexiva, como sus parientes germánicas, que poseía una rica morfología nominal y verbal que tendió progresivamente a reemplazar por un patrón aislante y por un orden de palabras más rígido. De hecho, el inglés moderno perdió la mayor parte de afijos flexivos correspondientes a las diversas categorías gramaticales, como se observa actualmente con el paradigma del verbo *sell*.

Cuadro 2.1. *Ejemplo de cambio en el estadio morfológico*
de la lengua inglesa: Verbo "to sell"

Modo Indicativo	Inglés antiguo	Inglés moderno
Presente	1.ª p. sing. sel- e	1.ª p. sing. sell
	2.ª p. sing. sell-est	2.ª p. sing. sell
	3.ª p. sing. sell-eð	3.ª p. sing. sell-s
	1.ª, 2ª, 3ª p. plur. sell-að	1.ª, 2.ª, 3.ª p. plur. sell
Pasado simple	1.ª p. sing. seald- e	1.ª p. sing. sold
	2.ª p. sing. seald-est	2.ª p. sing. sold
	3.ª p. sing. seald-e	3.ª p. sing. sold
	1.ª, 2.ª, 3.ª p. plur. seald-að	1.ª, 2.ª, 3.ª p. plur. sold

Así las cosas, esta situación no puede comportar a hablar de la "falta de gramática" del inglés o de otras lenguas de poca flexión a causa de una excesiva veneración por la latinización. Sin embargo, estas desafortunadas afirmaciones no suelen hacerse en referencia a lenguas hegemónicas y prestigiosas, como el inglés, sino a aquellas ajenas al patrón occidental, cuya organización del mundo y forma de vida suele ser muy distinta de la nuestra y, en consecuencia, también la estructuración gramatical y el vocabulario adaptado a su idiosincrasia cultural. Desgraciadamente, todavía hay lingüistas que dejan entrever en sus escritos ciertos prejuicios etnocentristas con la defensa de una jerarquía natural de las lenguas y que piensan que las lenguas habladas por civilizaciones con diferente grado de desarrollo tecnológico, económico y científico debe llevar irremediablemente a un cierto primitivismo lingüístico. Este mito lingüístico se vio favorecido por la mencionada equivalencia entre lengua y organismo vivo y la concepción spenceriana sobre la supervivencia de los más fuertes en la evolución de las especies.

Desde una perspectiva antropológica, se puede afirmar que la raza humana ha evolucionado desde un estado primitivo a un estado civilizado, pero no hay indicios de que el lenguaje haya atravesado una evolución semejante: No existen lenguas "de la edad de bronce" o "de la edad de piedra", y no se ha descubierto ningún tipo de lengua que corresponda a ningún grupo antropológico reconocido (pastoril, nómada, etc.) (Crystal, 1994 [1987]: 6).

Muchas veces este etnocentrismo lleva justamente a la naturalización de tópicos reduccionistas y simplificadores que impiden adoptar una visión enriquecedora y objetiva de la diversidad lingüística. Así, por ejemplo, se sostiene que las lenguas indígenas necesitan de la mímica para entenderse. ¡Como si en las sociedades occidentales el lenguaje no verbal no fuera un componente esencial de la comunicación!

Otro tema susceptible de mitologización es la facilidad y dificultad de aprender unas lenguas frente a otras, sin apenas advertirse que la adquisición de segundas lenguas depende de la proximidad genética y tipológica respecto del sistema lingüístico nativo. Por ello, para un francés resulta más fácil aprender catalán, italiano o español, pertenecientes a una misma familia lingüística romance, y más difícil aprender finés, de la rama fino-úgrica, o guaraní, del grupo tupí. De igual manera, un hablante nativo de hindi encuentra más sencillo el persa, el bengalí o el penyabí, todos ellos de la familia indoirania, que las lenguas del grupo romance.

Se observa, por tanto, que la facilidad o dificultad lingüísticas no pueden establecerse tampoco en términos absolutos, sino que dependen de la competencia nativa del hablante, así como de la motivación y las circunstancias sociales que incentivan el aprendizaje a nivel individual y comunitario. En este sentido, los argumentos como la mayor regularidad o irregularidad que presentan las lenguas no debe relacionarse con la sencillez o dificultad en la adquisición lingüística, puesto que no hay sistema lingüístico nativo que carezca de excepciones a las reglas. Todas las lenguas naturales presentan un cierto grado de irregularidad que es siempre inferior al regular y que es un aspecto necesario en el mismo proceso de adquisición lingüística, fruto de la variación inherente al sistema.

Es claro que las irregularidades comportan un mayor esfuerzo cognoscitivo por parte de los hablantes para aprenderlas, según sucede con las formas verbales *anduve, visto, conduje* del español o los plurales *feet, mice, women* del inglés. No obstante, su presencia contribuye a llamar la atención sobre dichos elementos particulares y, a la vez, a asimilar mejor y hacer más asequibles en el proceso de adquisición las regularidades (Moreno Cabrera, 2000: 145), tal y como evidencian las producciones lingüísticas de los niños cuando regularizan paradigmas irregulares (*decido* por *dicho, cabo* por *quepo; gooder* por *better, goed por went*). Normalmente, son las formas irregulares menos usadas las que con el paso del tiempo tienden en mayor medida a la regularización, mediante el proceso psicológico de la analogía, como podría suceder en un fututo con las formas *satisfaría o satisfaré* del español.

Asimismo, también se da el caso de que se generen formas lingüísticas alternativas a signos lingüísticos muy opacos en cuanto a la relación que mantiene el significante y el significado. Tal es el caso de *cuyo*, de escaso empleo en la lengua oral, sustituido en muchas ocasiones por un esquema que haga más visible su pertenencia al paradigma de los relativos y su significado posesivo: *el quesuismo*.

Toda lengua natural está sometida a la fuerza de la estabilidad que le aportan las normas, reglas y convenciones sociales, que en algunos casos cristalizan en diccionarios y gramáticas, pero igualmente necesaria es la fuerza de la evolución, resultado del dinamismo y heterogeneidad lingüísticas. Las innovaciones surgen para adaptarse a las nuevas situaciones comunicativas, a pesar de que muchos *custodios de las lenguas* observan con recelo los cambios en la pronunciación de algunos fonemas, la creación de neologismos, la adopción de préstamos lingüísticos, etc.

Tan solo las lenguas artificiales, como el volapük, el novial o el esperanto, se caracterizan por una mayor e intencionada simplificación en sus gramáticas y la ausencia de excepciones a un reducido número de reglas lingüísticas, dado que su propósito es facilitar la comunicación internacional con el menor esfuerzo de aprendizaje. Sin embargo, la creación de estas lenguas tomó nuevamente como base el patrón occidental en la estructuración gramatical y léxica, de modo que la balanza volvió a inclinarse desfavorablemente para las lenguas no europeas, que encontrarían más dificultades en la comprensión. Además, la artificialidad de este tipo de variedades lingüísticas explica que si bien pueden emplearse en ámbitos gubernamentales o administrativos muy concretos, no lleguen a sustituir a las lenguas naturales como vehículos nativos de expresión de las diferentes comunidades lingüísticas y satisfacer todos los requisitos y funciones comunicativas de sus hablantes. No obstante, debe tomarse en consideración que tan pronto como se convierten en medios de interacción cotidiana, el uso lingüístico favorece también la variabilidad y diversificación que aflora en todas las lenguas naturales.

En este contexto, es preciso aludir brevemente a los pidgin y los criollos, variedades que suelen ser muy prejuiciadas y consideradas deficitarias e involucionadas, propias de "salvajes". Pese a que se ha hecho hincapié en que no existe ningún rasgo lingüístico que no esté presente en las lenguas consideradas no mixtas, por motivos ideológicos determinadas características se esgrimen como muestras de impureza, ilogicidad, agramaticalidad y corrupción lingüísticas. Así sucede, por ejemplo, con el tipo de construcción polirremática, en la que varios verbos se aglutinan sin emplear el mecanismo de la subordinación, con el orden fijo de palabras o la ausencia de flexión, típicos de lenguas sino-tibetanas. Ciertamente, los pidgin son variedades simplificadas en el sentido de un alto grado de regularidad en sus gramáticas, una simplificación que viene motivada por el deseo de los pueblos que no hablan una misma lengua de desarrollar un sistema lingüístico con el cual entenderse para unos propósitos muy concretos. Esto no implica, sin embargo, que los pidgin posean escasez de recursos lingüísticos, puesto que, como afirma Mühlhäusler (1986), "pueden desarrollarse de formas muy simples a sistemas muy complejos según aumentan sus requisitos comunicativos".

Así las cosas, los criollos van más allá de variedades surgidas para solventar problemas comunicativos. Se trata ya de lenguas maternas que cubren todas las necesidades comunicativas de sus hablantes, sistemas lingüísticos empleados en todos los ámbitos de uso, plenamente consolidados en la vida de la comunidad, que pueden llegar a tener más hablantes nativos que las consideradas "lenguas naturales" (Bernárdez, 2009 [2004]: 145), como el sranan de Surinam (300.000), o el chabacano de Filipinas (350.000). En algunos casos, los criollos han llegado a convertirse en símbolo de identidad nacional y adquirir oficialidad, según sucede con el tok pisin, desde 1956 en Papúa Nueva Guinea, o con el papiamento, que desde 2007 posee dicho estatus en Bonaire, Aruba y Curaçao. No obstante, en la mayor parte de ocasiones, los criollos son lenguas orales, que no han sido objeto de codificación, razón por la cual son desprestigiadas, infravaloradas y privadas del estatus de *estándar*.

A la luz de todo lo expuesto, cabe poner de manifiesto que con el afianzamiento de la lingüística científica el grueso de lingüistas se ha opuesto a la doctrina del supremacismo lingüístico. Por lo tanto, las creencias lingüísticas carentes de evidencias y fundamentación han sido progresivamente arrumbadas en favor de la exaltación de la aptitud de todas las variedades para la expresión literaria, para el desarrollo de terminologías científicas y tecnológicas especializadas y para dar soporte al valor simbólico e identitario de las distintas comunidades lingüísticas. No obstante, todavía existen lingüistas que practican el *darwinismo social* (Moreno Cabrera, 2008: 20) y utilizan un modelo biológico para justificar el menosprecio y el desprestigio que atribuyen a las variedades vernáculas frente a la superioridad y estima que muestran hacia las variedades estándares.

En consecuencia, es preciso concienciar a la población y seguir insistiendo en que aquello que distingue a unas variedades de otras es el tratamiento y elaboración de que son objeto unas pocas por motivos no estrictamente lingüísticos, sino sociales, políticos o económicos, determinantes en los procesos de planificación y estandarización lingüísticas. En efecto, la declaración de oficial de una lengua en un determinado territorio y la promoción de su uso en los ámbitos gubernamentales, administrativos, legislativos, educativos, etc. no obedece a sus propiedades lingüísticas intrínsecas (mayor perfección, complejidad o regularidad de las mismas), sino al hecho de ser vehículo de expresión de un grupo hegemónico desde el punto de vista económico, político, demográfico o militar, lo cual le confiere prestigio social y sitúa a dicha lengua en una posición privilegiada respecto a las demás.

No es tampoco una cuestión baladí la desatención que han sufrido las lenguas signadas por parte de la investigación lingüística. Su marginación hasta hace poco por parte de la comunidad científica llevó a la difusión de prejuicios, falsas ideas entre la población y a una desigualdad lingüística respecto a las lenguas orales. Por ello, desde la segunda mitad del siglo XX se hizo necesario poner de relieve el carácter de medios primarios, nativos, de las lenguas de señas, sistemas de signos doblemente articulados, caracterizados por la arbitrariedad, el desplazamiento, la creatividad, la reflexividad, la variabilidad al mismo nivel que el lenguaje humano oral. Se trata, en efecto, de códigos lingüísticos que cumplen todas las funciones comunicativas, cuya diferencia fundamental respecto de las lenguas orales radica en el canal de transmisión: visual-gestual de las comunidades sordas frente al auditivo-vocal del medio oral. Los retos del siglo XXI exigen un mayor estudio y reflexión sobre las lenguas signadas para evitar la minorización y exclusión de los hablantes sordos. Se requiere facilitar su adquisición natural en el contexto educativo y familiar y ampliar sus funciones y estatus en la vida pública de la comunidad.

2.1.3. *Preferencia por las manifestaciones lingüísticas de la oralidad*

La consideración de la lingüística como ciencia llevó también aparejada la necesidad de cambiar el centro de interés de la investigación de los textos escritos a las lenguas habladas, dada su condición de medios naturales y universales para la adquisición del lenguaje, la interacción social y la transmisión de información. La comunicación de los homínidos evolucionó desde la articulación de sonidos, vocalizaciones lingüísticas que se fueron enriqueciendo conforme se desarrollaba la sociedad y se producían los cambios biológicos en el aparato fonador y el aumento de volumen cerebral.

La *oralidad primaria* de las civilizaciones que desconocían la escritura dio origen a una gran riqueza de manifestaciones culturales en cuya composición se otorgaba gran atención a las repeticiones léxicas y a las fórmulas rítmicas para facilitar su memorización entre la población. Los poemas homéricos constituyen una excelente muestra de textos orales conservados en la conciencia colectiva, hasta que alrededor del VIII-VII a.C. adquirieron forma escrita con la invención del alfabeto. No obstante, conocida la escritura, la oralidad desempeñó igualmente un papel fundamental en la oratoria y retórica clásicas y medievales, así como en la predicación, en la enseñanza y en la transmisión de la literatura, de la cual dan buen ejemplo las narraciones de gestas épicas llevadas a cabo por juglares y trovadores.

La aparición de la imprenta en el siglo XV cambió sustancialmente el panorama lingüístico y las condiciones de acceso al conocimiento, de forma tal que la cultura escrita no era ya privilegio único de la nobleza y de las órdenes monásticas. En el periodo renacentista aumentó la circulación y difusión de las obras de escritores y pensadores clásicos y humanistas y la escrituralidad adquirió el mayor prestigio entre la intelectualidad.

> Se admite generalmente que con la implantación del invento de Gutenberg se instaura de manera definitiva e irreversible una *oralidad secundaria*, caracterizada por una importante influencia de la escritura, aunque el proceso se completa en tiempos más recientes, con la definitiva generalización de la enseñanza [...] (Abascal, *La teoría de la oralidad*. Málaga: Universidad de Málaga, 2004: 35).

En efecto, en la época posmoderna la oralidad secundaria es la protagonista en el mundo occidental. Comparte con la oralidad primaria de los pueblos ágrafos la participación y el sentido comunitario, pero tiene un alcance mucho mayor, que ha desdibujado las fronteras espaciotemporales de la galaxia Gutenberg y ha alcanzado a un público mucho más amplio (Ong, 1987). La irrupción paulatina del teléfono, la radio, la televisión, el ordenador, Internet y la tecnología, en general, ha conducido a una nueva era, la propia de la aldea global, en la que la comunicación entre personas y el flujo de información es constante (McLuhan, 1962). Oralidad y escrituralidad se retroalimentan y se tornan cada vez más híbridas, lo que se traduce en la aparición de nuevos lenguajes y códigos de comunicación (chats, wikis, blogs). La sociedad de la información debe adquirir nuevas competencias para el uso de las destrezas productivas (escribir, hablar) y receptivas (leer, escuchar) en novedosos soportes comunicativos en los que junto al lenguaje verbal se integran imágenes, gráficos, música, etc.

Así las cosas, a partir del periodo ilustrado y durante el XIX, a pesar del espíritu romántico de figuras como Humboldt que exaltaban las virtudes de los vernáculos y de las variedades coloquiales y populares como las muestras auténticas del habla viva de los pueblos, la escritura, vehículo por excelencia de la expresión literaria y fundamento para justificar los preceptos de corrección idiomáticas, fue poco a poco ganando terreno y considerándose medio superior de expresión lingüística en el que se plasmaban las reglas codificadas en diccionarios y gramáticas. No en balde la disciplina filológica nació como una reflexión y análisis de los textos escritos, que podían conservar manifestaciones lingüísticas de estadios muy anteriores, aunque también en la segunda mitad del XIX los neogramáticos reivindicaron la primacía ontológica y sociológica del lenguaje hablado y la necesidad de atender a las formas orales para explicar los cambios lingüísticos en las lenguas.

También el estructuralismo acentuó la importancia de la lengua hablada sobre la escrita. Se reconocieron las diferentes variedades y niveles del diasistema de una lengua y el Círculo Lingüístico de Praga contribuyó en gran medida al desarrollo de la fonética y la fonología, pero salvo casos puntuales el foco de atención en el constructo homogéneo de la *langue* llevó a descuidar las muestras reales de la *parole*. En este mismo sentido, la abstracción de la lingüística formal generativista y su interés en la gramática interna excluyó el tratamiento de la lengua oral de su investigación. Existían, además, todavía evidentes dificultades metodológicas para el análisis de la actuación lingüística.

Así pues, puede afirmarse que no fue hasta la segunda mitad del siglo XX cuando verdaderamente adquirió preponderancia el estudio del lenguaje oral, con el advenimiento de disciplinas que poseían muchos denominadores comunes y que realizaron aportaciones muy valiosas para el conocimiento de la dinámica del discurso oral. La Etnografía de la Comunicación, la Sociolingüística, la Pragmática superaron la concepción de la lengua como sistema de signos y se centraron en su papel como instrumento comunicativo. El análisis del discurso y la lingüística de corpus, por su parte, han proporcionado materiales y técnicas cada vez más perfeccionadas para el análisis de muestras auténticas de lengua oral. De esta manera, se ha visto que el empleo de elipsis, repeticiones, topicalizaciones, focalizaciones, pausas, silencios, palabras comodines, vacilaciones, tautologías, cambios en el orden básico de la oración, etc. obedece a estrategias discursivas típicas de un contexto de oralidad, a las que debe prestar una mayor atención el lingüista.

De hecho, Porroche Ballesteros (*Aspectos de gramática del español coloquial para profesores de español como L2.* Madrid: Arco Libros, 2009: 49-50) da buena cuenta del empleo de estos mecanismos, típicos de enunciados orales espontáneos no planificados, muy diferentes de los parámetros de coherencia y cohesión de los discursos escritos formales.

(1) *Claro*, además, fíjate, yo voy a conseguir una televisión de segunda mano. *Me pasan* a mí una. *Me pasan* no, me la venden. Una amiga de mi hermano, que se ha comprado *eso* del cine en casa..."

(2) Entonces, tú crees que María...*umm*

(3) *El pan*, ¿has comprado *el pan*?

(4) *Ese hombre del que hablas*, no lo había visto en mi vida.

La lengua oral es, de hecho, fundamental en el proceso de adquisición del lenguaje por los niños y es el medio principal de interacción y socialización humanas. Solo secundariamente y de manera no universal se aprende el código escrito y se desarrolla la competencia lectoescritora, una vez ya se poseen habilidades orales. A este respecto, las orientaciones constructivistas en la didáctica de la lengua han puesto énfasis en la necesidad de atender específicamente a la formación lingüística oral desde los primeros niveles. Se requiere ampliar los objetivos de la enseñanza escolar de forma tal que se prepare al alumno en las destrezas de comprensión y producción orales, a fin de que su actuación lingüística se adecue a los diferentes registros y situaciones de la oralidad secundaria. Este es también el cometido de los enfoques comunicativos en la enseñanza de segundas lenguas y lenguas extranjeras, cuya irrupción supuso un gran avance en la inclusión del componente oral en las clases de idiomas.

En este estado de cosas, no se discute que la escritura es un fenómeno cultural relativamente reciente que precisa de un aprendizaje consciente y explícito. Si el lenguaje humano surgió hace unos 120.000 años con la aparición del homo sapiens moderno, los primeros sistemas de escritura cuneiforme, realizados sobre tablillas de arcilla, son muy posteriores, de aproximadamente 5.000 años, y, actualmente, la mayoría de lenguas del mundo carecen de forma escrita. A este respecto, debe ponerse de relieve que todo sistema de escritura es una representación muy imperfecta de la lengua hablada. Ni siquiera en los sistemas alfabéticos actuales en los que existe mayor correspondencia entre grafemas y fonemas, como sucede con el español frente al inglés, la representación gráfica puede dar cuenta de características específicas de la oralidad como las variaciones prosódicas, el valor del paralenguaje o la cinésica. Sin embargo, tampoco determinados efectos gráficos del lenguaje escrito reflejados en el empleo de diferentes tipografías pueden encontrar equivalentes en la lengua oral.

Los códigos oral y escrito deben, pues, concebirse como interdependientes. Ni la lengua escrita es una mera transcripción de la hablada ni a la inversa, por lo que es necesario tener en cuenta que ambas modalidades poseen diferentes normas de corrección y adecuación comunicativas y deben juzgarse como formas de comunicación distintas. Si bien muchas estructuras son paralelas, también existen mecanismos gramaticales y léxicos que son prácticamente exclusivos bien del nivel oral, o bien del escrito, por lo que se pierden muchos matices al tratar de hallar una pretendida correspondencia entre construcciones de la lengua coloquial espontánea y de la lengua normativa escrita. Así, por ejemplo, a diferencia de las zonas del Río de la Palta, en Chile el voseo es un fenómeno (*cantái[s], comí[s]*) que podría considerarse típicamente "hablado", reemplazado por el tuteo (*cantáis, coméis*), más prestigioso, en situaciones de mayor distancia comunicativa.

En este mismo sentido, expresiones del tipo *y eso que, y mira que* con un significado concesivo son muy características de una situación de oralidad, frente a *aunque*, conjunción más empleada en el discurso escrito.

> (5) A: No sé por qué se retrasa tanto Pedro hoy.
> B: *Y eso que/Y mira que* no tenía que recoger a los niños del colegio.

En el campo de la fraseología, refranes como *ni corto ni perezoso, escurrir el bulto* o *a tocateja* aparecen con mucha mayor frecuencia en la lengua coloquial oral y difícilmente están presentes en un artículo científico que presenta los rasgos más marcados de la escrituralidad y en el que no resulta llamativo encontrar latinismos del tipo *in vitro, in situ, de visu,* etc. Por consiguiente, actualmente, muchos lingüistas enfatizan que "la lengua coloquial puede y debe ser estudiada como *específicamente oral, hablada* (y no como una simple desviación negativa de la estándar)" (Vigara Tauste, "Expresión coloquial: Expresión del sentido por comparación", en Th. Kotschi, W. Oesterreicher y K. Zimmermann (eds.) *El español hablado y la cultura oral en España e Hispanoamérica.* Madrid/Frankfurt am Main: Iberoamericana/Vervuert, 1996: 15).

En el cuadro 2.2 se presentan las principales diferencias advertidas entre ambos códigos de comunicación oral y escrito.

Cuadro 2.2. *Diferencias entre lengua oral y lengua escrita*

Lengua oral	*Lengua escrita*
– Canal auditivo	– Canal gráfico
– Medio primario	– Medio secundario
– Naturalidad	– Artificialidad
– Percepción sucesiva de los sonidos	– Percepción simultánea de las grafías
– Comunicación *in praesentia* de los interlocutores	– Comunicación *in absentia* de los interlocutores
– Contexto espacio-temporal compartido	– Contexto espacio-temporal no compartido
– Comunicación efímera	– Comunicación duradera
– Espontaneidad y no posibilidad de monitorizar la producción	– Planificación y posibilidad de monitorizar la producción
– Inmediatez comunicativa	– Distancia comunicativa

Así pues, la mayor descontextualización, elaboración y planificación de la lengua escrita frente a una mayor espontaneidad y dependencia situacional en la oral explica que en una situación de oralidad existan muchos elementos consabidos, que no es necesario hacer explícitos, dado que se deducen del contexto de enunciación compartido por emisor y receptor. El discurso oral se caracteriza también por un mayor empleo de expresiones deícticas (*allí mismo, este, ahora,* etc.), interjecciones *(¡ay!, ¿eh?,* etc.) o exclamaciones *(¡Madre mía!, ¡Qué fuerte!),* justamente porque interesa llamar la atención del destinatario y mantener el contacto durante la interacción.

La oralidad otorga, de hecho, más relevancia a las funciones pragmáticas y conversacionales sobre las estrictamente sintácticas, pero esto no debería implicar la atribución de una estructuración sintáctica más compleja a los textos escritos frente a los textos orales, considerados más irregulares y menos precisos, ricos y variados (ver Blanche-Benveniste, 1998). Tal y como ha puesto de relieve Halliday (1990), se trata de sistemas igualmente complejos, que se sirven de estrategias diferentes para la representación de la realidad y, si bien la lengua oral suele presentar la información de manera más intricada e incrustar un mayor número de cláusulas en la principal, la escritura destaca, sobre todo, por la densidad léxica y la tendencia al empleo de nominalizaciones. El esquema paratáctico parece, pues, ajustarse en mayor medida a ese carácter agregativo y lineal de la lengua hablada, mientras que la mayor planificación de la lengua escrita lleva a un mayor uso de la hipotaxis, pero esto no puede llevar a concluir, en modo alguno, que en la oralidad no se encuentran subordinadas sustantivas, relativas, adverbiales, etc. (Koch y Oesterreicher, 2007 [1990]: 143).

Lo que sucede en la mayor parte de ocasiones es que los discursos orales se juzgan con un parámetro de corrección ajeno, propio de la variedad estándar de la lengua escrita, y de ahí que se hable de la presencia de anacolutos y desviaciones respecto a un código lingüístico con propiedades muy diferentes. Asimismo, las comparaciones entre la lengua oral y la escrita suelen llevarse a cabo entre discursos pertenecientes a una u otra modalidad desde el punto de vista del medio de transmisión, pero sin tener en cuenta el propósito, la función comunicativa, el grado de formalidad o el tipo de registro de las muestras contrastadas, lo cual desvirtúa los resultados. Por ello, conviene no hablar de las diferencias entre textos escritos y orales de una forma absoluta y en abstracto, sino siempre en aplicación a la descripción de los distintos géneros (prosa académica, texto narrativo, columna periodística, conversación, entrevista, etc.) y teniendo en cuenta las circunstancias extralingüísticas que rodean el acto comunicativo.

Efectivamente, las descripciones de la lengua oral y la lengua escrita tienden a presentar los rasgos más marcados de uno u otro código en alusión a tipos de textos muy opuestos, como la conversación ordinaria y espontánea entre amigos, por un lado, y la prosa científica, por otro. No obstante, no cuesta encontrar ejemplos que contravienen los prototipos. Así, en ocasiones en los textos escritos se advierten características típicas de la oralidad, como sucede muchas veces con los correos electrónicos o los mensajes de los teléfonos móviles, que no son fruto de una elaboración previa y en los que abundan las muletillas, los acortamientos de palabras y demás aspectos propios del coloquio. Inversamente, un discurso de un político en su investidura como presidente es un texto oral, pero planificado previamente y concebido para ser leído, por lo que se ajustará más a la estructura organizativa y al nivel de lengua culta y formal asociado a la lengua escrita.

En este sentido, es evidente que las diferentes manifestaciones orales y escritas se oponen desde un punto de vista medial, esto es, la realización fónica o gráfica, pero, desde un punto de vista concepcional, oralidad y escritura forman parte de un mismo continuo de realizaciones lingüísticas entre la inmediatez y la distancia comunicativa (Koch y Oesterreicher, 2007 [1990]), dependiente de determinados parámetros comunicativos (cooperación, conocimiento compartido de los interlocutores y familiaridad entre ellos, integración del discurso en el contexto situacional, espontaneidad,) etc. Estas circunstancias determinan la especificidad de las diferentes tradiciones discursivas o tipos de texto, de forma tal que la conversación familiar sería un ejemplo extremo de la concepción hablada o inmediatez comunicativa. Una conversación telefónica o una carta privada se situarían en un lugar intermedio de la escala, mientras que una conferencia universitaria o un artículo científico serían formas más cercanas a la distancia comunicativa o a la concepción escrita, cuya manifestación más extrema la representaría el código jurídico.

Por ello, la relación entre oralidad y escrituralidad no debe establecerse de forma dicotómica ni tampoco las propiedades asociadas a una y otra modalidad considerarse excluyentes. Según se advirtió anteriormente, las nuevas tecnologías de la información han producido una hibridación entre la comunicación oral y escrita, de modo que han diluido las fronteras entre ambas, un rasgo definitorio de la oralidad secundaria.

La interrelación entre ambos modos de comunicación se hace, además, patente con la *escrituración* de producciones orales y la *oralización* o manifestación de lo oral en textos escritos. Del primer caso, proporciona Briz (*El español coloquial en la conversación. Esbozo de pragmagramática.* Barcelona: Ariel, 1998: 18) un claro ejemplo en este texto periodístico, del cual seleccionamos un fragmento y en el que destaca el uso enfático de la conjunción *y*, el empleo de marcadores conversaciones (*no sé, oiga*), frases idiomáticas (*Válgame Dios, a todo Cristo*) o expresiones típicas del coloquio (*qué pasa contigo, que si tal y que si cual,* etc.).

> (6) *Válgame Dios.* Hay como diez mil, *no sé,* presos preventivos en las cárceles españolas donde los enchiqueran desde toda la vida durante meses y años hasta que a un juez se le ocurre preguntar *qué pasa contigo. Y* resulta que, de pronto, a los analistas y a los tertulianos y a los políticos y *a todo Cristo* le da ahora por decir *que si tal y que si cual,* y que a ver si esto de la cárcel preventiva es un abuso, *oiga.* […] (Arturo Pérez Reverte, "Cuánto cuento", *El Semanal*, 5 de marzo de 1995)

Igualmente, en corpus de naturaleza oral, tales como el *Corpus de Habla Culta de Salamanca* (*CHCS*) (Fernández Juncal, *Corpus de Habla Culta de Salamanca*. Burgos: Fundación Instituto Castellano y Leonés de la Lengua, 2005), se encuentra también léxico culto y especializado (*microbiología, farmacología*), latinismos (*numerus clausus*), que denotan una formalidad muy característica de la escrituralidad.

> (7) Yo, cuando empecé [CARRASPEO] Medicina, éramos un, un montón de alumnos. No había todavía el *numerus clausus*, que se estableció justo a, al año siguiente. […] Se hacía pesada, por ejemplo, la *Microbiología*, ¿no?, estudiar tanto bichito con tanto detalle y tal, y…, pero es que, en realidad todas son necesarias. Es verdad que algunas asignaturas se tocan un poco de puntillas porque, por un año que tú des *Farmacología*, lógicamente no vas a, a…, a aprender mucho de, de Farmacia […] (Fernández Juncal, 2005: 64-65).

2.2. De la prescripción manifiesta a la prescripción indirecta

Desde el inicio de los tiempos, la prescripción ha estado ligada a la tradición lingüística occidental. El patrón grecolatino inspiró la elaboración de las gramáticas de las lenguas vulgares en el Renacimiento, que pretendían fijar un modelo de lengua que mantuviese la pureza y le otorgase a la lengua dignidad y prestigio social, según ocurrió con la *Gramática castellana* de Nebrija, el anónimo *Le regolle della lengua florentina* o *L'esclarcissement de la langue françoyse* de Palsgrave. Este espíritu prescriptivo se fortaleció en los siglos XVII y XVIII con la creación de instituciones destinadas específicamente a planificar y legislar en materia lingüística: las academias de la lengua, que adquirieron una notable autoridad entre la población. La *Accademia della Crusca* (1582), la *Académie Française* (1635) o la Real Academia Española (1713) estaban destinadas a velar por el cuidado, la purificación y el cultivo de sus respectivas lenguas, que se consideraba que habían alcanzado la excelencia y perfección. La mejor manera de mostrar la gloria del idioma era reduciéndolas a *arte*, esto es, codificándolas explícitamente para el *bene recte loquendi et scribendi* y para prevenirlas de la degeneración lingüística del vulgo, una labor que contribuiría al ensalzamiento de sus naciones respectivas.

En este sentido, los discursos que preceden a la fundación de las academias dan buenas muestras de su intento de limpiar las lenguas de los barbarismos, solecismos y negativas influencias extranjerizantes. Al mismo tiempo, suponen una clara apología y exaltación de las virtudes de sus idiomas, como los más compendiosos, expresivos, ricos y fecundos, razones que aducen para justificar su imposición frente a otras lenguas y dialectos del entorno no sometidos a *arte*. Así se evidencia en el mismo Prólogo del *Diccionario de Autoridades de la* Real Academia Española (1726: 1):

> El principal fin, que tuvo la Real Academia Española para su formación, fue hacer un Diccionario copioso y exacto, en que se viese la grandeza y poder de la Lengua, la hermosura y fecundidád de sus voces, y que ninguna otra la excede en elegáncia, phráses, y pureza siendo capaz de expressarse en ella con la mayor energía todo lo que se pudiere hacer con la Lenguas más principales, en que han florecido las Ciéncias y Artes: pues entre las Lénguas vivas es la Española, sin la menor duda, una de las más compendiosas y expressivas, como se reconoce en los Poétas Cómicos y Lyricos, à cuya viveza no ha podido llegar Nación alguna [...].

No obstante, no debería pensarse que la actitud de censura y sanción contra los *vicios* del idioma y el deseo de registrar la lengua en gramáticas y diccionarios para mantenerla incólume, muy característicos del sentimiento normativista dieciochesco, fue menos intensa en aquellos países que no contaban con una institución para tal cometido. En Gran Bretaña, por ejemplo, esta tarea fue llevada a cabo por gramáticos y lexicógrafos muy influyentes en la sociedad de la época, como Thomas Sheridan con su *Course of Lectures on Elocution*, Samuel Johnson y su *Dictionary of the English Language*, o Jonathan Swift en su *Proposal for Correcting, Improving and Ascertaining the English Tongue*.

> Nada sería de mayor utilidad para la mejora del conocimiento y la educación que algún método efectivo para corregir, aumentar y fijar nuestra lengua. [...] El latín llegó a su máxima perfección antes del declive y los franceses en los últimos cincuenta años han estado puliendo su lengua tanto como ha sido posible, aunque parece que está debilitándose por la natural inconsistencia del vulgo y por el gusto de algunos autores tardíos de introducir y multiplicar términos proscritos, lo cual lleva a la más ruinosa corrupción en cualquier lengua. Pero el inglés no ha llegado a tal grado de perfección como para hacernos temer por su declive; y si alguna vez llegara a refinarse en un estándar, quizá se habrían encontrado la manera de fijarla para siempre (Swift, 1712, http://etext.lib.virginia.edu/collections/conditions.html; la traducción es mía).

Así las cosas, esta rígida ideología prescriptivista tuvo que cambiar conforme la lingüística se consolidaba como disciplina científica. En consecuencia, las reglas de las lenguas comenzaron a formularse con base en la explicación y el razonamiento gramatical, según demandaban las nuevas teorías lingüísticas. De hecho, los prólogos de las sucesivas ediciones de las gramáticas de la Real Academia Española evidencian un paulatino distanciamiento de la intención exclusivamente normativa de la institución. De este modo, velar por la pureza y el cuidado del castellano se irá tornando un objetivo secundario tras la descripción y reflexión acerca del uso real del idioma, de lo cual quedará constancia en la reforma gramatical de 1917 (Fries, 1989: 111-112).

En efecto, el descrédito que envolvió al hecho prescriptivo, identificado con los excesos del autoritarismo a la hora de someter a la lengua a unas rígidas normas sobre lo que estaba "bien" y "mal" dicho y escrito, ha tenido grandes repercusiones en el proceder de los gramáticos. Estos, temerosos de ser tildados de inmovilistas, elitistas y conservadores, han optado en muchas ocasiones por eludir las cuestiones normativas y la referencia a fenómenos lingüísticos de amplia presencia en el uso porque se sitúan al margen de la variedad tipificada como estándar. Por lo tanto, la mayor parte de tratados gramaticales contemporáneos enfatiza que su intención es proporcionar, desde distintas perspectivas, una explicación del funcionamiento de las unidades y niveles de la lengua y no llamar la atención sobre las transgresiones e incorrecciones lingüísticas.

No obstante, pese a que la mayoría de gramáticas que se declaran descriptivas afirmen que su principal ocupación es atender a las manifestaciones reales del uso de los hablantes y no al cómo debieran ser, el proceder les impide desvincularse enteramente de la actuación prescriptiva. Al centrar la descripción gramatical en una única variedad que se codifica y adquiere el estatus de estándar, se está privilegiando indirectamente unas formas lingüísticas frente a otras e imponiendo un modelo de comportamiento lingüístico en el que no tienen cabida las variantes no estándares, que quedan, por consiguiente, estigmatizadas. El recurso a este tipo de *prescripción encubierta* ha sido una de las constantes en el proceder gramatical de los siglos XIX y XX (Prieto de los Mozos, 1999).

2.2.1. *Gramáticas descriptivas y gramáticas prescriptivas*

El establecimiento de una frontera dicotómica entre las gramáticas de orientación descriptiva y las de orientación prescriptiva es una de las consecuencias de la identificación de la prescripción con el purismo y el conservadurismo practicado por los custodios de las lenguas, que lanzan apasionadas e irracionales críticas, muchas veces carentes de fundamentación científica, contra los supuestos disparates, aberraciones y agresiones cometidos contra el lenguaje. Tal vez si los lingüistas no hubiesen mostrado tal desinterés por el estudio de los fenómenos prescriptivos, no se hubiera llegado a esa férrea disociación entre descripción y prescripción, que puede llevar –y, de hecho, suele hacerlo– a una falta de entendimiento entre la población general y los lingüistas, a quienes, como es lógico, acuden para resolver sus dudas gramaticales y léxicas, muy conscientes de que su manera de expresarse o de escribir es su carta de presentación en la sociedad.

La solución contra los excesos normativistas anteriores no es reaccionar con el antiprescriptivismo radical, bajo la consigna de la defensa del ejercicio de una moderna ciencia objetiva que descuida el valor del lenguaje como hecho y producto social. La lingüística, como disciplina humana, debe otorgar la importancia que merece el universo extralingüístico que envuelve y condiciona los usos, actitudes y creencias lingüísticas de los hablantes y explicar los motivos por los cuales determinadas conductas verbales se valoran más positivamente que otras, aun cuando no se deba a razones propiamente lingüísticas.

A este respecto, el mayor empuje en la inclusión del estudio de la prescripción entre los cometidos de la ciencia lingüística lo ha otorgado el surgimiento de la subdisciplina de política y planificación lingüísticas en la segunda mitad del siglo XX, a raíz de que la lingüística aplicada se percatase de que la definición de científico no implicaba la desatención de los fenómenos cualitativos. Esto no ha supuesto la vuelta a la censura y al inmovilismo, sino simplemente la constancia de que las discriminaciones lingüísticas no desaparecen, si no se estudian sus orígenes y se proponen medidas alternativas.

En efecto, la prescripción lingüística responde a una valoración previa de las diferentes variantes, que los hablantes jerarquizan de acuerdo a factores normalmente extralingüísticos (el nivel económico, la posición social, la apariencia física) que son determinantes para privilegiar una u otra de las opciones. No obstante, se trata de un comportamiento sociolingüístico universal, consustancial a la propia condición humana y no exclusivos de los *pedantes e ignorantes entusiastas* (Haas, 1982). Somos los propios hablantes quienes corregimos a nuestros interlocutores, enmendamos conductas lingüísticas propias y ajenas con el fin de mantener esa *higiene verbal* (Cameron, 1995).

Del mismo modo que está científicamente demostrado que la variación es inherente a todo sistema lingüístico también la reflexión y la conciencia lingüísticas son atributos naturales del ser humano, que no pueden menospreciarse. En este sentido, los enfoques ecolingüistas en la política y la planificación lingüísticas proponen no restringir el término *prescripción* a la práctica impositiva y coercitiva de organismos, instituciones y elites políticas en detrimento de los intereses del resto de individuos. Esta visión no tomaría en consideración a los principales protagonistas del proceso planificador, es decir, a los hablantes, cuyas decisiones y conductas son fundamentales en el transcurso de un cambio lingüístico (Amorós Negre, 2008).

No puede olvidarse que fue una parte de la comunidad lingüística inglesa (*Queen English Society*) la que se manifestó en contra de reformas que abogaban por una mayor tolerancia y legitimidad del resto de variedades no estándares del inglés británico en la enseñanza y en los medios de comunicación, por miedo a una fragmentación lingüística. Sin embargo, en otra ocasión, también en Inglaterra, surgió un movimiento a favor del *plain English*, que buscó contrariamente una mayor democratización, neutralidad y vernacularización del inglés, en especial del registro legal y burocrático. Ambos son ejemplos de medidas propuestas por las *contraelites* (Cooper, 1997 [1989]) y en los dos casos se pretende prescribir y defender un modo de actuar lingüísticamente, fruto de un posicionamiento ideológico más o menos tradicionalista o progresista.

Así pues, es cierto que el discurso metalingüístico del que se sirve una gramática descriptiva suele caracterizarse por un mayor distanciamiento, objetividad y neutralidad respecto al hecho lingüístico, frente al tono más imperativo, categórico y coercitivo de una gramática prescriptiva, según se vislumbra en estos ejemplos del inglés:

–   Formulación descriptiva: el empleo de *was* en lugar de la forma de pasado de subjuntivo *were* en las cláusulas condicionales se atestigua en el discurso oral de la mayor parte de la población angloparlante.

   (8) If I *was/were* you, I would not buy the flat (*Si yo fuera tú, no compraría el piso*)

–   Formulación prescriptiva: es incorrecto/no debe emplearse el pasado de indicativo *was* en lugar del pasado de subjuntivo *were* en las cláusulas condicionales.

> (9) BIEN: If I *were* you, I would not buy the flat (*Si yo fuera tú, no compraría el piso*)
> MAL: If I *was* you, I would not buy the flat (*Si yo fuera tú, no compraría el piso*)

En español, se observa también el diferente tratamiento que reciben construcciones controvertidas en gramáticas normativas que desean dar a conocer el canon lingüístico y los modelos dictados por las autoridades, frente a gramáticas cuyo objetivo prioritario es la descripción pormenorizada y detallada de la estructura gramatical de la lengua, así como de las diferentes variedades y variantes que se presentan en las distintas zonas del mundo hispánico. Así se demuestra, de hecho, con la consideración del *que galicado*, tradicionalmente proscrito y asociado a la influencia francesa y consistente en el empleo del relativo universal *que* en lugar de un pronombre o adverbio relativo susceptible de aparecer en construcciones libres o semilibres:

> (10) Fue entonces *que* me caí/Fue entonces *cuando* me caí.

También se incluyen en la nómina del *que galicado* los casos de omisión de la preposición ante construcciones enfáticas o pseudohendidas, cuyas circunstancias llevarían al empleo de la correspondiente preposición, sobre todo, de la causal *por*:

> (11) Fue por eso *que* le dejé/ Fue por eso *por lo que* le dejé.

De este modo, en la *Gramática descriptiva de la lengua española*, dirigida por Bosque y Demonte (Madrid: Real Academia Española/Espasa-Calpe, 1999: 4.281) o en el *Manual de gramática del español* de Di Tullio (*Manual de gramática del español: desarrollos teóricos, ejercicios, soluciones*. Buenos Aires: Edicial, 1997: 249) estas construcciones están perfectamente legitimadas. Se hace hincapié en su extensión tanto en España como en América, incluso en la lengua culta y literaria, y se alude a la posibilidad de que se trate de estructuras motivadas por la economía lingüística y la tendencia general a la universalización del *que*. No obstante, en obras que se declaran claramente prescriptivas como en *Hablar y escribir correctamente. Gramática normativa del español actual* de Gómez Torrego (2006: 416), como era esperable, se censura en mayor medida su uso. En consecuencia, se habla del *que galicado* en términos de incorrección respecto a la lengua esmerada y se considera un fenómeno ajeno a la normativa académica del castellano estándar:

(12) *Por eso es que no lo entiendo (correcto *por lo que no lo entiendo*)/
*Fue en Madrid que se celebró la reunión" (En España: ...*donde se celebró*...)

Igualmente, en el *Manual del buen uso del español* de Cascón Martín (Madrid: Castalia, 2004 [1999]: 273), a propósito del *que* galicado, existe una clara proscripción del mismo, tanto en la presentación de los ejemplos como en la explícita referencia a la construcción lingüística: "Esta fórmula, que parece un calco sintáctico del francés, es incorrecta en español y debe ser evitada, bien simplificando la construcción perifrástica, bien reponiendo la preposición *por* ante el segundo término:

(13) NO: Es por eso *que* no pude venir antes.
SÍ: Por eso no pude venir antes/Es por eso *por lo que* no pude venir antes.

En la misma línea están los siguientes ejemplos, en los que es necesario reponer la preposición correspondiente o, incluso, un adverbio relativo. Lo mismo que la anterior son construcciones que se emplean mucho en Hispanoamérica.

(14) NO: Es con el esfuerzo *que* se consiguen los éxitos.
SÍ: Es con el esfuerzo *como* se consiguen los éxitos.

Más sorprendente resulta, sin duda, la manifiesta sanción y proscripción de este uso en obras que se presentan meramente como notarias del idioma, según sucede con la *Gramática funcional del español* de Hernández Alonso (Madrid: Gredos, 1996 [1984]: 121), en la que puede leerse: "siempre ha de evitarse el confundido y malsonante galicismo en oraciones como *Fue entonces que se fugó*". No obstante, dado que el *que* galicado rebasa las fronteras de los límites fijados por el tradicional estándar canónico peninsular, la tónica general es la omisión de su tratamiento, de tal forma que la prescripción se efectúa de manera encubierta también en obras que se ocupan de describir, explicar y registrar la diversidad idiomática. Este es el caso de la *Gramática española* de Marcos Marín, Satorre Grau y Viejo Sánchez (Madrid: Síntesis, 1999) o de la *Gramática esencial del español* de Seco (Madrid: Espasa-Calpe, 1991), entre otras.

En este sentido, si bien la concepción de la lengua, el proceder y la finalidad se plantean de forma diferente para una obra orientada al análisis y registro empírico de los hechos de un idioma que para otra destinada a la rección idiomática, en la práctica esa línea divisoria no resulta muchas veces operativa.

Los gramáticos descriptivos han sido presentados como personas que no se preocupan de patrones, ya que consideran que todas las formas son igualmente válidas, mientras que a los gramáticos normativos se los ha representado como ciegos partidarios de una tradición histórica. Dicha oposición siempre ha sido

formulada en términos cuasi políticos, de liberalismo radical contra conservadurismo elitista (Crystal, 1994 [1987]: 2).

La experiencia confirma, pues, que es recomendable considerar que descripción y prescripción son dos facetas de una misma *normatividad* lingüística. De
hecho, la noción de *norma* posee la acepción de hábito, uso común, usual en una
comunidad, cercana a la visión más objetiva y descriptiva del hecho lingüístico,
pero también tiene el significado de regla, ley o precepto, más en la órbita de lo
prescriptivo. Sin embargo, de la misma manera que un hecho lingüístico *normal* y
usual en una comunidad lingüística puede convertirse en modélico y ser codificado, un uso normativo prescrito puede extenderse y generalizarse en la actuación
lingüística de una comunidad. Por ello, hay que procurar hallar un equilibrio entre
la labor descriptiva y prescriptiva, apartado de posturas extremas que identifican
lo normativo y lo acientífico y que poco pueden aportar para el desarrollo de la
investigación en ciencia lingüística.

Esta aproximación ha sido posible desde la Antigüedad en obras como la
gramática del sánscrito de Pānini, quien, a la vez que proporcionaba una minuciosa descripción de la lengua, deseaba fijarla para convertirla en lengua sagrada de
la India. Igualmente la *Techné grammatiké* de Dionisio de Tracia ofrece una explicación de las distintas partes de la oración del griego, pero no recoge sus diferentes variantes sino solo el uso de los considerados mejores escritores, con la
consecuente prescripción de un determinado modelo de lengua. También la *Gramática destinada al uso de los americanos* de Bello (Madrid: Colección Edaf
Universitaria, 1978 [1847]), la *Gramática española* de Salvador Fernández Ramírez (1951) o la misma *Nueva gramática de la lengua Española* (RAE y ASALE,
2009) proporcionan un buen ejemplo de reconciliación entre la actividad descriptiva y prescriptiva:

> Es una gramática *descriptiva* y también *normativa*. Es descriptiva porque
> presenta las pautas que muestran cómo se articula el idioma desde el punto de
> vista fonético, fonológico, morfológico y sintáctico. Es normativa porque re-
> comienda unos usos y desaconseja otros (RAE y ASALE, 2009: VI).

Así, por ejemplo, la cuestión concerniente a la problemática que presenta para
los hablantes de español la oposición entre las perífrasis *deber o deber de + infinitivo* se resuelve del siguiente modo en el *Manual de la nueva gramática de la
lengua española* (2010: 538-539):

> *Debes beber mucha agua* expresa, en principio, un consejo o una obliga-
> ción, mientras que *Debes de beber mucha agua* transmite una conjetura del ha-
> blante, es decir, la manifestación de una probabilidad inferida. No obstante, el
> uso de "*deber* + infinitivo" para expresar conjetura está sumamente extendido

incluso entre escritores de prestigio: *Es verdad que nadie ha estado en ese cuarto por lo menos en un siglo –dijo el oficial a los soldados–. Ahí debe haber hasta culebras* (García Márquez, *Cien años*); *Debe hacer mucho frío en la calle, entonces un coñac doble* (Cortázar, *Rayuela*); *No debes haber llegado hace mucho, imagino* (Guelbenzu, *Río*).

Este uso se registra también en textos antiguos. Como perífrasis de obligación se recomienda la variante sin preposición, esto es "*deber* + infinitivo". Aun así, "*deber de* + infinitivo" también se documenta en textos, clásicos y contemporáneos, con este valor.

En efecto, la prescripción está presente de forma implícita en la valoración de los usos lingüísticos por su asociación con los diferentes niveles de lengua y estratos socioculturales, por lo que hay variantes lingüísticas que se recomiendan y se consideran dignas de imitación frente a otras. Muy diferente es el tratamiento que se le otorga a la alternancia entre *deber/deber de* + *infinitivo* en una obra también académica como el *Diccionario panhispánico de dudas* (2005), cuya orientación marcadamente prescriptiva se deduce rápidamente con el empleo de la bolaspa ([⊗]), signo que denota claramente la estigmatización y la incorrección, que también adopta *El libro del español correcto* del Instituto Cervantes (2012):

Deber + *infinitivo*. Denota obligación: "*Debo cumplir con mi misión*" (Mendoza *Satanás* [Col. 2002]). Con este sentido, la norma culta rechaza hoy el uso de la preposición *de* ante el infinitivo: [⊗] "*Debería de haber más sitios donde aparcar sin tener que pagar por ello*" (*Mundo* [Esp.] 3.4.94).

Deber de + *infinitivo*. Denota probabilidad o suposición: "*No se oye nada de ruido en la casa. Los viejos deben de haber salido*" (Mañas *Kronen* [Esp. 1994]). No obstante, con este sentido, la lengua culta admite también el uso sin preposición: "*Marianita, su hija, debe tener unos veinte años*" (V. Llosa *Fiesta* [Perú 2000]).

A este respecto, resulta importante destacar que, al contrario de lo que pudiera pensarse a la luz de las opiniones vertidas por muchos académicos, así como por sus declaraciones programáticas en los estatutos o en los prólogos de sus obras, las gramáticas académicas no se caracterizan por hacer uso de un prescriptivismo directo y explícito del tipo *dites ne dites,* sino por la adopción y descripción de un modelo de lengua basado en el uso de los doctos y buenos escritores y la consiguiente falta de atención a los fenómenos que no tenían cabida en esta variedad de lengua (Borrego Nieto, 2008). El refugio en la *prescripción encubierta* fue, por lo tanto, una constante en el proceder académico, salvo en un capítulo presente en todos los tratados gramaticales desde 1880 hasta 1931, *los vicios de dicción*, en el que como en el *appendix probi* se censuraban con vehemencia vocablos y expresiones del vulgo que incurría en barbarismos, solecismos, cacofonías, anfibologías, etc. que embrutecían la lengua castellana. Sirva de ilustración estos fragmentos de la *Gramática de la lengua castellana* de 1917 (Madrid: Espasa-Calpe):

> Pero nada afea y empobrece tanto nuestra lengua como la bárbara irrupción, cada vez más creciente, de galicismos que la atosiga. Avívase a impulsos de los que no conocen bien el propio ni el ajeno idioma, traducen a destajo y ven de molde en seguida y sin correctivo ninguno de sus dislates. Por ignorancia, pues, y torpeza escriben y estampan muchos: *acaparar,* por monopolizar; *accidentado,* por quebrado, dicho de un país o terreno; *afeccionado,* por aficionado; *aliage*, por mezcla [...] (RAE, 1917: 445).

> La monotonía y pobreza gramatical consiste en el empleo muy frecuente de poco número de vocablos. Decía Quevedo que "remudar vocablos es limpieza", y debe estimarse como don precioso de escritores elegantes y enriquecidos con verdadero saber. Tomar por muletilla una dicción para todo es dejar que lastimosa y neciamente se pierda y destruya el caudal de un idioma (RAE, 1917: 450).

En este contexto, cabe hacer hincapié en que son los mismos hablantes los que demandan que existan obras de referencia normativas que les instruyan en el conocimiento de las variantes lingüísticas propias de la variedad estándar codificada, conscientes de que su seguimiento en los contextos de mayor formalidad les reportará ventajas sociales. Por tanto, es preciso resaltar que el componente prescriptivo de una gramática es también necesario para estimular la conciencia lingüística de la población sobre el uso de su lengua, siempre que la normatividad se conciba no como una lista de preceptos de obligado cumplimiento, sino como una parcela dinámica y abierta de la lengua, muy dependiente de las actitudes y valoraciones que le otorgan los hablantes a las propias actuaciones lingüísticas.

2.2.2. *Estandarización y criptoescriturismo*

Si bien anteriormente se trató la cuestión concerniente a la relación entre oralidad y escrituralidad y se hizo hincapié en el carácter primario y universal de la lengua hablada, en el campo de la planificación lingüística la prioridad se invierte. El centro de atención se desplaza hacia las manifestaciones de la lengua escrita, más estáticas y menos permeables a la variación que aflora en todos los niveles lingüísticos. Sin embargo, no hay que pensar que la lengua escrita impide el cambio lingüístico.

Toda lengua evoluciona con el paso del tiempo: se producen cambios fonéticos en la pronunciación que pueden llevar a la desaparición o al surgimiento de fonemas, modificaciones en la forma de las palabras y en la estructura y orden de las mismas en las oraciones. Asimismo, hay términos en una lengua que caen en desuso y pierden vitalidad, mientras que otros nuevos se acuñan, del mismo modo que pueden restringirse o ampliarse los significados de los términos ya existentes. Estos cambios suelen comenzar en el plano oral y, posteriormente, tener un reflejo en la escritura, pero también se da el caso de que determinadas grafías influyan en la pronunciación. Así sucede en el caso de la <x> de *México* o *Texas*, que desde el siglo XV corresponde al sonido de una fricativa velar sorda, como la representada por <j> (*jarrón, jilguero*) o por <g> ante *e, i* (*gente, gimnasia*). Sin embargo, la realización de [ks] como pronunciación habitual de la letra <x> intervocálica en español lleva a que muchos hablantes pronuncien [*méksico, téksas*].

Indudablemente, las lenguas presentan diferencias muy marcadas a lo largo de los siglos. El inglés de la época de Chaucer poco se parece al actual, como tampoco el griego de la época micénica o el castellano de los *scriptae* de Alfonso X, ni desde el punto de vista oral ni escrito. Véase como ilustración el siguiente fragmento de la *General Estoria* del siglo XIII, época en la que todavía se observa una gran variación en las soluciones gráficas adoptadas para la representación fonológica, incluso en una misma obra:

> Natural cosa es de cobdiciar los omnes saber los fechos que acaecen en todos los tiempos [...]. E esto fizieron porque de los fechos de los buenos tomassen los omnes exemplo pora fazer bien e de los fechos de los malos que recibiessen castigo por se saber guardar de lo non fazer. Onde por todas estas cosas, yo don Alfonso, por la gracia de Dios rey de Castiella, de Toledo, de León, de Gallizia, de Sevilla, de Córdova, de Murcia, de Jaén e del Algarbe, fijo del muy noble rey don Fernando e de la muy noble reína doña Beatriz, después que ove fecho ayuntar muchos escritos e muchas estorias de los fechos antiguos escogí d'ellos los más verdaderos e los mejores que ý sope e fiz ende fazer este libro. (Sánchez-Prieto Borja, P, Díaz Moreno, R. y Trujillo Belso, E., *Edición de textos alfonsíes,* Banco de datos CORDE, www.rae.es)

En efecto, la labor codificadora de la época alfonsí fue trascendental para el proceso de estandarización del castellano, pero todavía no puede hablarse de la existencia de un sistema ortográfico consolidado como tal. Con el paso del tiempo, se alcanzó una mayor homogeneidad y uniformidad en todos los planos lingüísticos, propósito que guía la creación de toda variedad estándar, que trata de reducir al máximo la heterogeneidad y variabilidad lingüísticas. Por ello, no extraña que para la mayoría de lingüistas el carácter de lengua escrita sea un requisito imprescindible en dicho proceso de normalización, que traerá consigo la emergencia de una variedad idealizada y empleada fundamentalmente en los ámbitos de distancia comunicativa, que requieren de un uso más culto y formal: la escuela, la administración, los medios de comunicación y la prosa académica.

Justamente la admiración y el prestigio que adquieren los estándares y sus respectivos hablantes explican que las sociedades occidentales otorguen supremacía a la lengua escrita frente a la oral, que implícitamente tiende a considerarse una manifestación imperfecta, empobrecida y degenerada de la lengua cultivada. Sucede en muchas ocasiones que la delimitación entre formas estándares y no estándares corre pareja a la distinción entre la dimensión escrita y oral de la lengua, diferencia que se acentúa en las comunidades diglósicas, como la árabe o la griega. Asimismo, el estatus de estándar les es vedado en muchas ocasiones a las lenguas pidgin y criollas por el carácter oral y la ausencia de una codificación explícita, independientemente de que constituyan el sello de identidad de una comunidad y sean considerados modelos de prestigio y corrección para sus hablantes; de ahí que las variedades estándares hayan sido bautizadas como *grafolectos* (Haugen, 1966).

No suele tenerse en cuenta que la oralidad es una manifestación natural del ser humano y que toda representación gráfica requiere de un proceso, en cierto modo, artificial, deliberadamente implantado y ausente en la mayor parte de comunidades lingüísticas. Esto es así porque en Occidente la cultura continúa siendo sinónimo de escritura, desde que en la época alejandrina la lengua escrita fue admirada por su regularidad, fijación y valorada como espejo de la perfección lingüística. Este hecho da cuenta de las creencias y actitudes negativas sobre la lengua hablada, cuyos enunciados son juzgados muchas veces como agramaticales, simples, desviados y descuidados porque se apartan de la estructura canónica del discurso escrito, que posee sus propias reglas y funciones, muy diferentes a las que gobiernan el discurso oral espontáneo de la inmediatez comunicativa.

No obstante, lo que resulta más llamativo es que la propia ciencia lingüística no haya escapado a la creencia y mitificación de que la escritura es una manifestación lingüística mejor que el habla, con la consecuente elaboración de modelos y teorías de análisis lingüístico orientadas, hasta hace muy poco, encubiertamente y casi exclusivamente hacia el código escrito. Así, aun cuando el fin ha sido emprender estudios focalizados en la oralidad, la mayor parte de unidades y conceptos se han mostrado poco adecuados para su descripción, puesto que habían sido elaborados en referencia a la lengua escrita y, en especial, a las variedades estrictamente codificadas, basadas en la lengua culta, planificada y formal de la *auctoritas*. Este *criptoescriturismo* (Moreno Cabrera, 2011), muy potenciado por las instituciones educativas y académicas, ha sido denunciado recientemente por unos pocos lingüistas y es una de las repercusiones más negativas de la doctrina prescriptiva. Tiene un claro reflejo en las descripciones de los rasgos de los vernáculos por oposición a las propiedades de las variedades estándares, consideradas los únicos modelos de corrección lingüística, las formas de expresión y organización de la actividad lingüística más perfectas en las que se han basado casi con exclusividad los tratados y estudios gramaticales occidentales.

En este sentido, ha sido necesario emplear unidades alternativas para el examen de los discursos orales, como la cláusula, la frase, el enunciado o el grupo tonal. Oración y palabra no son unidades estables en las distintas lenguas y culturas, sino fruto de tradiciones discursivas y estilísticas del registro escrito que dejan al margen las cuestiones del paralenguaje y la entonación, de gran importancia para el análisis de la oralidad.

El *escriturismo* de la lingüística moderna queda también patente en la propia clasificación de los tipos morfológicos (*aislante, flexivo, aglutinante*), una caracterización llevada a cabo desde la óptica de la lengua escrita. Del mismo modo, la atribución de una mayor variedad, heterogeneidad y riqueza a los géneros escritos frente a los orales obedece al papel predominante que la cultura occidental ha concedido a la explotación del potencial de la escritura.

Indirectamente, se sigue pensando que la función de la escritura es meramente representar a la lengua hablada, por lo que se niega cierta autonomía al análisis de ambas formas del lenguaje (oral y escrito) como códigos que poseen sus propias reglas de corrección y adecuación comunicativa. Por lo tanto, es infrecuente entre los lingüistas que se ocupan de las diferencias entre oralidad y escrituralidad que lo hagan desde un punto de vista concepcional y no solo medial.

Es evidente que el dominio de la escritura reporta muchas ventajas en el acceso a la información y es una herramienta indispensable en muchas sociedades contemporáneas para lograr un estado de bienestar. La escritura se asocia al poder, al progreso socioeconómico, a la democratización del saber y ha contribuido enormemente al desarrrollo intelectual del hombre moderno, con la difusión de una nueva forma de conocimiento, perdurable y menos dependiente de la observación y del ejercicio memorístico.

El acceso de gran parte de la población, sobre todo occidental, a la escritura se produjo, sobre todo, en la Ilustración, con la aparición de una sociedad industrial, una comunidad de ciudadanos que aspiraba a un mayor control y participación en la vida sociopolítica, cultural y económica de sus recién florecidas urbes y que demandaba la formación de naciones secularizadas y letradas. No obstante, no puede perderse de vista que el analfabetismo continúa siendo uno de los problemas más acuciantes a los que se enfrentan muchos países en vías de desarrollo, que se ven privados de lo que la UNESCO considera un derecho humano fundamental para reducir las asimetrías entre sociedades y promover una mayor equidad social y económica en el mundo.

Los privilegios que reporta la posesión de escritura son, por lo tanto, innegables para evitar la subordinación y el dominio de las masas por una elite política, económica o cultural. Las lenguas estándares, hegemónicas y poderosas de las potencias coloniales no carecen de sistemas de escritura, sino las más minoritarias y amenazadas, algunas de las cuales han sido solo muy recientemente dotadas de un código escrito, como el nyoro de Uganda, el wayuu de Venezuela o el viri de

Sudán (Martí *et al.*, 2006). En algunos casos, la ausencia de escritura ha contribuido a la marginalización y estigmatización por parte de los hablantes hacia su lengua y, a este respecto, la experiencia escrita puede contribuir sobremanera a preservar e incentivar su empleo, a extender sus ámbitos de uso y a facilitar el aprendizaje de más lenguas.

Sin embargo, es preciso poner de relieve que la escrituralidad no es un atributo indispensable de la cultura humana. El hecho de que para las sociedades letradas parezca casi imposible concebir el día a día sin la presencia de la lengua escrita, que influye decisivamente en nuestra percepción del mundo y nuestra organización del pensamiento, no puede desembocar en posturas etnocéntricas que defienden una menor capacidad cognitiva, lógica y crítica de los pueblos ágrafos, que se hallarían en un supuesto retroceso, en un estadio anterior de civilización, justamente por el desconocimiento de la escritura.

Son los propios lingüistas quienes deben hacer hincapié en que las lenguas no son más perfectas, ni ricas, ni adquieren propiedades superiores cuando se fijan por escrito. En este sentido, es preciso evitar el empleo de términos que poseen una fuerte carga ideológica y discriminatoria, según sucede con la alusión a *lenguas de cultura* como sinónimo de lenguas escritas, como si no existiesen formas alternativas de cultura que reflejan las cosmovisiones y tradiciones de las sociedades orales. Este es el caso de las lenguas ágrafas namuyi o guiqiong de China, de lenguas indígenas de México como el chatino, el kikapú, el el paipái o el ixcateco o de una gran mayoría de lenguas africanas como el fang de Camerún, el sukuma de Tanzania o el kikuyu de Kenia. Así pues, debe rechazarse la referencia a pueblos "primitivos, salvajes", que necesitan ser domesticados por los pueblos "civilizados, desarrollados", una desafortunada dicotomía que resulta de llevar a cabo juicios impresionistas carentes de fundamentación empírica, como los sostenidos primeramente por antropólogos como Lévi Strauss o Lévi Bruhl, ampliamente refutados.

En este sentido, en las últimas décadas, varios estudiosos han denunciado este *grafocentrismo* (Moreno Cabrera, 2005) o supremacía otorgada a las lenguas escritas, sostén de culturas en las que se habría desarrollado un pensamiento racional, distante, analítico y objetivo al que supuestamente no tendrían acceso las culturas orales, ancladas en el pensamiento mítico, mágico, imaginativo y concreto.

> En la actualidad se admite unánimemente que el [...] "modelo autónomo" atribuía un poder excesivo a la escritura, con independencia de otros factores no menos decisivos para la organización sociopolítica, el desarrollo económico y el crecimiento intelectual de un grupo humano. Se ha impuesto, en consecuencia, un nuevo paradigma ["el modelo ideológico"] que tomaría en consideración el resto de factores mencionados [...].

> Desde este enfoque se reivindica que no existe un modo único, neutral, meramente tecnológico, de relación con la escritura en todas las sociedades. [...] La mera escritura no puede constituir una variable aislada, responsable por sí sola del progreso, la civilización, la libertad individual o la movilidad social. (López Serena, 2007: 51-52).

En este contexto, el mito en la superioridad de la escrituralidad suele acompañarse del también muy criticado *alfabetocentrismo*, caracterizado por el ensalzamiento del alfabeto como el sistema de escritura más eficiente, desarrollado y perfeccionado en el seno de la sociedad griega, cuya aparición supuso una revolución intelectual sin precedentes en la historia de la humanidad. Según autores como Goody y Watt (1968), el alfabeto sería el medio más idóneo de expresión de la racionalidad y la lógica, el que reestructuraría la conciencia humana, permitiría definitivamente desprenderse de una organización holística, mimética y favorecería el desarrollo de una reflexión humana autónoma.

En consecuencia, dentro de los programas destinados a la representación gráfica de lenguas indígenas de África, Asia, Sudamérica y Oceanía, el alfabeto se consideró apriorísticamente el sistema de escritura idóneo por su asociación con la cultura occidental y la mayor parte de las veces no se tuvieron en cuenta las características particulares del entorno sociocultural en el que iba a implantarse. Lamuela y Monteagudo (1996) explican, por ejemplo, la mayor adecuación de los silabarios para la puesta por escrito de ciertas lenguas amerindias de la familia esquimo-aleutiana de Canadá, pese a que finalmente dichos pueblos se vieron obligados a adoptar el alfabeto latino. Este neocolonialismo cultural ha sido, pues, muy criticado, sobre todo cuando se emprendieron campañas de alfabetización de los pueblos ágrafos no en su lengua nativa sino en la lengua dominante de la antigua potencia colonial, una práctica que pretendía la erradicación de una lengua y cultura más minoritaria.

No obstante, también hay autores que han puesto de relieve la conveniencia de la latinización de determinadas escrituras asiáticas, como el chino (*pinyin*). Se argumenta que la romanización ha permitido una mayor democratización de la escritura y ha facilitado el acceso al conocimiento de gran parte de la población. Se sostiene que con el sistema fonético el hablante es más consciente de la relación entre símbolos y sonidos, lo cual favorece el proceso de estandarización y la internacionalización de dicha lengua, pero esto ocurre precisamente porque el sistema alfabético es el que domina en Occidente.

Sin embargo, para autores como Harris (1980), afirmaciones como las anteriores traslucen un claro etnocentrismo occidental. En su opinión, la creencia en el supremacismo del alfabeto ha influido incluso en la propia clasificación de los diferentes tipos de escritura como más o menos perfeccionados en referencia al ideal de la escritura fonográfica, en la que el signo gráfico se asocia a un sonido. Moreno Cabrera (2005) comparte dicha visión y critica el enfoque evolutivo que se encuentra en la mayor parte de manuales de lingüística, según el cual existirían diferentes estadios de desarrollo y eficacia en la aparición de los distintos sistemas de escritura.

En efecto, se suele hacer referencia a una fase primigenia en la aparición de la escritura en pictogramas, motivados e icónicos, seguida de la creación de ideogramas, signos que remiten también a nociones y conceptos abstractos y en los cuales la relación entre el significado y el significante es menos visible. La siguiente fase correspondería a la aparición de los logogramas, caracterizados ya por la arbitrariedad y convencionalidad en la adopción de símbolos para las palabras, hasta llegar, finalmente, a la fase fonográfica de los silabarios y la culminación del ciclo con el advenimiento del alfabeto.

Moreno Cabrera (2005: 149-153) defiende, pues, que la evolución de la escritura no se produce desde una configuración pictográfico-ideográfica hacia la escritura fonemática, sino que los sistemas de escritura son más mixtos de lo que a primera vista pudiera parecer y el principio logográfico está también muy presente en las escrituras alfabéticas. En efecto, leemos tomando como referencia la unidad "palabra", que reconocemos por su forma ortográfica. No se procede descomponiendo cada palabra en sus diferentes letras, asociadas a fonemas, un proceso que también sería muy costoso y tedioso.

Reflexiones y actividades propuestas

1. En inuit la palabra *neqitorpunga* es fácilmente segmentable en -*nga* (yo), -*torpu-* (comí) y *neqi-* (carne), una gran cantidad de información morfológica condensada que en español debe expresarse en tres palabras diferentes. ¿Es por ello la lengua inuit más eficiente, compleja y eficaz para la comunicación que el español? Razona tu respuesta.

2. ¿De dónde procede el apelativo *bárbaro*? ¿Qué significado tenía? ¿Y la denominación de *chabacano* para aludir a un criollo de base española hablado en Filipinas?

3. Busca información sobre tres lenguas de signos diferentes. ¿Cuántas hay en España?

4. Compara el tratamiento que se otorga al loísmo y al laísmo en varias gramáticas del español contemporáneo. ¿Qué enfoque (descriptivo/prescriptivo) predomina en la consideración de estos fenómenos en cada una de ellas?

5. Según afirma Blanche-Benveniste (1998: 34-35), resulta común escuchar entre la población quejas sobre la actuación lingüística de muchas personas porque *hablan con faltas de ortografía*. ¿Qué opinión te merece este comentario? ¿A qué crees que se debe? En este mismo sentido, ¿piensas que es adecuado el uso del término *literatura oral*? Reflexiona sobre las primeras manifestaciones artísticas verbales de la humanidad.

3

El lugar de la prescripción en la lingüística moderna: política y planificación lingüísticas

La intervención en materia lingüística no es una actividad novedosa, puesto que, como se comentó en el capítulo anterior, aparece irremediablemente ligada al ejercicio de la reflexión y conciencia lingüísticas del ser humano. Este universal cultural explica por qué desde tiempo inmemorial el ser humano se ha pronunciado en torno a la cuestión lingüística y ha valorado, orientado, cuando no legislado, los hábitos y conductas idiomáticas de las comunidades lingüísticas.

La oficialización de una lengua en un territorio determinado o la obligatoriedad de su enseñanza en las escuelas, la elección de uno u otro tipo de alfabeto para la representación gráfica, la ampliación y fijación del caudal léxico para dar cuenta de nuevas realidades, los intentos por revitalizar una lengua en peligro de extinción o, sin ir más lejos, la motivación que subyace a la glotonimia son una buena muestra de cómo se influyó y se influye en la forma y en la función de muy diferentes lenguas y variedades. Entonces y ahora estas decisiones concernientes a los aspectos lingüísticos se unen intrínsecamente a consideraciones políticas, identitarias, económicas, esto es, extralingüísticas.

Sin embargo, no fue hasta la segunda mitad del siglo XX cuando el cambio lingüístico deliberado se consideró un objetivo legítimo de estudio para las ciencias sociales. Fue entonces cuando emergió la subdisciplina de política y planificación lingüísticas, muy vinculada a la sociolingüística y a la lingüística aplicada, y asociada a una renovada y moderna práctica prescriptiva.

3.1. ¿Cómo no dejar la lengua en paz?

Actualmente, parece existir un consenso generalizado en cuanto a la conveniencia y necesidad de influir intencionadamente en la estructura y el uso que hacen los hablantes de las variedades lingüísticas. No obstante, durante mucho tiempo estas actividades fueron rechazadas porque se adentraban en el terreno prescriptivo de la evaluación y la valoración lingüísticas, a la hora de seleccionar, por ejemplo, la variedad que debía convertirse en lengua nacional de una determinada comunidad. En este sentido, algunos lingüistas, como Robert. A. Hall, muy influidos por la identificación romántica entre lengua y especie biológica y firmes defensores del ejercicio de una lingüística autónoma e inmanente, abogaron por *dejar la lengua en paz (leave your language alone!)*, dado que todo intento de modificación lingüística se consideraba dañino y destinado al fracaso.

Pero el contraargumento de sociolingüistas y sociólogos no tardó en llegar. Einar Haugen, entre otros, hizo hincapié en la obligación de atender a los problemas que suscita la normatividad lingüística y al sentimiento general de *schizzoglossia* que reinaba entre la población. El lingüista noruego acuñó este término para aludir a la incertidumbre y preocupación de los hablantes cuando perciben la variación lingüística y desconocen qué opción es la privilegiada en la sociedad, una cuestión que no podía quedar al margen de la ciencia lingüística (Joseph, 1987; Milroy y Milroy, 1991 [1985]).

En efecto, la defensa de un *laissez faire* es consecuencia de la equívoca identificación entre prescripción y dogmativismo, un posicionamiento también político que aleja a la lengua de sus verdaderos artífices, los hablantes, y que poco puede contribuir a atajar los prejuicios sociales y lingüísticos. Por ello, Joshua A. Fishman en su sugestivo libro, *Do not leave your language alone: the hidden status agendas within corpus planning in language policy* (2006), se opone al antiprescriptivismo radical del profesor Hall, que encubiertamente ayuda al mantenimiento del *statu quo* y a la perpetuación de las desigualdades lingüísticas existentes.

Es cierto que la planificación lingüística tuvo consecuencias muy negativas cuando intentó reducir la diversidad lingüística en pro de la instauración del mito obsoleto *un estado-una lengua,* pero también en muchas otras ocasiones una buena praxis llevó a la implementación de medidas lingüísticas que respondían a las necesidades y demandas de los hablantes y eran respetuosas con el entorno sociocultural.

El ejercicio de una planificación positiva requiere, pues, un análisis previo de la situación sociolingüística de la región en la que van a emprenderse actuaciones lingüísticas determinadas, a fin de que profesionales cualificados determinen los objetivos que se marca la implantación de todo proceso planificador y tomen las decisiones oportunas para reconciliar las diferentes demandas de los hablantes, sin menoscabar la importancia del mantenimiento de la riqueza etnolingüística.

3.1.1. ¿Política lingüística o planificación lingüística?

En este libro se opta por la elección del término inclusivo *política y planificación lingüísticas* para aludir a la subdisciplina que se ocupa de la modificación de la forma y función de las variedades lingüísticas. Se trata, pues, de una denominación que enfatiza la biunivocidad e interrelación de ambos componentes en todo intento de cambio que debe ser *ecolingüístico*, esto es, respetuoso con el contexto social y con la identidad cultural de las diferentes comunidades en interacción, que conforman y autorregulan un ecosistema lingüístico.

No cuesta, sin embargo, encontrar gran variedad de nombres alternativos en la bibliografía especializada: *glotopolítica, ingeniería lingüística, desarrollo lingüístico, gestión lingüística, reglamentación lingüística* o *planeamiento del lenguaje*. En este sentido, no son pocos los especialistas que optan por considerar que *planificación lingüística* posee un mayor alcance, puesto que concierne también a la práctica lingüística informal y espontánea de los hablantes y no solo a las regulaciones oficiales y explícitas, a la promulgación de leyes y decretos por las autoridades políticas y organismos gubernamentales en forma de una *política lingüística* (Kaplan y Baldauf, 1997). Inversamente, también hay autores que prefieren restringir la denominación de planificación lingüística a la realización o puesta en práctica de una política lingüística más abarcadora que da cuenta de todos los procesos históricos de cambios lingüístico-discursivos de las lenguas (Shohamy, 2006).

Parece ser que el sociolingüista Weinreich fue el primero en emplear el término *planificación lingüística* en un seminario que impartió en la Universidad de Columbia, en 1957. No obstante, fue Haugen quien, en *"Planning for a standard language in modern Norway"* (1959), la definió primeramente como la actividad consistente en la elaboración de una ortografía, una gramática y un diccionario para servir de guía a hablantes y escribientes en una comunidad lingüística no homogénea. Esta pionera descripción, que hacía únicamente hincapié en los posibles resultados lingüísticos del proceso planificador, se iría matizando y ampliando posteriormente con diferentes aportaciones procedentes de la psicología social, la etnografía de la comunicación, la antropología, teoría política, etc., que enfatizaban la influencia de las diversas fuerzas sociales, ideológicas en el ámbito lingüístico y le otorgaban a la subdisciplina un marcado carácter interdisciplinar.

En todo caso, la mayor parte de definiciones que se barajaron para la política o planificación lingüísticas coincidieron en atribuirle las siguientes características:

- Explícita y deliberada
- Orientada hacia un objetivo futuro
- Sistemática

- Consistente en la elección entre varias alternativas posibles
- Institucionalizada

Asimismo, cabe poner de relieve que en los inicios de la disciplina, alrededor de los años setenta y ochenta del siglo XX, el objetivo prioritario de la política y planificación lingüísticas se dirigió a la *solución de conflictos y problemas lingüísticos* en las recién independizadas naciones de Asia y África, que necesitaban atender al diferente estatus de sus variedades lingüísticas, fijar un estándar, elegir el medio de instrucción en las escuelas, etc.

Así, por ejemplo, en Filipinas, el tagalo se estableció en 1957 como lengua nacional, con el propósito de alzarlo en variedad supralocal que identificase a todo un país y facilitase la comunicación oral y escrita interregional, con la consiguiente restricción del resto de vernáculos indígenas, como el cebuano o el ilocano, al ámbito local. El inglés, que se había impuesto como lengua colonial desde 1898, mantuvo cooficialidad con el tagalo y el bilingüismo está, en la actualidad, claramente implantado en el sistema educativo.

Diferente suerte corrió el español en el archipiélago, lengua que llegó a ser nativa de la isla tras la invasión hispana fue perdiendo auge con el tutelaje estadounidense y la Constitución de 1973 suprimió su estatus de lengua cooficial. Sin embargo, en la actualidad, existe una intensa política lingüística de promoción del español en Filipinas que se refleja en una creciente demanda de la población por el acceso a su enseñanza.

No obstante, la disciplina debía extender sus cometidos más allá de la resolución de meras cuestiones de orden comunicativo de las nuevas naciones en un ámbito exclusivamente estatal. A partir de los años ochenta del siglo XX, la política y la planificación lingüística prestó atención a la situación tanto macro como microlingüística de muy diferentes comunidades lingüísticas en diferentes ámbitos de actuación. Se incorporaron nuevos parámetros evaluadores de las creencias y necesidades de la población y se refinaron los métodos y técnicas en la elaboración e interpretación de datos sociolingüísticos para la implementación de las innovaciones lingüísticas. Se tomó conciencia de que una lengua es, además del medio más importante de comunicación, un símbolo de identidad étnica o nacional y una poderosa herramienta para el desarrollo económico y el control político.

A este respecto, era necesario un mayor acercamiento al universo discursivo, a fin de desvelar la interrelación, muchas veces encubierta, entre lenguaje, ideología y poder. De esta manera, paulatinamente se atendió a esa faceta más informal y menos conscientemente planificada de la actividad lingüística cotidiana, de la que somos todos partícipes por ser miembros de una comunidad sociocultural y hablantes de una o diversas variedades de lengua.

3.1.2. Corpus y estatus: las dos caras de la misma moneda

El primer modelo teórico propuesto por Haugen para el proceso de planificación diferenciaba cuatro fases o estadios: *selección de la variedad, codificación de la forma, implementación en la comunidad y elaboración funcional,* un esquema al que incorporaría años más tarde la distinción entre *planificación de corpus y planificación de estatus*, sugerida por Kloss (1967).

	Forma (política lingüística)	**Función** (cultivo de la lengua)
Sociedad **(planificación de estatus)**	1. *Selección* (proceso de decisión) *a)* identificación del problema *b)* localización de la norma	3. *Implementación* (difusión educativa) *a)* procedimientos correctores *b)* evaluación
Lengua **(planificación de corpus)**	2. *Codificación* (proceso de estandarización) *a)* ortografía *b)* gramática *c)* léxico	4. *Elaboración* (desarrollo funcional) *a)* modernización de terminología *b)* desarrollo estilístico

Figura 3.1. Modelo pionero del proceso de planificación lingüística
(Haugen, 1983: 275).

Tal y como se desprende de esta figura, la planificación de corpus atiende a los aspectos más propiamente lingüísticos. Concierne específicamente a la representación gráfica de las lenguas, a los cambios en los sistemas de escritura, a las reformas ortográficas, a la formulación de reglas lingüísticas en gramáticas y diccionarios, al aumento del caudal léxico de una lengua, etc., actividades todas ellas llevadas a cabo por lingüistas. La fase de codificación, en concreto, supone la enunciación explícita de una norma que es fijada por escrito y prescrita como modelo de uso lingüístico. Sin embargo, tal y como ha puesto de relieve la mayor parte de especialistas, se trata de una actividad fundamental pero no suficiente en el proceso de estandarización de una variedad, una cuestión en la que no hizo suficiente hincapié Haugen.

La norma codificada debe ser seguida y aceptada entre la población para que adquiera el carácter ejemplar del estándar y arraigue en la comunidad. De hecho, lenguas como el qiang, en China, el aucano, en Surinam, o el uma, en Indonesia, aunque cuentan con una variedad codificada, esta no se encuentra extendida en la práctica escrita de la respectiva comunidad lingüística (Martí *et al.,* 2006) y no está, por tanto, estandarizada.

Además, si bien es cierto que gran parte de los usos lingüísticos adquieren legitimación cuando están sancionados en gramáticas y diccionarios, en muchas otras ocasiones sucede lo contrario y es, precisamente, su extensión y prestigio entre la población culta lo que motiva que se incluyan entre las variantes codificadas. Este es el motivo de la incorporación al diccionario de la Real Academia Española de términos como *blog, bloguero, tuit, tuitear o tableta.*

Respecto a la elaboración lingüística de la variedad codificada de una lengua, que presenta, como es lógico, menor variabilidad formal que el resto, se intenta que esta adquiera la mayor eficiencia funcional, expanda su vocabulario y sea apta para emplearse en registros comunicativos especializados (obras científicas y técnicas, libros de texto, etc.). En este sentido, es paradigmático el influjo global del inglés en los neologismos y préstamos que han ido tomando las diferentes lenguas, sobre todo desde el siglo XX, para aludir a nuevas realidades tecnológicas, económicas y culturales, bien mediante adaptación a las grafías y pronunciación autóctonas de la lengua propia (*láser, escáner, baipás, pádel, parquin*) o bien manteniendo la forma lingüística original con combinaciones gráficas no naturales en la lengua receptora (*link, email, look, manager, show*).

Cultivo, modernización o *intelectualización* han sido empleados frecuentemente como sinónimos de *elaboración* para dar cuenta del proceso por el que las diferentes lenguas se adaptan a las nuevas necesidades comunicativas impuestas por la sociedad. Se trata, pues, de ampliar los ámbitos de uso, proporcionar léxico preciso, unívoco y abstracto para que dichas variedades puedan funcionar en ámbitos de la distancia comunicativa.

El problema reside en que la modificación y renovación de estas variedades se lleva a cabo según los modelos y parámetros fijados por las lenguas estándares occidentales, que se suponen más "complejas" y "desarrolladas". Este ha sido uno de los aspectos más criticados del proceder tradicional de los planificadores de lenguas: la dependencia de los moldes fijados por la civilización occidental, como se tratará detenidamente más adelante.

Por otro lado, la planificación de estatus se vincula, según el esquema de Haugen (1983), a las dimensiones extralingüísticas o sociales del proceso, en las que intervienen en gran medida sociólogos y políticos. Esta etapa comienza con la determinación de la variedad que será objeto de cambio lingüístico deliberado y continúa con el establecimiento de las diferentes funciones comunicativas que cumplirán las distintas variedades en la comunidad: oficial, internacional, provincial, educacional, religiosa, grupal, etc. (Stewart, 1968). Estas decisiones no resultan nunca sencillas, pues suelen entrañar fuertes disputas entre las diferentes comunidades etnolingüísticas, conscientes de que los hablantes de la variedad seleccionada para una posterior codificación o elaboración funcional aumentará su prestigio y estimación social por encima de los demás. Recuérdese, además, que la difusión de las innovaciones propuestas será fundamental para su cristalización entre la población.

En Irlanda, por ejemplo, se intentó devolver al gaélico su condición de medio ordinario de comunicación social. Sin embargo, cuando se produjo su oficialización, en 1922, la mayor parte de los irlandeses era monolingüe en inglés y, aunque el gobierno incentivó en gran manera su empleo y aumentó su conocimiento entre la población, su uso no se extendió entre la comunidad y los hablantes nativos de irlandés continúan siendo una minoría. No se completó, por tanto, la fase de implementación, de vital importancia para determinar el éxito o fracaso del proceso planificador. En esta etapa es necesaria una fuerte implicación de los gobiernos y organizaciones estatales en la promoción de los cambios, así como la puesta en práctica de las medidas adoptadas en el sistema educativo. Por ello, esta fase de la planificación aparece muy vinculada a las acciones desarrolladas en el ámbito de la enseñanza y aprendizaje de las lenguas.

En consecuencia, Cooper (1997 [1989]) entre otros, han propuesto la incorporación de *la planificación de la adquisición de la lengua* como otra dimensión en el proceso de planificación, interdependiente de las de corpus y estatus. Esta atenderá, específicamente, a los decretos que establecen qué lenguas y cuáles se enseñan en los diferentes niveles de enseñanza; a la elaboración de materiales y libros de texto para el aprendizaje de una lengua nativa o extranjera, según el perfil de los estudiantes y las exigencias del currículum; a la formación de profesores o al impulso de acciones en pro del mantenimiento y revitalización de lenguas minoritarias o amenazadas. Como se sabe, la escuela es también una pieza clave en el proceso de estandarización, puesto que en el aula el foco de atención es, casi exclusivamente, la variedad estándar codificada de una lengua, que requiere de una enseñanza explícita y formalizada para que la población tenga acceso a ella.

En este contexto, conviene hacer hincapié en el éxito de programas de educación bilingüe e intercultural que han contribuido a la extensión de un multilingüismo más equilibrado en las comunidades lingüísticas. El sami, por ejemplo, fue reconocido explícitamente en la legislación de los países escandinavos en la década de los noventa e incorporado al currículum escolar, lo que ha llevado a un incremento de su uso en los distintos espacios de la vida social y pública en los territorios que ocupa.

Otro caso prototípico de difusión educativa de una lengua minoritaria lo representa el maorí. Gracias a la labor de muchos activistas en pro del reconocimiento de los derechos etnolingüísticos de este pueblo indígena y contra la monoglosia del inglés en el ámbito educativo, desde los años ochenta se han desarrollado programas de inmersión que han facilitado la recuperación del maorí entre muchos miembros del grupo, a la vez que han permitido su adquisición como segunda lengua por nuevos hablantes.

No obstante, es preciso tener en cuenta que en el mejor de los casos, esto es, cuando los hablantes de lenguas minoritarias tienen acceso y posibilidad de instrucción en su lengua materna, su aprendizaje suele ir unido a un programa de enseñanza bilingüe en otra lengua dominante. Así sucede en la mayor parte de estados con un pasado colonial, donde la lengua de la antigua potencia es oficial y vista como una herramienta de acceso al desarrollo y a la modernidad, o bien en regiones de elevado multilingüismo donde unas pocas lenguas mayoritarias funcionan como *linguas franca*s para la comunicación interregional.

En la India, por ejemplo, solo el hindi y el inglés gozan de oficialidad en todo el territorio. Tras la independencia del país, el primero se esgrimió como símbolo de unión nacional que iría desplazando al segundo de la vida pública y oficial tras un periodo de transición. No obstante, las previsiones no se han cumplido. Si bien el hindi, la lengua más hablada del país, está plenamente asentado como vehículo de comunicación estatal, también lo está el inglés, no solo en el ámbito administrativo e institucional de la comunidad, sino también en la vida doméstica de buena parte de indios, que han desarrollado y legitimado su propia variedad nativa, indigenizada de la lengua inglesa (Kachru, 1982). En este sentido, cabe enfatizar que han sido sobre todo las elites del país las que han abogado por que el inglés siga manteniéndose como lengua oficial y vehículo primario de educación, dado que su adquisición se considera un requisito para la prosperidad social, económica y cultural y cuyo conocimiento puede llevarles a una mayor internacionalización y participación en decisiones de alcance global.

Es cierto que la Constitución india ha aplaudido el multilingüismo y reconoce como cooficiales otras 22 lenguas en sus respectivos territorios en los que gozan de respaldo gubernamental. Se trata del asamés, bengalí, canalés, cachemir, nepalí, tamil, telugu, etc., idiomas que los niños adquieren como segunda lengua en las escuelas. No obstante, todavía existe una gran parte de niños, procedentes del medio rural, que son hablantes nativos de una de las más de trescientas lenguas minoritarias de la India que permanecen al margen de la legislación lingüística. Estos no pueden ser instruidos en su lengua materna porque continúa primando en el país una política lingüística orientada a la adquisición de tres lenguas: una de las 22 lenguas regionales cooficiales dominantes, el hindi y el inglés.

El derecho a la educación en la lengua materna, reconocido por la UNESCO y por otros muchos organismos internacionales, es, pues, obviado cuando se le niega a la población india la posibilidad de ser enseñados en sus respectivas lenguas tribales. No se tiene, además, en cuenta que este hecho no obstaculizaría sino que facilitaría el aprendizaje de los otros idiomas de ámbito regional, nacional e internacional.

Que la lengua materna es el mejor medio en el que enseñar a un niño es algo axiomático. Psicológicamente, es el sistema de signos con significado que funciona de un modo automático en su mente a la hora de expresarse y de comprender, Sociológicamente, es un medio de identificación entre los miembros de la comunidad a la que pertenece. Efectivamente, el niño aprende más rápido con su lengua materna que con un medio lingüístico no familiar (Unesco, *The use of Vernacular Languages in Education*. París: Unesco, 1953: 11).

Sucede, además, muchas veces que no se llevan a cabo estudios suficientemente pormenorizados acerca de los resultados de las medidas puestas en práctica. En este sentido, se desconoce su grado de difusión entre la población y si una innovación ha resultado fructífera o no. Tampoco hay que olvidar que cuando se habla de implementación, viene implícita la necesaria evaluación de la eficacia y alcance de los cambios, una cuestión que la disciplina de política y planificación lingüísticas ha descuidado en gran manera.

En otro estado de cosas, merece la pena insistir en que si bien el modelo proporcionado de Haugen, que hemos detallado, continúa siendo una referencia básica para todos los lingüistas y planificadores de lenguas, nuevas revisiones y propuestas teóricas han enriquecido el esquema pionero. Así, por ejemplo, se ha puesto de manifiesto que el proceso de planificación no es lineal sino más bien circular y dinámico, dado que las distintas fases se suceden en muchas ocasiones simultáneamente. En efecto, Fishman (2006) ha destacado que las cuestiones que afectan a la forma y función de las variedades lingüísticas están intrínsecamente relacionadas y, en consecuencia, la separación entre *planificación de corpus y planificación de estatus* obedece más bien a un propósito pedagógico. La realidad es que en la práctica ambas dimensiones confluyen, puesto que cualquier selección y modificación del sistema de la lengua repercutirá necesariamente en las funciones que esta y otras variedades acometerán en la sociedad.

Cuando Kemal Atatürk, a comienzos del siglo XX, propuso la romanización del sistema de escritura del turco y la adopción de préstamos de origen latino (y no persa o árabe), influyó deliberadamente en la estructura y la forma de la lengua, pero en su decisión estaba también implicado un cambio de estatus de la misma. La idea subyacente consistía en dotar a la lengua turca, que iba a convertirse en el emblema de una nueva nación, de una nueva imagen que la desvinculara de la tradición otomana y la acercase política, cultural y lingüísticamente a Europa.

Del mismo modo, el motivo que guió a Ivar Aasen para la creación del *nynorsk* o *landsmål* fue proveer a la nación noruega con una norma estándar alternativa que reflejase en mayor medida su propia identidad. Esta "lengua del pueblo", configurada a partir de diferentes variedades orales de zonas rurales y urbanas, se alejaba de la influencia danesa que caracterizaba al *bokmål* o *riksmål,* "la lengua de los libros", la variedad estándar que se había establecido en un primer momento de forma exclusiva como oficial, asociada al uso literario y a la clase media-alta.

3.1.3. *Normativización y normalización*

Ambos conceptos merecen también una especial atención, ya que son centrales en el ámbito de la política y la planificación lingüísticas y se emplean frecuentemente de forma imprecisa. Anteriormente, se señaló que el propio Haugen se refirió a la labor de codificación como una fase de la conocida planificación formal o de corpus, consistente en el desarrollo de una norma ortográfica, gramatical y léxica. En este sentido, no está de más comentar que está también muy generalizado el término *normativización lingüística* para aludir, justamente, al establecimiento de un código lingüístico, un proceso que no implica necesariamente la aceptación de dicha norma por una comunidad. En este último caso, debería hablarse más propiamente de *normalización*, un equivalente de la planificación funcional o de estatus (*Ausbau*) (Kloss, 1967), destinada a la distribución y asignación de los diferentes recursos y variedades lingüísticas en los respectivos ámbitos discursivos y que lleva aparejada su adopción por la población. En este último caso es donde queda más patente la relación entre lengua y sociedad.

> Una lengua codificada es como un código de circulación: las normas que contiene únicamente tienen sentido si hay automóviles que circulen, si hay circulación. Por otro lado, la difusión de la variedad codificada produce las normas de uso socializadas que matizan, que completan y que, incluso, pueden rectificar las propuestas iniciales de la codificación. (Bibiloni, *Llengua estàndard i variació lingüística*. València: Contextos 3 i 4, 1997: 37; la traducción es mía).

En efecto, tal y como condensa Bibiloni en estas palabras, la codificación debe entenderse como una tarea abierta, en permanente adaptación a las necesidades de sus hablantes. Téngase en cuenta que ya en torno a la primera mitad del siglo XX, los lingüistas funcionalistas de Praga, con el fin de configurar un idioma nacional para el reciente estado checo, determinaron que la variedad codificada estándar debía caracterizarse por la propiedad de *estabilidad flexible*. Si bien la explícita aprobación de una norma aporta fijación y un consciente esfuerzo y control por limitar la variación formal, cuando esta se materializa en el uso lingüístico real de los hablantes, se aleja, necesariamente, de la artificialidad de ese modelo gramatical o léxico idealizado. Se vuelve, pues, más elástica, relativa y variable para adaptarse a los diferentes usuarios, territorios y situaciones.

En este sentido, las normas lingüísticas que lexicógrafos y lingüistas, como Sheridan o Johnson, establecieron para la lengua inglesa en Gran Bretaña se consideraban ajenas por la sociedad americana. Por ello, la publicación de *An American Dictionary of the English Language* por Noah Webster (1828) satisfizo las demandas por el reconocimiento de la excepcionalidad de la variedad americana, al proponer una codificación propia que incluía, sobre todo, el elemento léxico y estilístico diferencial. Se trataba de legitimar las innovaciones que el inglés presentaba al otro lado del Atlántico, al tiempo que se reivindicaba una mayor independencia lingüística para los EE. UU.

El carácter flexible que mantiene la codificación se observa, claramente, en las modificaciones que se han ido introduciendo en los instrumentos de regulación lingüística, esto es, en diccionario y gramáticas. En estonio, por ejemplo, una de las reformas propuestas por Johannes Aavik para la norma codificada consistió en el reemplazo en muchas palabras del morfema de formación del plural *-te* por *-i*, así como en la sustitución de la forma analítica del superlativo (partícula *kõige* junto al comparativo) por la expresión sintética con el sufijo *-im*.

Por lo que respecta al euskara batua, el estándar para la lengua vasca elaborado a partir del dialecto guipuzcoano y elementos del labortano, vizcaíno y navarro, las distintas propuestas de la Academia de la Lengua Vasca o *Euskaltzaindia* a lo largo de su historia dan cuenta de la modificación de las estructuras gramaticales y léxicas que han formado parte de la variedad codificada. Así, por ejemplo, en 1978 se prescribieron cambios ortográficos como la sustitución de <ll> y <ñ> para la representación de los sonidos de la líquida y la nasal palatal, respectivamente, que a partir de entonces se escribirían <il> e <in>.

En lo concerniente a la mencionada normalización, cabe destacar que parece predominar la tendencia a utilizar este término como equivalente de *estandarización*, una denominación que alude no solo a la codificación sino también a la misma extensión funcional de dicha variedad en la comunidad (Joseph, 1987; Cooper, 1997 [1989]; Milroy y Milroy, 1991 [1985]). Este ha sido el caso de la mayoría de lenguas autóctonas de los países que formaban parte de la antigua Unión Soviética (armenio, bielorruso, estonio, georgiano, letón, lituano, ucraniano, uzbeko, etc.), que adquirieron oficialidad y estatus de estándar en sus respectivos territorios tras la disolución de la URSS en 1991.

En estos recientes estados se llevó a cabo una intensa labor de planificación de estatus para otorgarle prestigio a las emergentes lenguas nacionales y quitar la preeminencia que el ruso había tenido hasta entonces en los medios de comunicación y en los ámbitos administrativo, político y educativo, debido a la política de asimilación que instauró el régimen. En consecuencia, en muchas naciones postsoviéticas, que manifestaban actitudes muy positivas hacia sus lenguas propias, se ha consolidado un bilingüismo simétrico entre la lengua del estado y el ruso.

Aparte de las medidas emprendidas *de jure* por los organismos estatales, el componente actitudinal de la población ha sido fundamental para que los diferentes estándares nacionales arraigasen en la sociedad, como también lo ha sido para que el ruso continúe presente con mayor o menor importancia en la vida pública de los distintos territorios. Si bien este se reconoce como oficial en Kazajstán o Kirguistán, junto al kazajo y al kirguís, en Tayikistán o Turkmenistán se considera una lengua franca para la comunicación de minorías étnicas y en Armenia, Azerbaiyán o Georgia, por ejemplo, no se pronuncian explícitamente en cuanto a su consideración. Este hecho no obsta para que una gran parte de hablantes lo empleen *de facto* y quieran recibir también instrucción en esta lengua, conscientes de las ventajas que su conocimiento puede reportarles.

En otros casos, la política lingüística gubernamental se ha mostrado claramente limitada para promover la normalización plena de una lengua. Así ha sucedido en Paraguay con el guaraní, símbolo de identidad nacional que, sin embargo, mantiene con el español una evidente relación asimétrica y diglósica (Spolsky, 2004). De hecho, a pesar de que ambas lenguas son oficiales en el país desde 1992 y tienen fuerte presencia en los medios de comunicación, el español sigue prestigiándose y considerándose una variedad alta, propia de los contextos formales de uso, frente al guaraní, relegado a las situaciones informales de la comunicación ordinaria.

Así las cosas, aunque funciona como signo de lealtad grupal indígena y más del 90% de la población paraguaya habla guaraní, el apoyo institucional no ha sido suficiente para que se haya extendido a todos los ámbitos de la vida social de la comunidad y se considere un vehículo tan apto como el español para los discursos de la distancia comunicativa. Esta situación no sorprende, dado que no fue hasta 1994 cuando el guaraní se incluyó en el currículum educativo. Sin embargo, todavía resulta más llamativo que actualmente solo esté presente en unos pocos años de la etapa primaria, lo cual no puede nunca favorecer la adquisición de un bilingüismo equilibrado guaraní-español, sino uno de tipo sustractivo y muchas veces transitorio hacia un monolingüismo en español.

3.1.4. Diferentes experiencias de política y planificación lingüísticas

En las páginas anteriores se ha recurrido a diversos ejemplos de lenguas y variedades, con el fin de ilustrar las diferentes fases y dimensiones de la teoría de política y planificación lingüísticas. A continuación, se comentarán de manera más pormenorizada otras experiencias de cambio lingüístico deliberado que resultan especialmente significativas.

Comenzaremos por tratar un caso en el que la extensión e implementación de una lengua nacional alcanzó gran éxito. Es el caso del swahili en Tanzania, que ya en el siglo XIX se había convertido en la lengua principal para los intercambios comerciales de la zona, lo cual había propiciado que gran parte de la población la adquiriera como segunda lengua. Este hecho fue, como relata Fasold (1996 [1984]: 398), aprovechado por los colonos, primero alemanes y luego británicos, que adoptaron el swahili como medio de comunicación gubernamental con los pueblos africanos dominados. Se trataba, además, de una lengua bantú emparentada con la mayoría de lenguas habladas en este territorio caracterizado por un elevado multilingüismo, lo que favorecía su condición de lengua franca. A este respecto, cabe precisar que fueron los británicos quienes seleccionaron el dialecto quiunguya, variedad autóctona de Zanzíbar que contaba con una importante tradición literaria, como base para la configuración de la norma estándar del swahili, que se convirtió también en el vehículo de instrucción para la escuela primaria.

Con la llegada de la independencia de Tanzania, en 1961, el swahili se declaró lengua nacional que encarnaba el espíritu indígena, frente a la connotación imperialista del inglés, que, a pesar de esto, continuó como lengua de enseñanza en la educación secundaria y superior. Poco después, en 1967, tanto el swahili como el inglés fueron elevados a la categoría de lengua oficial del país y el primero se extendió rápidamente a los niveles administrativos y gubernamentales, así como a los medios de comunicación y a la literatura. El despegue se debió, sobre todo, a la campaña política de la facción socialista (*Ujama*), que lo identificó con la autoafirmación y desvinculación del poder imperial. De esta manera, el swahili se convirtió en símbolo de patriotismo tanzano, mientras que el resto de lenguas vernáculas locales continuaron empleándose para la comunicación intergrupal, consideradas un signo de pertenencia, unión y lealtad a sus respectivas comunidades.

Así las cosas, no se puede menoscabar la importancia que todavía ostenta el inglés en este país, como lengua internacional de la ciencia, los negocios y la tecnología, así como la pujanza que posee entre las elites minoritarias de Tanzania, para quienes supone el instrumento con el que acceder al mundo modernizado y desarrollado y lograr el avance económico; de ahí que haya aumentado el número de escuelas privadas que ofrecen enseñanza primaria en lengua inglesa.

Otro de los casos prototípicos a los que se hace generalmente referencia en la bibliografía especializada de política y planificación lingüísticas es la revitalización lingüística del hebreo en Palestina, a finales del XIX y principios del XX. El movimiento sionista, fundamentalmente, auspició que esta lengua se convirtiese en símbolo de una nación judía autónoma, de forma que recuperase su estatus de vernáculo para la comunicación ordinaria oral, como había mantenido 2.000 años antes, y no quedase reducido a idioma escrito de los textos sagrados, jurídicos, científicos y filosóficos.

Para dicho resurgimiento fue necesaria una intensa labor de corpus para definir las estructuras gramaticales y léxicas de la variedad que se impondría como estándar y se fijaría por escrito, proceso en el cual se intensificó al máximo la fidelidad a las raíces hebreas. Respecto a la planificación de corpus, tanto las autoridades estatales como personalidades individuales de la talla de Eliezer Ben Yehuda, periodista y lexicógrafo, incentivaron en gran medida la alfabetización en hebreo moderno y promovieron su enseñanza, al convertirla en el medio de instrucción de las escuelas. Los documentos oficiales y administrativos se redactaban también en esta lengua, que amplió su presencia en los medios de comunicación y en los intercambios comerciales. De este modo, se logró la transmisión intergeneracional del hebreo y su adquisición paulatina como lengua materna entre la población. Desde 1947, con la creación del Estado de Israel, se convirtió en lengua oficial, estatus que comparte con el árabe.

En este sentido, según Cooper (1997 [1989]: 131-132), son varios los motivos que pueden dar cuenta del triunfo de la revernacularización del hebreo en Palestina. Aparte del plurilingüismo existente en el territorio, hecho que podría explicar la necesidad del surgimiento de una lengua franca, hay que tener en cuenta que muchos judíos de Palestina estaban familiarizados con la liturgia en lengua hebrea. No obstante, el elemento decisivo fue la actitud positiva y el deseo de la población de poseer un idioma nacional que ejerciera una función unificadora y que le permitía participar en todos los ámbitos de la vida pública.

En otro estado de cosas, interesa también detenerse en los conflictos que han surgido a lo largo de la historia por la confluencia en una misma entidad política de varias lenguas con diferente estatus sociolingüístico. Por ello, seguidamente, se prestará atención a las medidas de política y planificación lingüísticas emprendidas para la difusión de lenguas minoritarias en estados multilingües, como España, donde coexisten el castellano o español, como lengua oficial del estado, y catalán, gallego y vasco, cooficiales en sus respectivos territorios bilingües.

En este contexto, puede afirmarse que ya desde el siglo XV, con la unión de los reinos peninsulares bajo los Reyes Católicos, ninguna de estas tres lenguas podía competir con el prestigio del castellano, que se impuso como lengua oficial de la administración y de la justicia, si bien la presencia en la vida pública de catalán, gallego y vasco fue también tolerada en la península ibérica hasta el siglo XVIII. En efecto, la llegada al poder de la monarquía borbónica trajo consigo un espíritu centralista en la organización de las estructuras del estado, al tiempo que avivó el deseo de fundar una moderna y uniforme *nación española*, lo cual tuvo también evidentes repercusiones en el ámbito lingüístico. Catalán, gallego y vasco quedaron recluidas al ámbito privado de la oralidad, aunque no fue hasta la Real Cédula de 1768, proclamada por Carlos III, cuando se llevó a cabo una política lingüística manifiesta hacia el monolingüismo en lengua española y la obligatoriedad de su empleo en la enseñanza.

En resumidas cuentas, el español contaba ya en el siglo XVIII con una variedad plenamente estandarizada, asentada sobre la modalidad castellana, que se consagró como la lengua apropiada para los ámbitos formales de uso, a la que tenía acceso únicamente una minoría privilegiada. El resto de lenguas había visto menguado su prestigio y reducidas sus funciones lingüísticas, pese a importantes muestras de cultivo literario. No obstante, el advenimiento del periodo romántico, que confería especial valor a la cultura popular y tradicional, favoreció la acentuación de los rasgos lingüísticos divergentes, que las distintas regiones esgrimieron como símbolo de una identidad propia, germen del surgimiento de nacionalismos periféricos, sobre todo, en Cataluña, País Vasco y Galicia.

Al contrario que Galicia, una región más deprimida, donde el *Rexurdimento* fue más tardío y apoyado por una intelectualidad muy minoritaria, las burguesías catalana y vasca, que habían conocido un fuerte despegue económico con la industrialización, reivindicaron tanto el fin de la subordinación lingüística y la legitimidad del cultivo literario y periodístico en sus lenguas autóctonas como una mayor autonomía política. Así pues, desde el siglo XIX fue firme el deseo de normativizar y normalizar el catalán, el gallego y el vasco, pese a que existían decretos y leyes subsidiarias que garantizaban que el español continuara siendo la lengua de la administración y de la enseñanza en toda la península.

Así las cosas, no fue hasta el siglo XX cuando pudo vislumbrarse realmente un impulso hacia el multilingüismo en España con medidas explícitas de planificación lingüística para catalán, gallego y vasco. De hecho, en 1905 se funda *La Real Academia Galega* y, años más tarde, *L'Institut d'Estudis Catalans* (1907) y La Academia de la Lengua Vasca o *Euskaltzaindia* (1918), todos con un mismo objetivo: establecer una normativa lingüística para sus respectivas lenguas.

Durante la Segunda República (1931-1939), estos pueblos verán cumplidos sus deseos de una mayor autonomía con la promulgación de sus respectivos Estatutos. La Constitución de 1931, la primera en la que se explicita la oficialidad del castellano y su obligatoriedad en la enseñanza, supondrá también la legitimación de la introducción de catalán, vasco y gallego en el ámbito educativo de sus respectivas autonomías. Pero, la llegada al poder del general Franco supuso la negación de los derechos lingüísticos de las minorías. Se abolieron los Estatutos Autonómicos, se volvió a un centralismo endémico personificado exclusivamente en el uso del español, que debía reflejar el sentimiento de unidad nacional, y se prohibió el uso público del resto de lenguas. Aunque la situación se suavizó en los años cincuenta y, sobre todo en los sesenta, etapa de mayor aperturismo del régimen al exterior, en la que se consintió la publicación de obras en catalán, gallego y vasco, la marginalización estaba implícita en la legislación de rango menor para que no pudiera ponerse en tela de juicio la hegemonía de la lengua española.

El cambio profundo tuvo lugar con la promulgación de la Constitución de 1978, ya instaurado el sistema democrático en España. Redactada en español, catalán, gallego y euskera, la Constitución otorgó la oficialidad al castellano en todo el Estado, pero abrió el camino a la descentralización y al plurilingüismo, al reconocer la cooficialidad del resto de lenguas de España en sus respectivas comunidades históricas. De este modo, se dio potestad a las comunidades autónomas para legislar, a través de sus estatutos, el empleo de las denominadas *lenguas propias* en sus respectivos territorios.

A partir de 1982, se llevaría a cabo una intensa labor de planificación de corpus y de estatus para gallego, catalán y euskera en los territorios bilingües, con la promulgación de las leyes de normalización lingüística con las que se garantizaría el uso público de las lenguas autonómicas en la administración, en la educación y en los medios de comunicación (Siguán, 2007) y aumentaría de forma considerable su empleo entre la población.

En efecto, más de 25 años después de que fueran reconocidas como cooficiales en sus respectivos territorios, ha habido una intensa promoción del uso y del conocimiento de gallego, euskera y catalán en todos los ámbitos sociales, lo que ha arrojado buenos resultados, sobre todo en Cataluña. En cada comunidad autónoma bilingüe existe actualmente una clara línea de orientación de la política lingüística, aunque son muchos los lingüistas que ven insuficientes las medidas de planificación emprendidas, a su entender, incapaces de implantar un bilingüismo equilibrado en la sociedad.

Así pues, desde finales del siglo XX y durante el siglo XXI, se ha generado un intenso debate entre quienes defienden que el español es y debe ser hegemónico, porque es la lengua común a todos los ciudadanos españoles y por su mayor alcance y vitalidad internacional (ver Salvador, 1992; Lodares, 2000), y quienes denuncian una desigualdad territorial y una relación asimétrica entre este y el resto de lenguas o modalidades lingüísticas, que parecen destinadas a ser únicamente conservadas pero no tratadas como lenguas de cultura (ver Mar Molinero, 2006; Moreno Cabrera, 2011; Senz, Alberte y Minguell, 2011).

3.2. Las limitaciones de la regulación lingüística

Tal y como se comentó anteriormente, en los primeros tiempos de la subdisciplina de política y planificación lingüísticas el foco de atención se dirigió a encontrar soluciones prácticas a diferentes problemas lingüísticos surgidos en estados postcoloniales de Asia, África y Sudamérica, territorios de enorme diversidad etnolingüística. No obstante, el entusiasmo que siguió a estos proyectos de los años sesenta y setenta del siglo pasado dio paso a un amplio descontento y a la crítica por la adopción del patrón hegemónico occidental y la apuesta por el monolingüismo en lenguas dominantes (inglés, francés, portugués o español) en estas naciones recién independizadas. Fue, sobre todo, a partir de los años ochenta cuando las denuncias de neocolonialismo, falta de cientificidad y fomento de las desigualdades lingüísticas (Wright, 2004; Ricento ed., 2006) llevaron al ocaso del paradigma *positivista.*

Esto se vio reflejado en el fuerte rechazo a conceptos teóricos centrales como *modernización, elaboración* o *intelectualización*, asociados, indudablemente, a la expansión y adaptación terminológica según las sistematizaciones y directrices marcadas por unas pocas lenguas estándares occidentales, consideradas los únicos medios con los que aludir al razonamiento científico y a las realidades abstractas del pensamiento lógico.

De este modo, puede decirse que ha emergido una corriente que pone en tela de juicio los procedimientos tradicionales, reivindica los derechos de las minorías lingüísticas, exige una mayor atención al estudio previo de la situación macro y microlingüística para una adecuada toma de decisiones e incorpora nuevos parámetros evaluadores de las creencias y necesidades de los hablantes. Se ha producido, pues, una reorientación en los estudios de la política del lenguaje, que ha llevado al surgimiento del que podría calificarse como nuevo paradigma de *la ecología lingüística* o *ecolingüística*. Esta, lejos de ser entendida como un retorno al darwinismo más propio de concepciones decimonónicas que equiparaban lengua y especie biológica, resalta la necesidad de entender el pluralismo cultural y lingüístico como consustancial a la sociedad y, así, manifestar la interrelación entre el hombre y el medio social.

Desde esta perspectiva se ha insistido también en una cuestión que preocupó a muchos planificadores de lenguas desde el principio y que continúa sin estar resuelta, a saber, la necesidad de proveer a la disciplina con una teoría de alcance general que sea versátil para adaptarse a los diferentes contextos y comunidades lingüísticas.

> Todavía no contamos con una teoría de la planificación lingüística de aceptación general, si por teoría hemos de entender un conjunto de proposiciones interrelacionadas lógicamente y comprobables de forma empírica [...] Sí hemos avanzado en cuanto a la acumulación de un cuerpo de estudios de casos y marcos de referencia sociolingüísticos [...] No obstante, no se han registrado adelantos notables en la formulación de una teoría que sirva para orientar la planificación lingüística [...] (Cooper, 1997 [1989]: 55).

Los lingüistas se han percatado de que para avanzar en la formulación de un modelo teórico adecuado es necesario atender a las variables sociales implicadas en todo proceso planificador, adoptar nuevas perspectivas que concedan un mayor protagonismo a la dimensión oral de las lenguas y refinar los métodos de análisis lingüístico con el auxilio de otras disciplinas (la difusión de la innovación, las encuestas etnográficas), etc.

Asimismo, se ha resaltado la necesidad de reconciliar la descripción con la prescripción lingüística, dado que más allá de una fase más descriptiva de recogida de datos (*fact-finding*), es preciso reconocer que la evaluación de la eficiencia de las varias alternativas posibles sitúa a la subdisciplina en el ámbito prescriptivo (Kaplan y Baldauf, 1997). El reconocimiento por parte de la ciencia lingüística de la necesidad de la evaluación del cambio lingüístico no presupone la adopción de una perspectiva tecnócrata, sino únicamente tomar conciencia de que por la propia naturaleza social de las lenguas no es posible acometer una planificación meramente descriptiva, que sería ajena a las circunstancias sociohistóricas y políticas que la determinan.

A este respecto, cabe resaltar que si bien existe acuerdo unánime en la importancia de delimitar de forma clara y precisa los objetivos, la gestión de los medios, los recursos disponibles y los logros pretendidos, uno de los principales obstáculos se presenta a la hora de disponer e interpretar la documentación del ecosistema lingüístico que va a resultar modificado. Debido a la multiplicidad de factores y parámetros (lingüísticos, demográficos, sociopsicológicos, políticos, económicos, religiosos, etc.) que es preciso considerar a la hora de poner en práctica una política lingüística, existe una considerable falta de sistematización en cuanto a los datos disponibles sobre las comunidades que son objeto de planificación.

> Algunos países recogen sus políticas lingüísticas en las leyes o constituciones; otros no; Varios llevan a la práctica sus declaraciones oficiales; otros, claramente, no. Algunos países pueden proporcionar datos acerca del número de hablantes que habla más de una lengua; otros ni siquiera plantean esta cuestión en el censo nacional. Cuando se pregunta por este tema, se hace de maneras muy diferentes. ¿Cómo, dadas todas estas incertidumbres, se puede intentar llegar a generalizaciones que sean fidedignas? (Spolsky, 2004: 4; la traducción es mía).

Muchas veces la información con la que se cuenta se limita a las actividades emprendidas en ámbitos institucionales y educacionales, el *language management*, en palabras de Spolsky (2004), puesto que tradicionalmente la disciplina se ocupó, casi con exclusividad, de las actividades oficiales e institucionales desempeñada por gobiernos y administraciones (*top-down policies*), recogidas explícitamente en disposiciones y documentos legales. En efecto, se descuidó la importancia de los otros agentes de la planificación lingüística, las iniciativas privadas impuestas desde abajo *(bottom-up policies)* por las propias comunidades lingüísticas, cuya influencia es también determinante en el devenir de las lenguas y variedades.

En efecto, el hawaiano, que se encontraba seriamente amenazado y desplazado por el inglés desde el siglo XIX, fue reconocido también como lengua oficial en el estado de Hawái en 1978. A raíz de los grandes esfuerzos llevados a cabo por la población nativa para que sus hijos fueran instruidos en la lengua autóctona de la isla, el hawaiano consiguió ser vehículo primario de enseñanza en muchas escuelas y extenderse progresivamente a los medios de comunicación y a la administración política. Del mismo modo, en comunidades indígenas estadounidenses, los propios individuos lucharon activamente por que los gobiernos locales otorgaran estatus oficial a sus lenguas tribales, según sucedió en Arizona con el reconocimiento del mojave, del hopi y del navajo.

En consecuencia, las nuevas corrientes insisten en la necesaria integración de las actividades de planificación *de abajo arriba* y *de arriba abajo* en una teoría aplicada, dinámica y multidisciplinar, que preste gran atención al efecto real que tienen las actividades de normativización y normalización lingüísticas en la práctica real de los hablantes, en sus conductas y comportamientos, el terreno más apropiado para la evaluación del éxito o fracaso de las medidas propuestas.

Así pues, creemos conveniente insistir en una nueva propuesta de definición para la política y la planificación ecolingüísticas que baraja Spolsky (2004): "la suma de elecciones generalmente aceptadas, hechas consciente e inconscientemente siempre que exista la posibilidad de elección permitida por la variación". Esta, a nuestro juicio, sintetiza y se adecua mejor a las condiciones y requisitos de una renovada concepción de la subdisciplina.

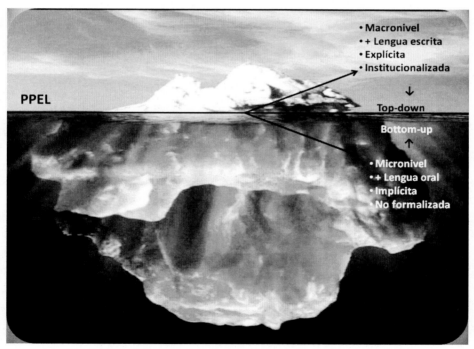

Figura 3.2. Una renovada concepción de la política
y planificación ecolingüísticas.

La cuestión concerniente a la evaluación de la planificación lingüística es, justamente, otra de las limitaciones de la subdisciplina, dado que se encuentra, por lo general, poca información acerca de los resultados del plan de planificación emprendido y, además, resulta muy difícil determinar cuáles y en qué medida los distintos factores son responsables de unos u otros efectos en la comunidad hablante. En la mayoría de ocasiones, la evaluación del éxito o fracaso del proceso planificador se restringe a estudios sobre programas de adquisición de la lengua, como los llevados a cabo en Quebec en lo que concierne a la expansión y vitalidad del francés, lengua que se ha mantenido como vehículo de instrucción principal en la provincia y medio de comunicación habitual en el ámbito familiar, pese a las presiones del inglés.

En este estado de cosas, los lingüistas deben reconsiderar la importancia de la fase evaluativa del proceso planificador, que tiene que ser continua para poder modificar los objetivos, los medios y las estrategias de planificación previstas, en caso de necesidad. Si bien algunos planificadores de lenguas se han servido del modelo económico del *cost-benefit analysis* (Thornburn, 1971) para evaluar las consecuencias futuras de diferentes alternativas posibles, la aplicación de este método en la lingüística no ha estado exento de problemas.

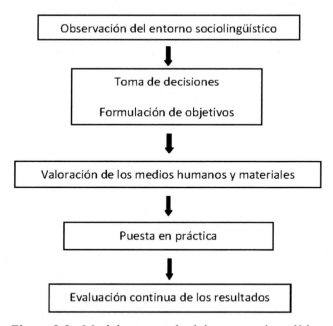

Figura 3.3. Modelo renovado del proceso de política
y planificación ecolingüísticas.

Según se avanzó en el capítulo 1, resulta extremadamente complicado medir el coste y el beneficio de bienes no tangibles, como los valores afectivos e identitarios que suscita el uso de unas u otras variedades lingüísticas. La mera identificación de las lenguas con herramientas de comunicación tiene el inconveniente de descuidar, en la mayoría de ocasiones, la riqueza que supone la diversidad etnolingüística, al defender que la eficiencia y la viabilidad económica se asocian al uso y promoción de unas pocas lenguas hegemónicas y mayoritarias.

En todo caso, antes de promover cualquier tipo de cambio lingüístico deliberado, la política y la planificación ecolingüísticas deberían atender a todas las etapas del proceso, que se recogen en la figura 3.3.

3.3. Retos para una política y planificación ecolingüísticas

En el apartado anterior se hizo alusión al surgimiento de un nuevo enfoque en los estudios de política y planificación lingüísticas: el ecolingüístico, una orientación más acorde con la época actual, postmoderna y postcolonial, que ha supuesto la promoción del multilingüismo y la multiculturalidad y ha cuestionado muchas asunciones y prácticas tradicionales de la planificación convencional. En este sentido, el modelo monolingüe de organización *un estado-una lengua*, más propio de un nacionalismo dieciochesco radical, impulsado por una elite minoritaria, preocupada por sus intereses socioeconómicos, ha sido ampliamente contestado.

Así las cosas, el discurso en pro de la tolerancia y el respeto por la diversidad continúa sin materializarse en muchas zonas del planeta, dado que parece no comulgar con la ideología mayoritaria del capitalismo imperante, que en el panorama lingüístico se traduce en la hegemonía incontestable de unas pocas lenguas dominantes. Por ello, no extraña que muchos lingüistas denuncien que la discriminación en el mundo social de los hablantes y de las lenguas está todavía muy vigente.

En este contexto, es preciso enfatizar que todo intento de modificación y cambio ecolingüístico debe ser respetuoso con la identidad cultural de las diferentes comunidades en interacción, que conforman y autorregulan un ecosistema lingüístico. Esto implica que hay que procurar que esa retórica de igualdad e interculturalidad, que se prodiga en los medios de comunicación y de la que algunos grupos hacen ostentación, se refleje tanto en la práctica oficial e institucional de gobiernos y administraciones (*top-down*), como en la labor privada de las comunidades lingüísticas (*bottom-up*). Este es uno de los grandes retos de la subdisciplina en el presente siglo, que tiene que dar respuesta a las nuevas exigencias de la era global, en la que la intensificación de las relaciones y contactos entre los países lleva al surgimiento de nuevas identidades etnolingüísticas, híbridas y mestizas.

A este respecto, los esfuerzos deben dirigirse, fundamentalmente, a garantizar los derechos lingüísticos de todos los pueblos y a esforzarse con más ahínco por la conservación y revitalización de las miles de lenguas amenazadas, a fin de que la práctica lingüística se torne más inclusiva y humanitaria y las minorías adopten un papel fundamental para frenar el monopolio en el ejercicio del poder.

3.3.1. *Los derechos lingüísticos*

Desde el paradigma de la ecolingüística, uno de los enfoques principales es el *Minority Language Rights* (*MLR*) o el *Linguistic Human Rights* (*LHR*), centrados en la demanda de un mayor apoyo institucional para las lenguas minoritarias y en la defensa del derecho de todo individuo a emplear su lengua materna en ámbitos domésticos y públicos, incluido el educacional, sin ser objeto de discriminación o exclusión social. Sin embargo, a la luz de los datos disponibles, parece que solo unas 250 de las aproximadamente 6.000 lenguas del planeta poseen reconocimiento oficial y son promovidas y legitimadas por los estados (Krauss, 1992), con lo cual se violan principios fundamentales, como los recogidos en la *Carta europea de las lenguas regionales y minoritarias* (1992) o en la *Declaración Universal de los Derechos Lingüísticos* (1996), cuyo artículo tercero reproducimos a continuación:

1. Esta Declaración considera como derechos personales inalienables, ejercibles en cualquier situación, los siguientes:

   – El derecho a ser reconocido como miembro de una comunidad lingüística.
   – El derecho al uso de la lengua en privado y en público.
   – El derecho al uso del propio nombre.
   – El derecho a relacionarse y asociarse con otros miembros de la comunidad lingüística de origen.
   – El derecho a desarrollar y mantener la propia cultura. […]

2. Esta Declaración considera que los derechos colectivos de los grupos lingüísticos, además de los establecidos por sus miembros en el apartado anterior, también pueden incluir […]

   – El derecho a la enseñanza de la propia lengua y cultura.
   – El derecho a disponer de servicios culturales.
   – El derecho a una presencia equitativa de la lengua y la cultura del grupo en los medios de comunicación.
   – El derecho a ser atendidos en su lengua en los organismos oficiales y en las relaciones socioeconómicas.

3. Los derechos de las personas y los grupos lingüísticos mencionados anteriormente no deben representar ningún obstáculo en la interrelación y la integración de éstos en la comunidad lingüística receptora, ni ninguna limitación de los derechos de esta comunidad o de sus miembros a la plenitud del uso público de la lengua propia en el conjunto de su espacio territorial.

Disposiciones legislativas como las mencionadas deberían establecerse como marco de referencia para la actuación de autoridades estatales a nivel internacional, de forma que se abandonase definitivamente la falsa idea de que el monolingüismo en una única lengua nacional es una ventaja para el progreso del país y de que existe una jerarquía natural intrínseca a las lenguas que lleva a la prosperidad de unas pocas en detrimento de la mayoría. Nada más lejos de la realidad, puesto que el carácter de dominante y dominado atribuido a una lengua es el resultado de un proceso deliberado que impone la organización de muchos estados, que todavía piensan que el modelo lingüístico ideal se caracteriza por la homogeneidad.

En la historia de la humanidad existen múltiples ejemplos de etnias dominantes que han presionado y marginado a otros pueblos y les han impuesto su lengua y cultura. La política lingüística asimilacionista practicada por Francia, España, Portugal, Holanda, Gran Bretaña, Estados Unidos, etc. en los territorios conquistados durante la época colonial da buena cuenta de ello. Sin embargo, para muchos lingüistas el sometimiento y subordinación que ejercen las lenguas mayoritarias sobre las minoritarias continúa justificando que en pleno siglo XXI se hable de la existencia de un *colonialismo glotófago* (Calvet, 2005), atendiendo a que la planificación lingüística sigue sirviendo a los intereses de las clases dirigentes, de manera que se acrecientan las desigualdades lingüísticas y socioculturales.

En este sentido, se critica, además, que cuando se da la circunstancia de que se proclaman los derechos lingüísticos de las minorías, en pocas ocasiones se adoptan medidas reales para la protección, el desarrollo y el reconocimiento del patrimonio lingüístico de una comunidad. Es más, incluso las declaraciones de oficialidad de muchas lenguas no supone una verdadera extensión de su uso en los ámbitos públicos.

Así sucede, por ejemplo, en Bolivia, cuya constitución le otorga tal estatus al castellano y a 37 lenguas indígenas del país (aymara, araona, baure, bésiro, canichana, guaraní, guarasuawe, pacawara, puquina, quechua, yuracaré, etc.) o en Ecuador, que reconoce la oficialidad del castellano, kichwa y shuar, así como del resto de lenguas indígenas (barbacoa, jívaro, quechua, záparo, etc.) en sus respectivos territorios. No obstante, en la práctica no se promociona ni se incentiva suficientemente la normativización y normalización lingüísticas de las lenguas autóctonas. Solo el español funciona *de facto* como lengua de la administración, la ciencia y la educación superior.

La diversidad lingüística es, pues, percibida todavía en muchos casos como un problema, dado que muchos gobiernos pretenden encubiertamente volver a la ficticia asociación entre una lengua y un estado, una situación que no refleja el fluido multilingüismo de la mayoría de comunidades lingüísticas, que no obedecen a la arbitrariedad de las fronteras políticas.

Skutnabb-Kangas (2000), por ejemplo, se ha referido a la práctica de un *genocidio lingüístico*, en alusión a la responsabilidad del ser humano en la desaparición de centenares de lenguas. La autora defiende que la muerte de lenguas no es un proceso natural e inevitable, sino alentado por argumentos meramente utilitarios e instrumentalistas de quienes consideran que las lenguas minoritarias son meras reliquias inútiles, incapaces de satisfacer las demandas de las civilizaciones más "avanzadas".

Es por ello por lo que insta a que la política y la planificación ecolingüísticas trasciendan la mera tolerancia del uso de estas lenguas en un nivel doméstico y familiar para difundirlas en los dominios públicos y oficiales. De esta manera, podría evitarse que el hablante nativo de una lengua minoritaria se vea forzado a abandonar su lengua materna en favor de una mayoritaria (*language shift*) para asegurarse la movilidad socioeconómica. Así sucede, por ejemplo, en Kenia, donde los hablantes de dahalo prefieren cambiar al swahili por su connotación de lengua metropolitana asociada al éxito económico.

Perú proporciona otro buen ejemplo al respecto. Aunque se estableció la cooficialidad de quechua y aimara con el castellano, se crearon las respectivas academias para su cultivo y se promovió un sistema educativo bilingüe, en la práctica los hablantes nativos de quechua y aimara denunciaron que se vieron obligados a cambiar al castellano en las situaciones académicas y formales.

A este respecto, otros lingüistas, como Spolsky (2004) y Wright (2004), ponen de relieve que si bien gran parte de la responsabilidad por la desaparición lingüística recae en la aplicación de una política lingüística gubernamental inadecuada, la decisión última en los procesos de mantenimiento y revitalización lingüísticas pertenece a los hablantes.

> Mientras que yo puedo esperar del estado que reconozca mi derecho a hablar una lengua, no espero de él que me obligue a continuar hablando una lengua que aprendí de mis padres. El hecho de hacer posible que toda persona pueda hablar la lengua que escoja es razonable en un estado que respeta los derechos humanos y civiles […] pero, generalmente se acepta que la responsabilidad última en el uso y mantenimiento de una lengua recae en el propio individuo hablante, no en el estado (Spolsky, 2004: 130-131).

En efecto, se da el caso de que las actitudes de negación o, incluso, desprecio o rechazo que manifiestan los propios hablantes hacia su lengua ponen en peligro su supervivencia. Hagège (2002 [2000]: 128-129) proporciona ejemplos muy reveladores del sentimiento de inferioridad y deslealtad que muchos miembros de comunidades lingüísticas minoritarias muestran hacia su vernáculo. Tal es el caso del pueblo tlingit en Alaska, cuya transmisión intergeneracional se ve claramente impedida porque los padres lo consideran un obstáculo para la adquisición del inglés por sus hijos e, incluso, un lastre para su desarrollo cognitivo general. También los rama de Nicaragua se sienten avergonzados y despreciados si emplean el rama, al cual le niegan el estatus de lengua, por lo que rechazan su conservación y desean desprenderse de él.

Sin embargo, el caso más sonado de abandono voluntario del propio vernáculo lo representa la decisión del pueblo cazador yaaku de Kenia. Estos entraron en contacto con la etnia vecina de los masai, más poderosos económica y socialmente, a través de relaciones laborales y casamientos. Este acercamiento les llevó a aceptar la renuncia a la lengua y cultura yaaku en favor de la más dominante, la masai.

También Martí *et al.* (2006: 295) proporcionan testimonios muy reveladores de la indiferencia que muchos hablantes de comunidades minoritarias exhiben ante el retroceso de su lengua. Tal es el caso de los hablantes de friulano en Italia, del corso en Córcega, del occitano en Francia, etc. Sin embargo, es preciso poner de manifiesto que estas creencias y comportamientos negativos están íntimamente ligados al escaso prestigio y bajo estatus que los poderes sociopolíticos y económicos y los medios de comunicación le han otorgado a dichas lenguas en el pasado, fuertemente estigmatizadas, cuando no prohibidas, por las autoridades estatales.

Aún así, también son muchos los pueblos tradicionalmente dominados que muestran una gran lealtad y orgullo hacia sus lenguas autóctonas, a las que consideran símbolo identitario y vínculo de unión con su comunidad, lo cual les lleva a reivindicar fuertemente la puesta en práctica de un proceso de planificación lingüística. Un buen ejemplo lo constituyen las actitudes positivas y el deseo de recuperación lingüística de pueblos aborígenes del noroeste de Canadá (cree, dogrib, slavey, etc.), que han visto finalmente reconocidos sus derechos lingüísticos, al reconocerse la cooficialidad en la administración y en la educación de sus lenguas en sus respectivos territorios, junto al inglés y al francés.

Igualmente, el mohaqués, lengua iroquesa hablada en Quebec, ilustra magníficamente el triunfo del programa de inmersión lingüística en ciudades como Kahnawake, llevado a cabo por iniciativa de los propios hablantes, cuyos resultados traslucen el incremento en el número de hablantes de este idioma. En esta misma línea de actuación se sitúan las medidas de política lingüística emprendidas en el territorio australiano, donde el multiculturalismo aparece explícitamente como sello de identidad de una sociedad en la que los individuos de diferentes grupos se enriquecen en su interacción con otros sistemas culturales y lingüísticos.

En consecuencia, en pleno siglo XXI, es preciso abrir los horizontes hacia el multilingüismo y su implantación en el sistema educativo, de forma que un profesorado adecuadamente formado transmita actitudes positivas hacia la diversidad etnolingüística. Es necesario seguir insistiendo en las ventajas de la adquisición de diversas lenguas para los diferentes fines comunicativos, el mejor modelo de gestión lingüística para la convivencia armónica de las diversas lenguas y culturas.

Con este objetivo, los lingüistas deben trabajar por desplazar la predominancia de *ideología de la competencia*, excluyente y asimilacionista, en la cual las posibilidades de éxito de los hablantes disminuyen cuanto menos globalizadas son las lenguas que dominan, a favor de una *ideología de la solidaridad,* caracterizada por la complementariedad y la interacción de las comunidades lingüísticas en el ejercicio de un poder dinámico que atiende cuidadosamente a los derechos lingüísticos de las minorías.

3.3.2. *Lenguas amenazadas*

Según se trató en el primer capítulo, los datos del *Ethnologue* (2013) evidencian que miles de lenguas, situadas fundamentalmente en las regiones más subdesarrolladas del planeta, están en peligro de desaparición. Asimismo, en países como Rusia, China, Brasil, Estados Unidos o México, en los que existe una lengua claramente dominante, respaldada por las autoridades, la educación y los medios de comunicación y que posee además difusión internacional, las minorías lingüísticas tienen que trabajar activamente por el mantenimiento y legitimación de sus lenguas.

Entre los factores principales que contribuyeron a la muerte de muchas lenguas, es preciso aludir al colonialismo, llevado a cabo por las potencias europeas en territorios de África, Asia, América y Australia, que trajo consigo la imposición de las lenguas de los conquistadores, la desaparición de lenguas autóctonas e, incluso, el exterminio de poblaciones enteras. Asimismo, cuando estos territorios se independizaron, los idiomas que se oficializaron o emergieron como nacionales fueron en muchos casos los de herencia colonial, debido a su asociación con la elite intelectual, que las empleaba como vehículo de expresión para la administración y la ciencia. Esto repercutió en la marginación de miles de lenguas vernáculas, que quedaron relegadas a un segundo plano.

Pero, también en la actualidad muchos pueblos minoritarios continúan marginados y forzados a la asimilación cultural y lingüística en lenguas mayoritarias, debido al mal uso que hacen algunos grupos de poder del fenómeno de la globalización. A este respecto, no pueden obviarse los casos de explotación de pueblos indígenas, como los yanomami en Brasil, los janti en Siberia o los bosquimanos en Botsuana. En efecto, muchos gobiernos continúan defendiendo posturas etnocéntricas y asociando las lenguas y culturas de sociedades no occidentales con el primitivismo, la inmadurez y el atraso. En este sentido, lingüistas como Phillipson (1992) han calificado la situación lingüística actual de *imperialista*, atendiendo al sometimiento que unas pocas lenguas mayoritarias, sobre todo el inglés, ejercen sobre el resto de lenguas a escala mundial.

Para Phillipson, la difusión y expansión global de la lengua inglesa es una clara consecuencia del proceso de americanización y del yugo que ejercen los Estados Unidos en el devenir político, socioeconómico, cultural y lingüístico del resto del mundo, un mecanismo de perpetuación de la distinción entre sociedades desarrolladas y subdesarrolladas. En su obra, *Linguistic Imperialism* (Phillipson, 1992) responsabiliza a organismos como el *British Council* o el *TESOL* (*Teachers of English to Speakers of Other Languages*) de la perpetuación de lo que considera una *conspiración* contra las lenguas minoritarias y la promoción del *lingüicidio*.

Critica, además, que la imposición del inglés se haya legitimado como un fenómeno espontáneo, inexorable y democratizador, cuando son unas pocas elites occidentales y sus respectivos hablantes los beneficiados de la omnipotencia que ha adquirido esta lengua a nivel global, no por cualidades lingüísticas intrínsecas, sino por factores de naturaleza sociopolítica y económica. Así pues, según este lingüista, la globalización lingüística del inglés es un reflejo de la culminación de la doctrina neoliberal y del capitalismo en su máxima expresión, que repercute en el empobrecimiento de la diversidad etnolingüística mundial, ya que fomenta una *McDonalización* cultural.

En efecto, Phillipson (1992) pone de relieve cómo los resultados escalofriantes sobre la continua mortandad lingüística, por un lado, y los datos sobre el poder y la hegemonía de unas pocas lenguas mayoritarias, por otro, evidencian que el terreno de juego no es justo para los hablantes nativos de lenguas más minoritarias, una opinión que comparte la mayor parte de lingüistas, como Spolsky (2004) o Joseph (2006). Sin embargo, para estos últimos, resulta inadecuado hablar en términos de lingüicidios e imperialismos lingüísticos, dado que, si bien la preeminencia del inglés era manifiesta tras la Segunda Guerra Mundial, sobre todo en los territorios que habían sido antiguas colonias del imperio británico, también muchos otros estados la adoptaron de forma voluntaria como segunda lengua o lengua extranjera.

Spolsky (2004) o Joseph (2006), entre otros, denuncian la falta de autonomía y espíritu crítico que lingüistas como Phillipson otorgan a los hablantes de comunidades minoritarias o periféricas, cuando ponen en cuestionamiento su capacidad de elección. Por ello, destacan que los hablantes son agentes activos que, aunque no siempre, desgraciadamente, pero sí en muchos casos, eligen *motu proprio* de qué lengua o lenguas servirse, en función de sus propios intereses y de las ventajas que el empleo de unas u otras les comporta. En este sentido, Canagarajah (1999) enfatiza las posibilidades de los pueblos minoritarios de ofrecer resistencia a las decisiones e imposiciones tomadas en un macronivel, les resultan injustas y desfavorables.

En este contexto, el fenómeno conocido como *World Englishes* proporciona una buena muestra de la manera en la que diferentes grupos culturales han reivindicado una identidad propia, al crear variedades nativizadas de la lengua inglesa que se han aculturado a los distintos territorios y que han dejado de asociarse a la tradición judeocristiana occidental. Estos "nuevos ingleses" han surgido en territorios en los que el inglés funcionó al principio como segunda lengua, como Singapur, la India, Malasia, etc., se han desvinculado del patrón colonial y han adquirido legitimación, ejemplaridad e institucionalización.

En otro estado de cosas, dejando a un lado la cuestión del imperialismo, entre los motivos que pueden poner en peligro la supervivencia de una lengua, conviene también mencionar la práctica de un *laissez faire* o la ausencia de medidas de planificación lingüística de corpus y de estatus aplicadas a las lenguas minoritarias (uso escrito de las lenguas, codificación, oficialización, presencia en los medios de comunicación, elaboración de materiales didácticos, etc.). En efecto, la falta de intervención en los problemas lingüísticos puede contribuir, en gran manera, al descenso del número de hablantes de una lengua, al fomentar la pasividad y la indiferencia de las comunidades lingüísticas por el mantenimiento de su vernáculo. Así sucede, de hecho, con el bantawa en Nepal, el aragonés en España, el yeyi en Botsuana, el chipaya en Bolivia, el mundurukú en Brasil, etc. (ver Martí *et al.*, 2006), cuyo empleo no se incentiva y, por lo tanto, carecen de prestigio entre sus hablantes nativos.

Indudablemente, un número bajo de hablantes de una lengua puede influir notablemente en su desaparición. Teniendo en cuenta que un 90% de las lenguas del planeta las emplea solo el 5% de la población mundial (Hagège, 2002 [2000]: 160), la situación es muy preocupante. Sin embargo, es preciso matizar que para determinar el grado de vitalidad o de amenaza que presenta una lengua, la cifra de hablantes nativos de una lengua debe interpretarse con relatividad. Según se comentó en el primer capítulo, para algunos lingüistas el límite para asegurar la supervivencia de una lengua está en los 100.000 hablantes (Bernárdez, 2009 [2004]: 25), mientras que otros lo sitúan en los 10.000 (Nettle y Romaine, 2000).

A este respecto, es necesario hacer hincapié en que además de la dificultad de precisar el número de hablantes de una lengua, la viabilidad de esta depende también del grado de cohesión que presente la propia comunidad, de la proporción de los hablantes de dicha lengua en relación con el grupo etnolingüístico, del estatus y los dominios de uso en los que se emplea la misma (educación, medios de comunicación), así como de la transmisión intergeneracional de la lengua a la que en ocasiones se renuncia a causa de la inmigración, de los matrimonios entre etnias distintas o de las actitudes negativas manifestadas por los hablantes.

El tarascano, por ejemplo, es hablado en el estado mexicano de Michoacán por unas 90.000 personas, pero se encuentra gravemente amenazado porque los padres no consideran que esta lengua sea suficientemente útil como para transmitírsela a sus hijos. El bora de Colombia está también en peligro porque muchos de sus hablantes decidieron emplear la lengua de sus cónyuges, el español, dominante y de mayor prestigio. Por otro lado, lenguas como el bretón, aunque cuentan con un número nada desdeñable de hablantes (en torno a 250.000), se hallan también amenazadas. En efecto, más del 50% de la población total de la Bretaña francesa no posee ni un mínimo de competencia en esta lengua, por lo que su futuro es muy incierto (ver Martí *et al.*, 2006).

A continuación, a modo de síntesis, se proporciona una lista más completa que la ofrecida en el capítulo 1 de las lenguas que se encuentran amenazadas en los distintos continentes. Se han tomado como referencia los *Atlas de las lenguas del mundo en peligro* de la UNESCO, editados por Wurm (2001) y Moseley (2010), hasta la fecha las obras más completas sobre esta cuestión. No se pormenorizará en las distintas subdivisiones de riesgo de extinción lingüística (potencialmente en peligro, en peligro, vulnerable, en situación crítica, etc.), dado que estas varían notablemente en función de la fuente que se consulta y de los criterios que los distintos autores barajan para su establecimiento. Téngase, además, en cuenta que la dificultad y la polémica existente en torno a si determinados sistemas lingüísticos son dialectos o lenguas se refleja también en las diferentes clasificaciones que proporcionan los lingüistas.

Cuadro 3.1. *Lenguas amenazadas*

Continente	Lenguas
Europa	aragonés, bable, bielorruso, bretón, carelio, casubio, catalán, esvano, erzya, euskera, faroés, friulano, frisón, gaélico escocés, gaélico irlandés, gagauzo, galés, gallego, ingrio, komi, ladino, languedociano, lemosín, letón, ligur, lituano, livonio, occitano, osetio, provenzal, romaní, romanche, sami, sardo, tatí, vepsio, vótico, yiddish, yucaguir, etc.
Asia	aimol, ainu, aka, arem, bana, bartangi, birhor, bungla, burushaski, byangsi, chukoto, dagur, dardi, darma, dumi, dura, evenki, gurung, hayu, kete, khoistani, lalo, lepcha, manchú, mansi, mok, nahali, nanai, orochi, oroshani, parenga, pupeo, rohani, shor, solon, tártaro, tilung, tofa, toto, uigur, yao, yugur, zaozou, etc.

Australia	ami, anindilyakwa, arrente, badala, bandjigali, bunaba, burarra, djinang, djingili, gagadu, gugubera, guragone, gurdjar, kanju, karadjeri, karajarri, kayardild, kuku, kunbarlang, kunjen, kurrama, kuvi, lardil, madngele, manda, mangarayi, mangarla, maridjabin, maringarr, marithiel, miriwung, mudbura, mullukmulluk, ngalakan, ngalkbun, ngarla, nyamal, varlpiri, wambaya, wanman, wardaman, yidín, yirbal, etc.
África	akei, amba, argobba, baga, baissa, bati, bete, beya, birale, birgid, bodo, bondei, bongo, bung, burunge, buy, camo, dahlik, dahalo, defaka, deti, dimme, duli, gana, gikuyo, gule, gumuz, kamba, kuliak, kunama, kuni, kwadi, laal, laro, li-ngbee, logba, lufo, lúo, mbara, mpre, molo, nagumi, ndai, ndungo, omótico, ongamo, ongota, poko, shabo, sheni, shiki, so, suba, viri, yahuma, yeyi, etc.
América	ainu, aleuta, arabela, arapaho, arhuaco, baré, baure, bella coola, bora, boruca, cachiquel, cheroki, cheyén, chipaya, chochoteca. cumanagoto, dakota, eyak, haida, haisla, han, huambisa, inuit, kalispel, kwaza, lakota, leco, slenka, liliuet, mapidian, mapuche, menómini, micmac, mohicano, mohaqués, mundurukú, nutka, omagua, ona, otomí, pech, pipil, rama, taíno, tarascano, tlingit, tuscarora, vilela, yanomami, yámana, yeral, yupik, záparo, zapoteco, etc.

3.4. Planificación, prescripción y estandarización

Según se trató en el capítulo anterior, el mayor empuje en la legitimación del estudio científico de los fenómenos vinculados a la prescripción se debió al surgimiento de la política y la planificación lingüísticas. Dado que *prescripción lingüística* remite a toda pretensión de regular la conducta lingüística, vinculada tanto a gobiernos y elites sociopolíticas como a las iniciativas privadas de la población, esta disciplina es, en cierto modo, prescriptiva.

Recuérdese, asimismo, que en este trabajo se ha defendido el carácter natural y universal del comportamiento prescriptivo, debido a que todo ser humano juzga y evalúa las diferentes formas lingüísticas e intenta controlar su propia actuación lingüística y la de quienes le rodean. En este sentido, aquello que no es natural son las medidas, mecanismos y estrategias empleadas deliberadamente, sobre todo por gobiernos, organismos y autoridades, para tal cometido y que constituyen la base de la política y la planificación lingüísticas.

No obstante, también es cierto que muchas actividades que han influido en la modificación de la forma y la función de las variedades lingüísticas no han sido el resultado de un intento consciente de cambio lingüístico deliberado, sino consecuencia de conductas lingüísticas no planeadas previamente por los hablantes, motivadas por el ejercicio de su conciencia lingüística. Se trata de lo que Fishman (2006) llama *unplanned language change*, como sucede en muchas ocasiones con las lenguas que se eligen y se emplean en el ámbito doméstico por los distintos miembros de una familia, las usadas entre los socios de un club en sus reuniones, las utilizadas por manifestantes en reivindicaciones de diferente naturaleza, las lenguas seleccionadas para la carta de un restaurante, etc. Es por eso por lo que se insistió en la consideración de las prácticas de las situaciones microlingüísticas, que pasan muchas veces desapercibidas, más allá de las explícitas acciones de política lingüística impuestas desde arriba.

> Una de las cosas que la gente sabe hacer con el lenguaje es evaluarlo y no encuentro ninguna razón por la que descuidar o negar esta habilidad metalingüística [...].
> Es importante para los lingüistas darse cuenta de que entre las creencias lingüísticas de los hablantes hay más que la simple ignorancia y el prejuicio que entran rápidamente por la vista [...] Con objeto de desplazar la ideología más potente que existe, esto es, el sentido común, es necesario desvelar los principios encubiertos y entender las razones de su perdurable atractivo popular (Cameron, 1995: xi).

En otro estado de cosas, merece la pena detenerse en la llamativa alternancia e indistinción que se observa muchas veces en la bibliografía especializada entre los conceptos de *planificación* y *estandarización*. Así, por ejemplo Sloka Ray titula su libro *Language standardization* (The Hague: Mouton & Co, 1963), cuando lo que se propone es describir un modelo íntegro para el proceso planificador, basado en la eficiencia, la racionalidad y la uniformidad. Por ello, si bien la emergencia de una variedad estándar es uno de los objetivos que persigue la política y la planificación lingüísticas, no es este el único de los fines de la subdisciplina, que posee un mayor alcance y que incluye, entre otras tareas, la protección de lenguas minoritarias, la revitalización lingüística, la internacionalización del léxico, la restauración de palabras obsoletas, el desarrollo de sistemas de escritura, las reformas ortográficas, la elaboración de terminologías y discursos especializados, la confección de guías contra el uso sexista de la lengua, la expansión de lenguas, la conservación de las lenguas de inmigrantes, etc.

Así pues, la estandarización lingüística, pese a que ha centrado desde los inicios los mayores esfuerzos de las actividades glotopolíticas, es solo un ejemplo de planificación, cuya meta es otorgar a una variedad un tratamiento social especial, una dimensión de ejemplaridad que la eleva por encima del resto del continuo dialectal. Asimismo, pese a que en buena medida el surgimiento de un estándar incluye las fases delimitadas primeramente por Haugen (1966, 1983): selección, codificación, implementación y elaboración (ver figura 3.1), es necesario incluir nuevas variables, como las que presentamos seguidamente en un modelo dinámico y circular.

En efecto, debe tenerse en cuenta que tras el surgimiento controlado de una variedad estándar puede producirse un proceso inverso de *desestandarización,* por el cual se admite una mayor variabilidad en la variedad tipificada como estándar, o bien las variedades no estándares obtienen mayor aceptación y visibilidad. También es posible que un vernáculo adquiera con el tiempo un estatus modélico de lengua, con lo que puede tener lugar un proceso de *restandarización lingüística,* por el que se generan nuevos centros normativos. En estas cuestiones se profundizará en los capítulos 5 y 6.

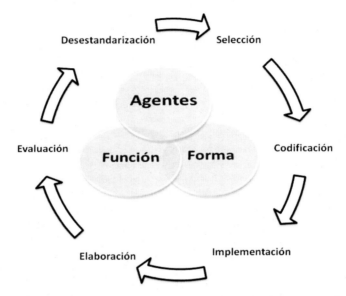

Figura 3.4. Fases del proceso de estandarización lingüística.

A este respecto, todo proceso de estandarización lingüística tiene un innegable componente prescriptivo, en cuanto que pretende garantizar el cumplimiento de las reglas, las normas o los preceptos de una única variedad, la estándar. No obstante, la correlación entre estandarización y prescripción no es biunívoca. Frente a la generalidad de la prescripción, la estandarización lingüística no puede concebirse como un universal cultural, sino que se trata del molde más convencional con el que algunas sociedades, generalmente occidentales, han orientado la prescripción. Se trata de un proceso condicionado por intereses sociohistóricos, económicos y políticos, que influyen de manera determinante en las actitudes y creencias que los hablantes profesan hacia las variedades estándares.

La estandarización representa, pues, una manifestación más del fenómeno prescriptivo, de ese carácter intrínsecamente normativo y valorativo que los hablantes otorgan a las lenguas. La prescripción no tiene, pues, por qué restringirse a la imposición de un estándar, aunque la estimación social de estas variedades, debido a las ventajas socioeconómicas que su uso comporta, explica que sea el modelo lingüístico que se sanciona en la mayoría de ocasiones. Sin embargo, la sociolingüística proporciona muchos ejemplos de casos en los cuales lo que se prescribe es, precisamente, el empleo de variedades no estándares, que gozan también de prestigio en una comunidad dada y cuyo empleo fomenta la lealtad e identidad grupal, como sucede con la variedad del inglés afroamericano (Labov, 1969). Sin embargo, la prescripción en estos casos suele ser informal y no oficial.

En este contexto, llama también la atención la diferente concepción que la lingüística no occidental profesa hacia la prescripción. El descrédito y aversión de la que es objeto en sociedades como la americana o española no está presente en la árabe o la hebrea, ya que se ve desposeída de esa fuerte carga ideológica que la vincula con prácticas discriminatorias, al prestigiar únicamente los usos lingüísticos de las clases más favorecidas.

Reflexiones y actividades propuestas

1. ¿Qué opinas de la siguiente cita de Wright (2004: 251; la traducción es mía):

    > La competencia en lengua inglesa proporciona acceso a conocimiento y entendimiento. Y, de la misma manera que nosotros no veríamos la lengua escrita como amenaza de la lengua oral, si los roles están claramente diferenciados, el carácter de lengua franca del inglés no debería afectar a la lengua de la propia comunidad.

2. ¿Qué política lingüística se lleva a cabo en un organismo internacional como la Unión Europea? ¿Cuántas lenguas oficiales se reconocen? ¿Se refleja verdaderamente esta oficialidad en la práctica real de la institución? Ayúdate para tu reflexión del siguiente artículo de Miguel Siguán en *El País*, 16 de marzo de 2003; citado en Escoriza 2008: 52)

    > La Unión Europea fue fundada con objetivos exclusivamente políticos, pero desde el primer momento se ha declarado decidida a mantener la riqueza y diversidad cultural europea, lo que implica mantener su diversidad lingüística. Desde este punto de vista, Europa es un auténtico mosaico. [...]
    > [...] el primer eje de una política europea dirigida a preservar la unidad lingüística es obviamente una educación que incluya la enseñanza de lenguas. El objetivo de que los europeos conozcan dos lenguas extranjeras además de la propia está lejos de cumplirse y requeriría muchos esfuerzos. No se trata sólo de añadir lenguas al currí-

culum, sino de diseñar una enseñanza europea que se proponga una convivencia pacífica por encima de las diferencias lingüísticas.

A través de su presencia en los planes de enseñanza se puede conseguir que el repertorio de las lenguas segundas conocidas no se limite al inglés, sino que incluya a otras lenguas más que actualmente. Pero, aún así, el abanico no se extenderá más allá de media docena de lenguas, y, así, muchas lenguas menores, incluidas lenguas oficiales de países pequeños, seguirán igualmente marginadas y en peligro. Habrá que pensar en otros medios para asegurar su supervivencia, y entre ellos, uno de los más útiles puede ser el potenciar sus posibilidades de acceso a los medios informativos electrónicos, desde la traducción automática a la presencia en Internet.

3. ¿Cuál es el estatus del luxemburgués? ¿Y del frisio? ¿Qué medidas se han emprendido en los territorios en los que se hablan para su promoción? ¿Han sido igual de efectivas? ¿Por qué?

4. Busca información sobre las actividades de política y planificación lingüísticas llevadas a cabo en México (lenguas amenazadas, derechos lingüísticos, oficialidad de lenguas, etc.).

5. Tómese en consideración el artículo 3 de la Constitución española de 1978. Algunos lingüistas, políticos e intelectuales han llamado la atención por el trato desigual que, a su entender, el texto otorga a las diferentes lenguas del Estado, a las que ni si siquiera se alude explícitamente. ¿Estás de acuerdo con esta afirmación? ¿Por qué?

a) El castellano es la lengua oficial del Estado. Todos los españoles tienen el deber de conocerla y el derecho de usarla.

b) Las demás lenguas españolas serán también oficiales en sus respectivas comunidades autónomas de acuerdo con sus Estatutos.

c) La riqueza de las distintas modalidades lingüísticas de España es un patrimonio cultural que será objeto de especial respeto y protección.

4

La construcción social de las lenguas: la normativa y la estandarización lingüísticas

En lingüística, como en toda ciencia, se proponen nociones, clasificaciones y abstracciones con las que explicar y organizar el funcionamiento del complejo fenómeno del lenguaje. Las categorizaciones y definiciones son necesarias para hacer avanzar el conocimiento en materia lingüística. Sin embargo, no se puede olvidar que la propia denominación de los referentes, así como la distinción de determinados elementos en unas lenguas y no en otras se encuentran mediatizadas por las diversas culturas en las que el individuo lleva a cabo su socialización.

En efecto, según se explicó en el primer capítulo, en el continuo de manifestaciones lingüísticas se delimitan diferentes realidades y se elaboran conceptos cuyo significado depende de la carga ideológica que le otorgue la sociedad misma. Las lenguas son, de hecho, productos sociales, elaboraciones teóricas surgidas a lo largo de la historia y muy relacionadas con la identidad de cada comunidad. Por ello, no extraña que cuando los planificadores de lenguas han aplicado concepciones occidentales en el análisis de otras ecologías lingüísticas, el resultado no ha sido satisfactorio.

Por lo tanto, se requiere tomar conciencia de la necesidad de abandonar posturas etnocéntricas que dan apariencia de universalidad a lo que, en realidad, son construcciones sociocognitivas de sociedades particulares. Así sucede con el proceso de estandarización lingüística y la consiguiente variedad estándar surgida, una de las formas con las que la civilización occidental, en concreto, ha encauzado la normatividad lingüística intrínseca y universal de toda comunidad. Este capítulo se destinará, justamente, a explicar la controvertida y polémica naturaleza de la estandarización lingüística.

4.1. Las representaciones sociales de las lenguas: actitudes lingüísticas

Una de las manifestaciones más evidentes del carácter social de las lenguas se encuentra en las actitudes mostradas por los hablantes sobre su mantenimiento, extensión, adquisición, abandono, etc., las cuales suelen responder a dos motivaciones fundamentales: bien pragmáticas, bien integrativas. Así, un individuo puede ser favorable al aprendizaje de una lengua determinada por fines utilitarios e individualistas, como la mejora de su posición social o el progreso económico, mientras que a otro pueden moverle razones de afiliación social, como el ser partícipe de las relaciones interpersonales de un grupo determinado.

El estudio de las actitudes lingüísticas revela, pues, las creencias, ideas, percepciones e, incluso, prejuicios, que se profesan sobre las lenguas y variedades, pero también sobre los propios hablantes de diferentes grupos etnolingüísticos o socioculturales. En la mayoría de ocasiones, es necesario recurrir a métodos indirectos para desvelar estereotipos e ideologías lingüísticas más encubiertas e inconscientes ante determinados fenómenos lingüísticos y sus respectivos hablantes.

A este respecto, cabe destacar que las actitudes lingüísticas están muy influidas por el mismo proceso de estandarización lingüística, dada la importancia que la sociedad otorga a lo que se considera o no "correcto", a lo que está "bien" o "mal" dicho, según el respaldo de las autoridades. En este sentido, cuando se elaboran encuestas en las que los informantes deben, por ejemplo, valorar las producciones lingüísticas que escuchan en diferentes grabaciones, las pronunciaciones, construcciones gramaticales, acentos, etc. asociados con el estándar, son considerados más puros, sonoros, claros e inteligibles que los vernáculos. En consecuencia, también sus respectivos hablantes son juzgados más positivamente en términos de estatus social, quienes despuntan en cualidades como la inteligencia, el liderazgo, la determinación o el nivel de educación. Por el contrario, los hablantes más alejados de la variedad normativa destacan, por lo general, en la escala de la solidaridad y afectividad (buen humor, simpatía, condescendencia, etc.).

En la investigación llevada a cabo por Bourhis, Giles y Lambert en Gales, ("Social consequences of accommodating one's style of speech: A cross-national investigation", *IJSL* 6, 55-71, 1975) unos alumnos de instituto oyeron las grabaciones en inglés de dos entrevistas radiofónicas entre un atleta y dos comentaristas deportivos diferentes. Uno de estos empleaba la conocida como *Received Pronunciation* (*RP*), el acento británico más valorado y minoritario, propio de las clases sociales más elevadas que tenían acceso a los *public boarding schools* y a las universidades de Oxford y Cambridge, mientras que el otro hablaba inglés con un cierto acento galés. Los resultados de las encuestas revelaron que el hablante de *RP* recibió puntuaciones altas en el parámetro de la inteligencia, pero el acento galés del segundo comentarista repercutió en la consideración de este como más simpático y digno de confianza, por la lealtad que mostraron los galeses hacia su lengua (Fasold, 1996 [1984]: 254).

En el caso del español, Alvar (1986), por ejemplo, realizó un cuestionario sobre las actitudes lingüísticas que suscitaban dos variedades de esta lengua: la centro-norteña peninsular y la dominicana. Para ello, se emplearon cuatro grabaciones de un mismo texto periodístico que era leído por dos mujeres y dos hombres dominicanos y españoles, a partir del cual 40 sujetos dominicanos de diferentes estratos socioculturales respondieron a cuestiones como las siguientes: ¿cuál de las dos grabaciones está en mejor español?, ¿qué pronunciación prefiere?, ¿por qué?

Los resultados concluyeron que un 27,5% de los encuestados valoró como iguales ambas variedades, un 25% prefirió la antillana y un 50% la española, lo cual trasluce el sentimiento de estimación lingüística y prestigio que muchos hispanohablantes le han otorgado tradicionalmente a la variedad peninsular, identificada largo tiempo por las instituciones académicas con el monolítico estándar español. Las razones que se adujeron al respecto fueron muy diversas, como la claridad y fluidez en la pronunciación o la mayor corrección, precisión y profesionalidad del locutor. Por otro lado, la proclividad por la variedad dominicana se justificó por la identificación lingüística de los informantes con los lectores dominicanos y por su deseo de afirmarse como hablante de una variedad diferencial con una norma propia nacional.

Al tratar la cuestiones actitudinales, debe tenerse siempre presente que las reacciones que suscitan los estímulos lingüísticos deben considerarse en el contexto situacional adecuado, puesto que las actitudes son variables a las circunstancias del acto comunicativo. De este modo, mientras que una persona puede decidir aproximar su acento al de la *Received Pronunciation* en una entrevista de trabajo, porque cree que tendrá más posibilidades de ser contratada, igualmente puede desestimar su empleo en un ambiente informal, en el que podría ser rechazada por su falta de espontaneidad y artificialidad. Trabajos dedicados a las actitudes hacia el bilingüismo han puesto también de manifiesto como, por ejemplo, los hijos de mexicanos emigrados a Estados Unidos valoran el español como el vehículo más apropiado de comunicación en el ámbito doméstico, mientras que el inglés obtiene mejores puntuaciones en el contexto académico.

Así las cosas, en la actualidad, lingüistas como Coupland (2010) defienden que la mundialización que caracteriza la era postmoderna y postindustrial ha supuesto una flexibilización en las actitudes lingüísticas de los hablantes, que han dejado de ser tan rígidas desde el punto de vista normativo. Las diferentes comunidades lingüísticas se han familiarizado con la diversidad de variedades, acentos y variantes, hecho que se vislumbra en ámbitos laborales, sobre todo, en los medios de comunicación, que ya no se muestran tan exigentes con que sus presentadores, corresponsales o locutores empleen en todos los casos las variedades tipificadas como estándar.

Así, en el caso de la lengua inglesa, por ejemplo, la *RP* ya no posee el monopolio de ser el modelo de pronunciación. Kerswill (2007), entre otros, ha enfatizado el elevado estatus que está adquiriendo en las Islas Británicas el llamado *Estuary English*, un acento intermedio entre la *RP* y el *cockney* londinense, como sucede también con el prestigio creciente que están alcanzando, por ejemplo, el acento australiano y el *Network American Accent*, valorados muy positivamente en términos de poder y solidaridad. Sin embargo, todavía son necesarios muchos esfuerzos para que adquieran legitimidad los diferentes acentos y variantes de territorios en los que el inglés se ha convertido en lengua nativa.

También en España, sobre todo a partir de los años 80 del siglo XX, han surgido iniciativas que potencian el uso de la variedad andaluza como símbolo positivo de identidad y lealtad grupal. La llegada a la presidencia del gobierno de España de un andaluz, Felipe González, contribuyó a aminorar sustancialmente la estigmatización social que desde siempre había sufrido esta variedad. De hecho, recuérdese el rechazo que mostró Juan de Valdés en su *Diálogo de la lengua* (1535) por que hubiese sido un andaluz, Antonio de Nebrija, el que propuso un primer modelo de codificación para la lengua española.

A este respecto, es cierto que emisoras y televisiones regionales han incluido también a locutores con acento andaluz y que los mismos andaluces han tomado conciencia de que su variedad lingüística debe considerarse tan válida y apta como cualquier otra. Sin embargo, el desprecio y ridiculización que han sufrido los andaluces continúa todavía muy vigente, alentada por el sistema educativo. En muchas ocasiones, se acusa a los andaluces de "no saber hablar bien castellano" y se les asocia con un bajo nivel de instrucción, lo que explica las actitudes negativas que se han generado entre la propia comunidad, muchos de cuyos miembros se han visto forzados en su práctica profesional a renunciar a su vernáculo para imitar la pronunciación prestigiada centro-septentrional de Castilla.

Por ello, han sido muchos lingüistas los que se han manifestado en contra del nacionalismo y supremacismo lingüístico practicado por quienes no aciertan a ver que el andaluz no es una deformación, ni siquiera un dialecto de una lengua castellana contemporánea, sino que ambos son variedades naturales de un mismo sistema lingüístico abstracto al que se le otorga la etiqueta de *lengua española*. El problema reside en que muchas veces lo que se identifica con español o lengua española no es ninguna variedad vernácula, nativa, de hablantes murcianos, castellanos, extremeños, asturianos, venezolanos, colombianos, argentinos, etc., sino una elaboración culta, construida fundamentalmente sobre la base del dialecto castellano, el conocido como *español estándar*, surgido a raíz de un proceso de política y planificación lingüísticas.

4.1.1. *Gramaticalidad, corrección y adecuación comunicativas*

Tal y como se hizo mención en el capítulo 2, entre las tareas del lingüista y del gramático se incluye también la de proporcionar las normas de uso se consideran correctas, esto es, que están prescritas y codificadas en gramáticas y diccionarios. Si bien en muchas ocasiones el establecimiento de las normas obedece a criterios de naturaleza extralingüística, con objeto de acceder a determinados privilegios, la sociedad misma reclama conocer cuáles son las reglas del juego en materia idiomática. Esto no implica, sin embargo, que el conocimiento de tales reglas asegure su cumplimiento.

En efecto, las actitudes lingüísticas poseen varios componentes: cognitivo, que atiende a las creencias y al significado social que le otorgamos a las lenguas y sus hablantes; afectivo, que recoge los sentimientos y emociones que despierta determinado estímulo lingüístico; y conativo, que remite a nuestra predisposición para actuar de determinada manera. No obstante, como han demostrado muchos estudios actitudinales, los componentes cognitivo y afectivo no hallan muchas veces correlato en el comportamiento lingüístico manifestado. Así sucede, de hecho, con las opiniones que muestran los hablantes en cuanto a la sobrevaloración, infraestimación o tabuización de producciones lingüísticas, propias y ajenas, que no encuentren muchas veces correlato en las conductas lingüísticas que se profesan.

Una persona puede, por ejemplo, ser muy consciente de que la norma lingüística del español estándar desaconseja el empleo de la expresión lingüística *la dije que volvería tarde*, en lugar de *le dije que volvería tarde*, un uso laísta que le desagrada y que censura cuando oye en boca de otros. No obstante, ella misma recurre en su discurso a esta variante estigmatizada porque, según pone de relieve Cooper (1997 [1989]: 162), "las personas tenderán más a convenir que existe un modelo para todos los fines que a usarlo para todos los fines para los cuales lo crean adecuado, si de hecho, deciden usarlo".

En este sentido, el gran éxito comercial de los materiales que orientan a los individuos sobre cómo se debe hablar y escribir demuestra el interés popular por los patrones de corrección lingüística. ¿Quién no ha recurrido a un diccionario normativo para comprobar si un determinado vocablo o expresión está o no aceptado? La corrección juega, indudablemente, un importante papel en las actitudes lingüísticas de la población, dado que condiciona su actuación lingüística y este es uno de los parámetros por los que uno va a ser juzgado.

> Socialmente, la corrección del habla tiene una importancia comparable a la del aseo personal. La aceptación social de una persona está condicionada –entre otras cosas– por la corrección de su lenguaje, y la conciencia de esta realidad motiva que muchos hablantes traten de desprenderse de formas de expresión

"mal vistas" (demasiado regionales, demasiado populares) y de adquirir otras que no desentonen en los medios donde desean ser admitidos (Seco, *Gramática esencial del español*. Madrid: Espasa-Calpe, 1972: 257).

Por lo tanto, no sorprende que muchas censuras, discriminaciones y mitos lingüísticos se hayan forjado, precisamente, como resultado de una comparación inadecuada entre las variedades vernáculas, habladas ordinariamente por la población, y las variedades normativas y cultivadas, las estándares, que requieren de un aprendizaje explícito y formal, ya que están fundamentadas en los preceptos de la lengua escrita.

Ya en el capítulo 2 se explicó que el origen de muchas reglas prescriptivas no se encuentra en factores de naturaleza intrínsecamente lingüística, sino en razones de naturaleza sociopolítica o cultural, motivos extralingüísticos que han llevado al ensalzamiento e imposición de las variantes estándares frente a las no estándares, que han sido minusvaloradas.

Las variedades no estándares, como el inglés negro afroamericano, caracterizado, entre otras cosas, por la negación múltiple y por la ausencia de la desinencia de la tercera persona del singular del presente de indicativo, han sido frecuentemente asociadas con la ilogicidad y la carencia de gramática porque no se acomodan a las normas fijadas por el estándar. En torno a los años sesenta del siglo XX, llegó a hablarse incluso de que sus hablantes poseían una deficiencia cognitiva y eran menos aptos para el ejercicio intelectual que los hablantes de variedades estándares, una verdadera falacia, como han demostrado los estudios sociolingüísticos, ya que ninguna de las variedades lingüísticas estudiadas hasta la fecha responde a organizaciones deficitarias en la explicación del mundo.

Así las cosas, lo sorprendente no es que el hablante medio considere que el estándar es la única variedad que cumple con las reglas de la lengua, sino que todavía haya lingüistas que tengan la falsa creencia de que las formas no estándares son asistemáticas. Esto sucede, precisamente, porque ellos mismos no distinguen entre *gramaticalidad*, propiedad por la cual las normas de las variedades se ajustan a las posibilidades que ofrece la organización interna de la lengua, aunque no sean coincidentes con las reglas codificadas de la variedad estándar, y *corrección*, concepto social relativamente externo a los principios que articulan el sistema lingüístico, asociado casi siempre con exclusividad, al cumplimiento de los cánones que dictan las autoridades lingüísticas.

En el mencionado caso del inglés negro afroamericano, una oración como *Nobody like going to the doctor* es perfectamente gramatical en el sistema interno que gobierna esta variedad, frente a un enunciado como **like going to the doctor nobody*, nunca antes producida por un hablante nativo y, por tanto, agramatical. Lo que ocurre es que la ausencia de la desinencia de la tercera persona del singular del presente de indicativo no es la regla que sigue la variedad estándar del inglés y, por tanto, para muchos hablantes tal enunciado se proscribe y se juzga incorrecto.

Ocurre, además, que determinadas propiedades gramaticales son casi exclusivas de la variedad estándar. Tal es el caso de la negación múltiple en inglés, presente en la mayoría de dialectos británicos, por lo que su incorrección se justifica de acuerdo únicamente a las normas del estándar. Esta razón explica que esta característica lingüística ha llegado a convertirse en un *linguistic shibboleth* de la sociedad británica, que tipifica y distingue rápidamente a aquellos que no manejan la variedad privilegiada y con prestigio abierto en la sociedad.

Gómez Torrego (2002 [1996]: 8) explica claramente la diferencia entre *gramaticalidad* y *corrección* en aplicación a la lengua española:

> Diferencio *incorrección* de *agramaticalidad* en el sentido de que para que algo sea tildado de incorrecto debe ser dicho o escrito por algún sector más o menos amplio de la población […] La agramaticalidad no es más que un fenómeno que va en contra de las reglas gramaticales […] Así, una oración como *me se ha caído el bolígrafo* es incorrecta y agramatical; pero otra como **se me ha caída el bolígrafo* es agramatical pero no incorrecta porque nadie la dice o escribe (salvo error individual debido a causas extralingüísticas.

No obstante, se ha preferido omitir en esta cita el asterisco que precede a la oración *me se ha caído el bolígrafo* frente a **se me ha caída el bolígrafo* para, justamente, diferenciar ambos conceptos. De hecho, la utilización del mismo signo diacrítico para referirse a estos dos fenómenos dificulta que dichos conceptos sean identificados debidamente por la población. A este respecto, recuérdese que la Real Academia Española (RAE) y la Asociación de Academias (ASALE) han decidido emplear el símbolo de la bolaspa ($^{\otimes}$) en obras como el *Diccionario panhispánico de dudas* (2005) para señalar la incorrección de variantes, mientras que el asterisco (*) se reserva para la agramaticalidad. Sin embargo, esta distinción no se mantiene en todos los textos académicos, por lo que en los prefacios de los mismos es necesario indicar el valor respectivo que se le otorga a cada símbolo. La falta de consenso se agrava porque también los diferentes lingüistas en sus respectivas obras emplean unos u otros signos según su propio criterio.

En este contexto, cabe destacar que, como era esperable, la población es muy poco tolerante con las infracciones de la norma codificada cometidas por individuos que gozan de una elevada condición social o económica o por cuyas profesiones (periodistas, profesores, políticos, etc.) se les supone un adecuado manejo de la variedad estándar. Indudablemente, a los hablantes tenidos como "cultos" –o que aspiran a serlo– se les exige una mayor "higiene verbal" y no se les consiente ningún resbalón gramatical, según se refleja en las innumerables censuras y críticas que se encuentran en guías sobre el uso correcto del lenguaje, periódicos, blogs y foros de Internet.

Hasta este momento, pues, se ha manejado un concepto de corrección unido al seguimiento de los preceptos normativos de la variedad cultivada. No obstante, como puede deducirse de lo expuesto anteriormente, todas las variedades lingüísticas poseen sus propias normas de corrección, establecidas por las distintas comunidades lingüísticas, según los usos que los diferentes grupos consideran legítimos.

> Por tanto no tiene sentido decir que la gente corriente habla mal una lengua natural espontánea: la habla de acuerdo con una serie de leyes lingüísticas que son seguidas de modo automático sin ser consciente de ellas. [...] Desde el punto de vista de las lenguas cultivadas, [...] sí puede decirse que alguien habla mejor o peor una lengua culta que ha de aprenderse a partir de un estudio consciente y continuado (Moreno Cabrera, *Cuestiones clave de la lingüística*. Madrid: Síntesis, 2013: 216).

Tanto las normas lingüísticas de variedades estándares como las de las no estándares tienen estabilidad, cumplen con sus respectivas funciones en el complejo entramado de la comunicación humana y son adecuadas en sus respectivos ámbitos comunicativos (ver 5.3.1). En efecto, la noción de adecuación comunicación es fundamental para un concepto más amplio de corrección que tiene en cuenta no solo las normas gramaticales sino también las pragmáticas y sociodiscursivas. De hecho, uno de los prejuicios que se vertió contra los hablantes de variedades no estándares, esto es, su inferior capacidad cognitiva, se argumentó apelando a que no eran competentes en los mismos ámbitos que los hablantes de variedades estándares, esto es, no dominaban los registros y estilos discursivos de la distancia comunicativa, pero sí otros muchos.

> Los hablantes relativamente educados y pertenecientes a un estatus alto son posiblemente los que poseen un dominio más firme de los estilos públicos y formales de uso. De esto no se deduce (como a veces suele hacerse) que los hablantes de un estatus menor o más bajo tengan poco o ningún dominio de las variedades estilísticas de su repertorio lingüístico. La cuestión radica en que ellos son probablemente competentes en un tipo diferente de estilos (Milroy y Milroy, 1991 [1985]: 121; la traducción es mía).

Por lo tanto, conviene insistir en que no hay, por lo general, hablantes monoestilísticos, dado que los individuos ajustan su repertorio discursivo a las necesidades de la situación comunicativa. El idiolecto de un mismo usuario conjuga formas estándares y no estándares, según los requerimientos de la interacción (ámbito de uso, relación entre los participantes, canal, grado de formalidad, etc.). De esta manera, si se concibe la corrección como la cercanía a los modelos de buen uso, el seguimiento de las normas psicosociales y comunicativas, que incluyen las reglas pragmáticas, discursivas, sociolingüísticas y culturales de las diferentes comunidades idiomáticas, son determinantes para el éxito de la comunicación y la aceptación social del resto de miembros del grupo.

Sin embargo, estas "otras" normas, tan importantes como las ortográficas, léxicas y gramaticales, han sido muy desatendidas tanto en las descripciones proporcionadas por gramáticos y lingüistas como en las actitudes lingüísticas manifestadas por la población. No se han tenido suficientemente en cuenta como un importante parámetro para determinar ese sentimiento de los hablantes sobre el "hablar bien".

4.1.2. Prestigio y ejemplaridad lingüística

Tal y como ha quedado expresado en varias ocasiones a lo largo de este libro, *prestigio* y *ejemplaridad* son dos propiedades definitorias de los estándares de las lenguas.

Ya en 1959, Garvin, lingüista perteneciente a la Escuela funcionalista de Praga, puso de relieve las cuatro funciones principales que cumplían las variedades estándares: *unificadora, separadora, prestigio y marco de referencia*. La función unificadora refuerza el sentimiento de lealtad e identidad grupal y se convierte en un símbolo de pertenencia a una comunidad, del mismo modo que la función separadora alude al deseo de distanciarse social, política o culturalmente de otros pueblos (ver capítulo 3).

Por otro lado, el prestigio social y la ejemplaridad lingüística están muy vinculadas a la importancia sociológica que le otorga la comunidad lingüística. Atendiendo a la asociación de la variedad estándar con los usos lingüísticos de las clases más favorecidas e instruidas, no sorprende que surja el deseo de adquirirlo y se le atribuyan cualidades estéticas, como la pureza, la precisión, la claridad, la regularidad, etc., que no tienen justificación lingüística sino ideológica y social.

Basta con observar, por ejemplo, el paradigma morfológico de los verbos irregulares del inglés estándar para darse cuenta de que regularidad no va unida necesariamente al proceso de normalización. De hecho, la adopción de formas distintivas e irregulares para el pasado simple (*saw/went/spoke*) y el participio de pasado (*seen/gone/spoken*) es propia de la variedad estándar del inglés y no de la mayor parte de variedades no estándares, que conservaron una única forma (*seen/went/spoke*) para ambos tiempos verbales.

Asimismo, además de que las normas de las variedades estándares pueden contradecir el uso mayoritario de los hablantes de los vernáculos, a causa de su artificialidad, también escapan muchas veces a la propia conciencia lingüística de los tenidos por hablantes "cultivados", a quienes determinadas incorrecciones que también les pasan desapercibidas. Así sucede con el llamado *default accusative*, esto es, la presencia del objeto directo en construcciones inglesas como *John and me arrived late to the party/There's only you and me in the classroom*, donde la normativa exige el mantenimiento de formas pronominales de sujeto: *John and I arrived late to the party/There's only you and I in the classroom.*

También en español los hablantes cultos se muestran muy favorables a llevar a cabo la concordancia en plural con los nombres colectivos como *La mayoría de los presentes aplaudieron/El resto llegaron tarde,* donde la norma estándar prescribe el singular: *La mayoría de los presentes aplaudió/El resto llegó tarde.* Otro buen ejemplo lo constituye el empleo del relativo *quien* en las llamadas perífrasis de relativo con sustantivos de cosa o abstractos: *Fue el viento quien rompió la ventana/Es el tiempo quien cura las heridas,* construcciones que la variedad codificada proscribe porque el antecedente no está personalizado: *Los alumnos son quienes deben recibir el castigo/Fue su perro quien mordió al niño.*

Sin embargo, es preciso poner de relieve que si bien hay lenguas como el inglés en las que los lingüistas suelen diferenciar rasgos estándares vs. no estándares (ver cuadro 4.1), delimitación que tiene que ver más con idiosincrasias gramaticales que fónicas o léxicas, suele tratarse de una clasificación borrosa que, en casos como el español, no suele establecerse y, tal vez por una menor consolidación del pluricentrismo lingüístico, prefiere hablarse únicamente en términos de corrección-incorrección respecto a una única norma codificada.

Cuadro 4.1. *Variantes estándares y no estándares del inglés británico*

Estándar	No estándar
I **did** it	I **done** it
Come **quickly**!	Come **quick**!
the house **that** I bought...	the house **what** I bought...
The employer gave **their** employees a reward.	The employer gave **them** employees a reward
different **to**	different **from**
I didn't break **anything**.	I didn't break **nothing**.
Nobody **likes**...	Nobody **like**...

En este sentido, es indiscutible que las medidas de ingeniería lingüística llevadas a cabo en la conformación de una variedad uniforme y dependiente de un código escrito que requiere de instrucción formal para su dominio, ha llevado, lógicamente, a que muchos especialistas atribuyan al estándar el calificativo de "artificial". Sin embargo, la innegable planificación que conllevan las labores de codificación y elaboración para que una variedad sea, con exclusividad, apta para el desempeño de determinadas funciones en un contexto social, no es óbice para reconocer que en la conformación de muchas variedades estándares han intervenido también la conciencia y la tradición idiomáticas de un pueblo, que han sido fundamentales para que dicha variedad adquiriese arraigo y formase parte del patrimonio cultural de una comunidad.

Por todo ello, hay que tener en cuenta que tampoco es recomendable establecer una férrea dicotomía entre variedades no estándares naturales y variedades estándares artificiales, porque naturalidad y artificialidad han estado, en mayor o en menor medida, presentes en la formación y cultivo de las variedades ejemplares. Recuérdese que en toda comunidad lingüística se generan juicios de valor normativos y emergen modelos de uso lingüístico, estándares lingüísticos o *language standards* (Joseph, 1987), cuando se percibe la heterogeneidad dialectal. Estos son el reflejo de la conciencia lingüística universal, no artificial, pero han constituido también la base para la elaboración de un concepto particular, este sí propio de una determinada tradición cultural, la occidental, y las aculturadas a esta: los estándares impuestos, las variedades estándares de las lenguas o *standard languages* (Joseph, 1987)

Así pues, se insiste en que la noción de *variedad estándar* es un constructo de la civilización occidental para explicar la evolución de algunas lenguas y de sus respectivas comunidades lingüísticas, lo que motiva, precisamente, que se aluda a su carácter sociohistórico, que puede y debe reconciliarse con el componente artificial que lo configura como tal.

Cuadro 4.2. *Variedades estándares de las lenguas*
vs. *estándares lingüísticos*

	Estándares de las lenguas	Estándares lingüísticos
Origen	Occidental	Universal
Grado de normativización	Explícita	Implícita
Grado de variación	Nulo	Relativo
Carácter	Cultural	Natural

Lo que sucede es que si bien en el plano del uso lingüístico el estándar es solo una variedad más, su emergencia, vinculada a la modernización de la sociedad y al proceso de urbanización de la misma, condiciona las relaciones que se establecen entre las distintas variedades lingüísticas del diasistema. El prestigio manifiesto que adquiere entre los miembros de una comunidad motiva que el estándar se establezca como el punto de referencia del resto del complejo dialectal, en torno al cual se concreta el espacio variacional (Oesterreicher, 2004). Así pues, *ideológicamente* se deslocaliza y se alza como parámetro evaluador del resto de variedades lingüísticas. Ejerce, pues, función de marco de referencia frente al cual los hablantes juzgan las conductas lingüísticas.

Esta ejemplaridad lingüística que adquieren las variedades estándares se fundamenta, en primer lugar, en la preeminencia otorgada por motivos sociopolíticos, culturales o económicos a un determinado dialecto que se superpone al resto del complejo dialectal. Así sucedió con la variedad de la región toscana, que se impuso por el prestigio literario de Dante, Petrarca o Bocaccio, y por ser la empleada en el lugar de mayor actividad comercial.

En el caso francés fue el dialecto de París el que constituiría la base de un estándar que se postuló desde el principio como el mejor heredero del latín en su papel de lengua franca europea. Esa importancia capitalina se dejó sentir también en la elección del dialecto de Londres, germen del estándar inglés, del primigenio *Chancery English*, empleado por los escribas para los documentos oficiales. La labor de la cancillería durante el reinado de Alfonso X *el Sabio* sería también fundamental en la evolución del *castellano derecho*, basado en la variedad burgalesa, capital del reino desde el siglo X, un castellano que sería la base para la conformación del futuro estándar español.

Por lo que se refiere a la constitución del alemán estándar, los lingüistas han puesto de manifiesto la no existencia de una centralidad política tan manifiesta como sucedía en Francia, Inglaterra o España, de forma tal que se impuso una solución koinética para la comunicación suprarregional, sin que predominara una u otra variedad regional. Sin embargo, con el paso del tiempo, la localización central de las regiones de Turinga y Sajonia llevó a que se constituyeran en importantes centros de prestigio e irradiación normativos, en torno al siglo XVII. Lutero tomó precisamente este modelo sajón en la redacción de su Biblia, que, con la difusión del Protestantismo por las distintas zonas de Alemania, sería determinante para la extensión del alemán estándar. De este modo, la primigenia solución de mezcla lingüística koinética para la comunicación horizontal fue adquiriendo una dimensión vertical y jerárquica, de forma tal que una vez más, sería la variedad cancilleresca, en este caso la sajona, la que funcionaría como superestrato (ver Burke, *Lenguas y comunidades en la Europa moderna*. Madrid: Akal, 2006).

En este sentido, es importante resaltar la conveniencia de hablar del *grado de estandarización de las lenguas*, en función del nivel de elaboración, del cumplimiento de los requisitos de estabilidad codificada que se le suponen, así como del grado de ejemplaridad que le otorguen sus propios hablantes. Frente a lenguas como el alemán, el español, el inglés o el francés –este último considerado durante siglos el más noble heredero del latín–, cuyas variedades estándares están muy consolidadas, existen lenguas que han emprendido una normativización más tardía, lo cual explica la falta de implementación y consolidación social de sus estándares en determinados ámbitos, como el educativo, el científico, el publicitario o el empresarial (faroés, yiddish, moldavo, rumano, macedonio, armenio, georgiano, etc.).

A este respecto, cabe destacar que cualquier variedad es igualmente adecuada para emprender un proceso de estandarización. La diferencia crucial entre el estándar y el resto de variedades responde a su distinto tratamiento y elaboración funcional (*Ausbau*), que tendrá también su correlato en el plano estructural (*Abstand*) y que se basa fundamentalmente en el carácter de lengua escrita y codificada de las primeras.

4.2. La estandarización lingüística: distancia comunicativa y calidad discursiva

Según se anticipó en el segundo capítulo, el terreno propio del estándar es la escrituralidad, dimensión que, desde el punto de vista medial y concepcional, reúne las manifestaciones de lengua culta, formal y planificada de la distancia comunicativa (Koch y Oesterreicher, 2007 [1990]). En efecto, las variedades estándares se emplean en los ámbitos formales, administrativos, institucionales y académicos, que requieren de usos ejemplares y toman como base el soporte escrito. Se trata de discursos cuyo propósito está más cercano a lo transaccional que a lo interaccional: prosa divulgativa y científica, escritos académicos de todo tipo, editoriales y columnas de opinión no literarias en los medios de comunicación, etc.

A este respecto son, pues, muchos los lingüistas que consideran que la fijación por escrito y su posterior codificación son requisitos imprescindibles para que una variedad adquiera el estatus de estándar; de ahí la atracción que la cultura occidental siente por la escritura. Asimismo, puesto que toda realidad lingüística es variable, la homogeneidad y uniformidad que persigue el proceso de estandarización lleva a una idealización tal que puede afirmarse que nadie habla propiamente el estándar (Milroy y Milroy, 1991 [1985]; Pascual y Prieto de los Mozos, 1998; Moreno Cabrera, 2008).

En efecto, cuando se identifica al estándar con la variedad codificada es lógico pensar que ninguna persona puede concentrar todos los rasgos considerados estándares ni, inversamente, desposeerse de las variantes lingüísticas de su variedad nativa. En este caso se está manejando un concepto *absoluto* de estándar, la variedad explícitamente prescrita en las obras de naturaleza normativa, un constructo mental idealizado (Borrego Nieto, 2001), al que unos hablantes se acercan más que otros.

Sin embargo, también los lingüistas han puesto de relieve que el carácter fundamentalmente escrito de la variedad estándar no es óbice para admitir que a partir de él y de forma secundaria, la modernización y urbanización de la sociedad hayan llevado al desarrollo de un modelo lingüístico oral, más o menos próximo a su correlato escrito. De este modo, es necesario tener en cuenta que tan pronto como el estándar se oraliza, es esperable que la retroalimentación entre este y el resto de dialectos sea también mayor que la que existe cuando el estándar es solo variedad escrita.

No obstante, este "estándar oralizado" será igualmente una variedad de la distancia comunicativa, propia de los contextos de usos formales en los que el carácter de lengua oral hace referencia solamente al canal de transmisión elegido, pero no al modo en el que el discurso ha sido concebido. Este es el caso de las conferencias, entrevistas de trabajo y muchas alocuciones públicas previamente planificadas y estructuradas según las los patrones del código escrito (ver apartado 2.1.3).

A este respecto, cabe añadir que la definición de un posible estándar oralizado es todavía más imprecisa que en el caso de una variedad escrita, dado que es más permeable al cambio y, por ello, más susceptible de variación. Y es que no cabe duda de que la mayor parte de las descripciones de las variedades estándares aluden no a su estructura o características definitorias, sino a sus potenciales hablantes. Además, es preciso resaltar que la culminación del ciclo de la estandarización, que conlleva una uniformidad y homogeneización total, solo se logra cuando una lengua no se emplea como vehículo de comunicación oral, según sucede con el griego clásico o el latín. Es en estos casos cuando la variedad estándar se concibe en términos absolutos y puede identificarse claramente con la norma codificada.

Así las cosas, junto a este estándar absoluto idealizado, que no es seguido exactamente por ningún hablante, los lingüistas manejan también el concepto de estándar en un sentido más *relativo*, de forma que, al igual que el resto de variedades lingüísticas, se inserta en el espacio variacional y acoge, aunque en menor medida, la variación inherente a todo sistema lingüístico. Esto demuestra que los criterios de aceptabilidad y el estatus de diferentes variantes solo pueden concebirse en un contínuum (Joseph, 1987) y dependen de la actitud y del nivel sociocultural de los hablantes, para quienes algunas formas resultan "mejores/peores" o "más/menos correctas".

Estos estándares, a los que denominaremos *empíricos* (Bartsch, 1987), tienen su correlato en los usos de los hablantes que se consideran modélicos, sobre los cuales los individuos basan su evaluación y juicios de valor acerca del lenguaje. Se trata de variedades lingüísticas igualmente amparadas en el nivel de lengua culta, ejemplares para sus hablantes, y empleadas en contextos formales de la distancia, aunque en muchas ocasiones sus propiedades lingüísticas no se encuentren codificadas en diccionarios y gramáticas.

Así ocurre, de hecho, con el fenómeno del voseo en Argentina, donde ha adquirido un estatus elevado y forma parte de la lengua culta y formal de sus hablantes, aunque solo goza de *normativización informal* (Stewart, 1968), implícita, dado que no se prescribe como estándar en las obras de referencia normativas. Otro buen ejemplo lo constituye la concordancia que se produce de forma generalizada en el uso culto mexicano entre el número del objeto directo y del indirecto en enunciados como *La calificación se las daré (a ellos) al terminar la lección.*

En efecto, la teoría del pluricentrismo lingüístico evidencia que surgen modelos idiomáticos mucho antes de que se encuentren sancionados explícitamente (Pascual y Prieto de los Mozos, 1998; Amorós Negre, 2012), del mismo modo que en sociedades no occidentales donde no se prescriben explícitamente estándares lingüísticos se busca una estabilización de sus usos y una comunicación suprarregional mediante normas lingüísticas implícitas (yele en Papúa Nueva Guinea; tchamba en Togo, osetio en Georgia, etc.). Así las cosas, el desconocimiento de la riqueza de las variedades de una lengua puede, fácilmente, llevar a los hablantes a considerar agramaticales todas las secuencias que no se adecúen a la norma habitual de su comunidad lingüística, por lo que la educación debe contribuir a su difusión entre la población.

En consecuencia, dependiendo de qué entendamos por estándar y en qué grado (*absoluto o relativo*), la codificación será una propiedad necesaria o no para poder otorgarle a una variedad dicho estatus en la cadena variacional.

Cuadro 4.3. *Tipología de variedades estándares*

Estándar absoluto → Norma prescriptiva, explícita, subjetiva >> *Normativización formal*

Estándar empírico → Norma descriptiva, implícita, objetiva >> *Normativización informal*

Volviendo ahora a la definición y naturaleza de las variedades estándares, se ha hecho mención de la dificultad que gramáticos y lingüistas encuentran a la hora de precisar sus rasgos definitorios. A nuestro entender, una explicación de este hecho se encuentra en que la noción de estándar debe asociarse más a la percepción subjetiva de hablar/escribir apropiadamente (*bene loquendi atque scribendi*) –esto es, a la *calidad discursiva*– que a la noción de corrección. Por ello, es necesario insistir en el peso de las "otras normas" en la conformación de las variedades estándares, que transcienden el conocimiento del sistema de reglas y principios que constituyen las gramáticas oracionales de una lengua.

Lo que sitúa a un hablante en un estándar es, pues, su habilidad para elaborar apropiadamente ciertas clases de discursos, por lo que nos movemos más en el ámbito de la actuación lingüística que en el de la competencia. Por ello, el estándar es el producto de un conjunto de habilidades y conocimientos que permiten a ciertos hablantes/escribientes usar un sistema lingüístico asociando su discurso a parámetros como el prestigio social, la adecuación sociolingüística, la eficacia pragmática, la coherencia textual, la elegancia retórica, etc.). (Amorós Negre y Prieto de los Mozos, 2013).

En este sentido, con el fin de situarse en el estándar de una lengua, se requiere eliminar aquellas características que carecen de prestigio abierto y no aparecen en las producciones lingüísticas de las clases socioculturales elevadas, así como potenciar los rasgos lingüísticos y las estrategias discursivas, retóricas, interactivas culturalmente aprendidas y asociadas al *buen hablar y escribir*.

4.3. La ideología de la estandarización lingüística

Las ideologías lingüísticas se muestran en las creencias, opiniones y razonamientos que los hablantes manifiestan sobre la estructura y el uso de las lenguas, que justifican apelando al sentido común que obtienen por sus impresiones y percepciones. Es evidente que el proceso de estandarización está motivado por razones de índole sociopolítica y económica, al perseguir una homogeneización ficticia contraria a la evolución natural de las lenguas y al empleo que hacen de estas las diversas comunidades lingüísticas. Sin embargo, la concepción de las variedades estándares como entidades fijas, claramente delimitables, que permiten la inteligibilidad comunicativa por derecho natural es considerada por gran parte de la población general como una verdad aceptada.

Este hecho, unido a la argumentación pretendidamente racional y lógica a la que algunos custodios de las lenguas recurren para fundamentar sus prescripciones y proscripciones justifica hablar de la estandarización en términos ideológicos. Esta situación repercute, además, en las actitudes de inseguridad e infravaloración de los hablantes sobre su propia aptitud y capacidad lingüística, ya que han sido expuestos desde siempre a una fuerte presión social sobre cómo deberían hablar y escribir.

En efecto, existe lo que Milroy y Milroy (1991 [1985]: 40) denominan una *linguistic complaint tradition*, un entramado ideológico muy potenciado por el sistema educativo y los medios de comunicación, en torno al cual se genera todo un discurso de sobreestimación de los estándares como las únicas variedades legítimas. Estas "quejas sobre el lenguaje" (*odio que la gente diga…*; *ahora se habla muy mal...; eso suena fatal...*, etc.) se vislumbran en la referencia a un tiempo pasado en el que el idioma alcanzó la gloria frente a la decadencia y corrupción lingüística de la época presente, que se asocia también a un declive en los valores éticos y morales que ha experimentado la sociedad.

> En el siglo XIX se había puesto de moda hablar mal y entonces la Institución libre de Enseñanza se creyó en la obligación de hacer una campaña para hablar con corrección. No digo que ahora estemos en ese momento pero hay una gran dejación en la forma de hablar, estamos en un momento más bien zarrapastroso. No proponemos usar expresiones cursis o relamidas, sino de corrección normal [...] (García de la Concha, *El País*, 4 de diciembre de 2012).

> Se habla mal, se escribe peor y se adorna todo, charla o escritura con toscos ribetes de zafiedad [...] La enseñanza de la lengua se ha convertido en una tortura. Llenan las cabezas de una caricatura de ciencia lingüística, pero no se adiestra en el hablar, en escribir con rectitud y soltura. Menos aún se inculca un ideal de lengua al que agarrarse (Zamora Vicente, *La otra esquina de la lengua*. Madrid: Fundación Antonio de Nebrija, 1995: 231).

Por lo tanto, la lingüística ha puesto énfasis en la necesidad de desvelar los presupuestos ideológicos que subyacen a muchas actividades de política y planificación lingüísticas, a fin de estudiar cómo el lenguaje se emplea, muchas veces de forma encubierta, como una herramienta para la perpetuación de las desigualdades entre los hablantes y el ejercicio del poder.

Lippi-Green (1997: 190) analiza, por ejemplo, cómo la ideología de la estandarización permea muchas decisiones judiciales en los Estados Unidos, donde las discriminaciones lingüísticas basadas en el acento extranjero esconden prejuicios raciales y culturales. De esta manera, atendiendo a la carencia de un acento nativo de la lengua inglesa, se ha justificado que miembros de comunidades asiáticas y latinas no estuvieran en condiciones de promocionar en su trabajo o, incluso, que fueran despedidos.

En efecto, la estandarización lingüística representa un modelo eurocéntrico, muy influido por el grafocentrismo y las teorías del evolucionismo social de las sociedades occidentales. Está sujeta a una concepción espaciotemporal del lenguaje y de las lenguas muy estática y dicotómica, en la que se idealiza al hablante nativo y se juzgan los hechos lingüísticos como buenos y malos. Sin embargo, ha sido adoptado como variable de referencia general para toda investigación en materia sociolingüística y para medir el desarrollo de las lenguas. Esto explica las críticas de muchos lingüistas por su inadecuación para dar cuenta de otras realidades lingüísticas y por fomentar el ennoblecimiento de la cultura occidental y de las variedades estándares de lenguas mayoritarias.

Así las cosas, puede afirmarse que el panorama científico actual se debate entre dos grandes modelos culturales de interpretación del proceso mismo de estandarización, que son, en cierto modo, una evolución en las representaciones cognitivamente asentadas de dos epistemes principales: la racionalista y la romántica (Geeraerts, "The logic of language models: Rationalist and romantic ideologies and their avatars", en K. Süsselbeck *et al.* (eds.) *Lengua, nación e identidad. La regulación del plurilingüismo en España y América Latina.* Frankfurt am Main/Madrid: Iberoamericana/Vervuert, pp. 43-74, 2008).

Tomando como base esta distinción, interesa, pues, distinguir las dos perspectivas desde las que se aborda el estudio y tratamiento del fenómeno estandarizador: tradicionalista y revisionista. La primera es heredera del entusiasmo ilustrado que defiende la participación y la cohesión social que se logra mediante el empleo de una variedad estándar, "neutral", suprarregional, garante de movilidad socioeconómica y eficiencia para sus hablantes. Por otro lado, el enfoque revisionista parte de un modelo romántico, que abandona la consideración de la variedad estándar como vehículo de comunicación interregional que facilita la movilidad social y denuncia que no se trata de un bien común democratizador, sino exclusivo de una minoría elitista, que se sirve de su poder sociopolítico y económico para perpetuar la desigualdad y discriminación social.

Esta postura revisionista es la propia del análisis crítico del discurso, que se opone a la visión neoclásica, positivista, en su rechazo de la manipulación ideológica de la que es objeto la lengua. Esta subdisciplina pone a disposición de los científicos sociales las herramientas adecuadas con las que estudiar la semiótica del poder lingüístico y las representaciones ideológicas que subyacen a las operaciones discursivas. En este sentido, autores como Fairclough (1989) o Bourdieu (1991) critican que se adopten medidas que sirven únicamente a una elite sociopolítica y económica, las cuales repercuten en la asimilación etnolingüística de grupos más minoritarios, a merced de los designios de potencias poderosas y de sus lenguas mayoritarias en el mundo globalizado.

Asimismo, se hace hincapié en el recurso a las variedades estándares o *legitimate languages* como parte de una ideología dominante y excluyente de los grupos humanos, dado el carácter impositivo de esta variedad propia de "los cultos", cuya sobrevaloración origina un conflicto social, una infravaloración y estigmatización del resto de variedades y de sus respectivos hablantes.

A continuación, se tratará cómo a lo largo de los siglos las diferentes archiideologías nacionalistas, internacionalistas y globalistas han contribuido a la concepción de la estandarización, bien desde una óptica más positivista, bien más revisionista.

A este respecto, es claro que el humanismo renacentista propició la codificación de las lenguas vulgares europeas según el esquema de las lenguas clásicas, esto es, las dotó de un artificio gramatical para convertirlas en lenguas cultas.

Pero no fue hasta que los materiales impresos se popularizaron, ya bien entrados en la Edad Moderna, cuando las variedades cultas escritas llegaron a la mayor parte de la población y se tomaron como base para la configuración de variedades estándares orales subsidiarias.

La alfabetización en una lengua vernácula favorecería la idea de pertenencia a una misma comunidad, estrecharía los lazos de unión entre sus miembros y, en consecuencia, contribuiría al surgimiento de sentimientos nacionalistas. Precisamente, la conversión de un vernáculo en una variedad estándar, que se alzaría en *lengua nacional*, símbolo y encarnación del espíritu de la nación-estado, fue uno de los objetivos prioritarios para lograr la modernización de las sociedades que habían abandonado el absolutismo del Antiguo Régimen.

El fervor religioso fue paulatinamente sustituido por la búsqueda ilustrada de la verdad científica y, en el ámbito lingüístico, la consolidación de las variedades estándares de las naciones emergentes, frente al anterior monopolio de la lengua latina, constituyó un hito sin precedentes.

Cuadro 4.4. *Modelo racionalista y modelo romántico en la ideología nacionalista*

	El modelo racionalista	El modelo romántico
Concepción de la nación	La nación como la base de una democracia liberal	La nación como foco de identidad cultural
Concepción de la lengua nacional	La lengua nacional como un medio neutral de participación social y emancipación	La lengua nacional como un medio de expresión del espíritu común del pueblo "Volksgeist"
Concepción de la variación lingüística	La variación lingüística/ el multilingüismo como impedimento para la emancipación	La variación lingüística/ el multilingüismo como impedimento para la identidad común

Fuente: adaptado de Polzenhagen y Dirven, 2008: 246.

En este contexto, el elemento lingüístico se convirtió en un símbolo más de reivindicación identitaria, de todo un armazón cultural que potenciaba en el imaginario colectivo la idea de pertenencia a una misma comunidad política, económica y sociocultural. Así pues, una determinada variedad, la conveniente para la clase dirigente, se erigió conscientemente en estándar nacional, para justificar su imposición política y presentarla así como el vínculo común y natural de unión de los miembros del estado.

La nación-estado es, sin embargo, para autores como Anderson, una *comunidad imaginada* en tanto en cuanto el sentimiento de unión y fraternidad entre sus miembros es fruto no de la experiencia y de las relaciones entre ellos, sino de un constructo mental basado en factores arbitrarios con el que determinadas sociedades se organizan y aprehenden el mundo.

Con el paso del tiempo, la consolidación de la sociedad industrial y de una comunidad de ciudadanos, que contaba con un número cada vez mayor de personas alfabetizadas e instruidas, propició el intercambio entre las naciones y la búsqueda del cosmopolitismo. El internacionalismo, al igual que la decolonización, se fue abriendo paso en un mundo cada vez más dominado por la dinámica de los mercados, las empresas y bancos multinacionales (Fondo Monetario Internacional, Banco Mundial) y las alianzas interestatales (Unión Europea, Organización de las Naciones Unidas, Mercosur, etc.). Por ello, se pensó en agrupaciones supranacionales basadas en afinidades culturales para servir a las necesidades de los mercados.

Poco a poco fue produciéndose una identificación entre progreso y occidentalización, de forma tal que la adopción del modelo sociopolítico y económico europeo-norteamericano se impuso como el medio para lograr presencia y visibilidad a nivel mundial. En este estado de cosas, solo unas pocas lenguas estándares occidentales se consideraron vehículos aptos para servir a la intercomunicación y favorecer la interdependencia socioeconómica. El inglés, en particular, fue adquiriendo preponderancia en los foros de debate internacional y funcionando como *lingua franca*.

Fue tras la Segunda Guerra Mundial y, sobre todo con la caída del Muro de Berlín, cuando las fuerzas globalizadoras se dejaron sentir con mayor vigor y organismos políticos y financieros supraestatales cobraron mayor importancia. Desde entonces, se asiste a una mundialización de gran envergadura, en la que el flujo de recursos informativos, humanos, tecnológicos es continuo, lo cual ha supuesto una reestructuración en todos los sistemas organizativos: político, económico, social, cultural y, por supuesto, también lingüístico.

En este sentido, si bien los lingüistas no deben olvidar que los grupos tradicionalmente dominantes siguen determinando el curso de los acontecimientos en los ámbitos sociopolíticos y económicos, hay que destacar que la era postmoderna y postindustrial ha favorecido también la legitimación y el reconocimiento de los derechos de las minorías étnicas y lingüísticas, que pueden hacerse oír y autoafirmarse con mayor intensidad en el ámbito supranacional y en los medios de comunicación de masas. Este hecho se ha traducido, según se vio en el capítulo anterior, en las demandas de una importante corriente ecolingüística, que defiende ese carácter dinámico e híbrido de las lenguas en su adaptación a los distintos hablantes y entornos y se opone a los rígidos modelos de estandarización de épocas pasadas, con el paulatino reconocimiento de nuevos centros de irradiación normativos.

Asimismo, se asiste a la obsolescencia del estado homogéneo, reemplazado por uno cada vez más pluriétnico, lo cual no significa que haya desaparecido en la identidad nacional en los modelos cognitivos y el imaginario colectivo. En efecto, la ideología nacionalista continúa muy presente y defiende su legitimidad, bien desde una conceptualización racionalista, propia de la época ilustrada, con un énfasis en los aspectos político-territoriales, bien desde una óptica romántica, quizá la predominante, que aboga por un nacionalismo de base étnica o cultural.

Así las cosas, aunque en la actualidad el foco de la dialéctica se ha trasladado a un ámbito más internacional que nacional, todavía en los discursos de los lingüistas se constata la tensión entre ideologías más o menos racionalistas y románticas. En el siglo XXI, ambos modelos explicativos continúan funcionando como los moldes cognitivos desde los cuales el discurso académico trata de explicar el papel de las lenguas estándares y globales en el mundo actual. Por ello, muchos lingüistas enfatizan, sobre todo, el valor instrumental que conlleva el dominio de una variedad estándar, mientras que otros destacan que se trata de un símbolo de clase, un capital lingüístico al que no tiene acceso la mayoría de la población, por lo que fomenta la exclusión social.

A nuestro entender, la dinámica mundial actual exige la superación de la férrea oposición entre esa idealizada homogeneidad que se promueve con la variedad estándar dominante y la gran heterogeneidad lingüística consustancial a todo diasistema lingüístico, reflejo de la idiosincrasia dialectal. La subdisciplina de política y planificación lingüísticas debe adaptarse a la nueva realidad y reconsiderar el valor de los recursos lingüísticos en la apropiación, propagación y establecimiento de modelos y sistemas conceptuales compartidos.

En consonancia con la renovación lingüístico-discursiva exigida por la crítica y estética postmoderna, es conveniente apostar por una mayor atención a los múltiples recursos lingüísticos variables de los que sirven los diferentes hablantes, frente a una concepción anterior de las lenguas como entidades fijas e inamovibles (Blommaert, 2010). Con este objetivo, es recomendable huir de posturas antagónicas exacerbadas que solo enfaticen ora las ventajas, ora los inconvenientes del proceso globalizador y del empleo de variedades estándares de lenguas mayoritarias.

La legitimación del empleo de lenguas dominantes y variedades lingüísticas estándares, útiles (¿qué duda cabe?) para determinados propósitos, no implica desatender que no se trata de variedades neutras, sino todo lo contrario, puesto que en muchos casos se utilizan como herramientas de subordinación sociocultural y lingüística. De esta manera, su uso en determinados ámbitos comunicativos no debería conllevar nunca el abandono de la heteroglosia característica de toda comunidad y de todo hablante, que recurre a otras variedades y lenguas más minoritarias, igualmente necesarias para la interacción en otros contextos fundamentales.

4.4. Los agentes del proceso de estandarización

Tal y como se evidenció capítulo 3 con la alusión a diversos ejemplos de política y planificación lingüísticas, es preciso prestar atención a los agentes implicados en el proceso de estandarización, tanto a la acción implícita del pueblo en su deseo de adoptar y favorecer la extensión e implementación de la variedad estándar como a las medidas promovidas de forma directa y explícita por gobiernos y organizaciones estatales, recogidos muchas veces en disposiciones y documentos legales. Por ello, la consideración del impacto de las acciones de los diferentes actores en la consolidación de una variedad estándar posee gran interés para la investigación actual en política y planificación lingüísticas desde un punto de vista ecolingüista (Ricento ed., 2006).

A este respecto, el galo de la región de Bretaña fue durante largo tiempo considerado una mera desviación o *patois* del estándar francés, atendiendo al carácter centralizador y a la monoglosia de la política lingüística estatal. Sin embargo, el activismo de sus hablantes consiguió que se le otorgase el estatus de lengua regional y adoptase el carácter de asignatura optativa en la escuela. Asimismo, se están dedicando muchos esfuerzos para su fijación ortográfica y codificación.

El ejemplo de Zimbabue refleja también cómo la población autóctona se ha resistido a la imposición gubernamental de la variedad estándar del inglés, una de las lenguas oficiales del país junto al shona y al endebele, y ha favorecido el empleo en la mayoría de ámbitos comunicativos de una variedad local nativizada de la lengua inglesa con la que la comunidad se siente identificada. Este hecho lleva a que los mismos zimbabuenses se burlen y censuren a sus compatriotas cuando estos tratan de emplear la variedad inglesa oficialmente prescrita.

Del enorme peso de la cultura y del favor de los propios hablantes sobre la aceptación de una variedad estándar se percató también Garvin (1959), cuando intentó la implantación de una variedad codificada y elaborada de la lengua autóctona de Ponapé (Islas Carolinas), que no cristalizó entre la población autóctona.

> Desafortunadamente, la cultura popular de Ponapé, a pesar de la existencia de colegios nativos, una economía sostenible, y otros elementos urbanos, no pareció tener una urgente necesidad de cumplir las funciones lingüísticas para las que se destina una variedad estándar. Tampoco el pueblo nativo exhibió en modo alguno las actitudes que son características de las comunidades en las que se ha establecido un estándar (Garvin, 1959: 521-522; la traducción es mía).

Así pues, actualmente, se destina un gran esfuerzo al análisis de las iniciativas individuales y colectivas privadas en la adopción o el rechazo a la imposición de las variedades estándares, sin que ello conlleve la desestimación del nivel macrolingüístico y las decisiones de las instituciones gubernamentales, cuyo influjo en el proceso de estandarización es fundamental. Es indiscutible que las autoridades políticas, económicas y culturales ostentan un mayor poder para imponer sus elecciones lingüísticas y emplean muchos medios para hacer valer sus propios intereses en las prácticas lingüísticas.

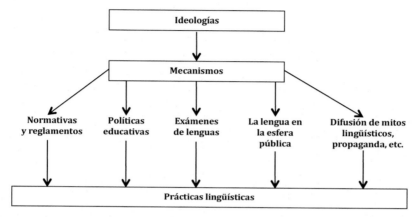

Figura 4.1. Los ámbitos de influencia de los grupos de poder en la difusión de las variedades estándares (adaptado de Shohamy, 2006: 56).

4.4.1. *Organismos de reglamentación lingüística*

Anteriormente, se hizo mención del peso de los mismos hablantes en el devenir de la estandarización, así como de la labor individual de personalidades culturales y profesionales de las lenguas que se han dedicado a la confección de gramáticas o diccionarios y a la propuesta de modelos lingüísticos (Pompeu Fabra en Cataluña, Ivar Aasen en Noruega, Samuel Johnson en Inglaterra, Noah Webster en Estados Unidos, etc.). A continuación, se atenderá específicamente a los diversos organismos que influyen también decisivamente en el proceso de extensión e implantación de las variedades estándares.

En primer lugar, cabe detenerse en las funciones que desempeñan los gobiernos nacionales e instituciones políticas, económicas y administrativas supranacionales, regionales y locales en sus respectivos ámbitos de actuación, entre cuyos cometidos se incluyen: otorgar oficialidad lingüística, conceder el estatus de nacional, provincial, regional o local a determinadas lenguas, decretar cuáles se emplean como vehículo de instrucción en los diferentes niveles educativos, legislar a favor o en contra de la protección del patrimonio lingüístico, etc.

En la Constitución de Colombia, por ejemplo, puede leerse:

> El Estado reconoce y protege la diversidad étnica y cultural de la Nación colombiana [...] Las lenguas y dialectos de los grupos étnicos son también oficiales en sus territorios. La enseñanza que se imparta en comunidades con tradiciones lingüísticas propias será bilingüe (web.presidencia.gov.co).

De forma similar, la Constitución mexicana aboga por la conservación, pervivencia e impulso de la diversidad lingüística, aunque, como se explicó en el capítulo anterior, en muchas ocasiones la reglamentación lingüística va muy por detrás de la puesta en práctica de medidas lingüísticas efectivas, por lo que no trasciende la mera tolerancia hacia las lenguas minoritarias, muchas de ellas no estandarizadas.

> La nación mexicana tiene una composición pluricultural sustentada originariamente en sus pueblos indígenas. La Ley protegerá y promoverá el desarrollo de sus lenguas, culturas, usos, costumbres, recursos y formas específicas de organización social (www.cft.gob.mx).

Sin embargo, tal y como se vio en relación con la situación del gallego, euskera y catalán en el ámbito español, muchos gobiernos han manifestado, sobre todo en épocas pasadas pero también actualmente, una discriminación expresa hacia las lenguas no oficiales de su territorio, a las cuales no solo se les ha negado el camino hacia la estandarización, sino que se las ha excluido en los ámbitos públicos.

Así ocurrió en Singapur, cuyo gobierno emprendió, alrededor de los años ochenta del siglo XX, una campaña para obstaculizar e impedir el uso de las diferentes variedades no estándares del chino (cantonés, hakka, hokkien, hui, jin, etc.) en la esfera pública en favor del mandarín. Con este objetivo, se censuró la emisión radiofónica y televisiva en el resto de variedades, se incentivó la enseñanza del estándar en la educación y se obligó a superar exámenes de competencia en mandarín para el acceso a determinados puestos laborales y la obtención de incentivos salariales.

El caso de Turquía merece también un comentario por la extrema violación de los derechos humanos y lingüísticos que se practica en el país y de la que da buena cuenta su reglamentación lingüística. Poco tiempo después de su constitución como estado, alrededor de 1924, Atatürk ordenó un intenso programa de estandarización del turco, al que proclamó como oficial en solitario. Decretó, asimismo, la prohibición del empleo de la lengua kurda en todos los ámbitos, al igual que vetó la celebración de muchos de los ritos y tradiciones de esta comunidad, con el fin de lograr la asimilación cultural y lingüística de todos los grupos étnicos que quedaban bajo su dominio. Desde entonces, la represión ejercida sobre el pueblo kurdo ha sido constante, sometido a un estricto poder militar.

Si bien en 1991 se abolió la ley que prohibía el uso del kurdo en dominio privado, el empleo de este continuó proscrito en la educación y castigado, incluso, con penas de cárcel. En pleno siglo XXI, ante las presiones de la Unión Europea, de organizaciones no gubernamentales pro derechos humanos y de las demandas exigidas por kurdos presos en huelga de hambre, el único avance por el reconocimiento de los derechos de este pueblo parece haber sido la permisividad, desde el año 2012, de declarar en su lengua materna ante un tribunal.

En otro estado de cosas, otras legislaciones lingüísticas, como la suiza o la belga, son, por el contrario, consideradas un buen modelo de legitimación de la autonomía etnolingüística de los diferentes grupos que comparten las fronteras políticas estatales. Tanto Suiza como Bélgica han reconocido constitucionalmente su condición plurilingüe con una apuesta por el federalismo y la descentralización. Así, la Confederación suiza tiene como principio fundamental el respeto a la identidad cultural y lingüística de sus ciudadanos, al considerar como lenguas nacionales y oficiales tanto el alemán, el francés, el italiano como el romanche en su respectivos territorios lingüísticos y garantizar la enseñanza y cultivo de los mismos.

Por su parte, Bélgica basa también su multilingüismo nacional en el principio de territorialidad. Mientras que la capital, Bruselas, es oficialmente bilingüe, en Flandes el neerlandés es la lengua oficial y en Valonia lo es el francés. La educación en la otra lengua nacional tiene lugar a partir de los 11 años, aunque gran parte de la población opina que, a fin de lograr implementar un verdadero bilingüismo, la enseñanza de ambas lenguas debería potenciarse en mayor medida y desde la etapa infantil.

En otras muchas ocasiones, las administraciones gubernamentales optaron no por el multilingüismo nacional, sino por la implantación del lema *un estado-una lengua*, con la consiguiente promoción activa de un único estándar que debía asegurar la cohesión interna de todos sus hablantes. Esta fue la decisión tomada por muchos estados recién independizados, como Indonesia, que tras el coloniaje holandés, se inclinó por la construcción deliberada de una variedad que se esgrimió como símbolo de unidad e identificación de una nueva realidad nacional, el bahasa indonesio. A pesar de que Indonesia es una región de gran diversidad lingüística y muchas lenguas regionales contaban con muchos hablantes, se optó por la constitución de una variedad muy artificial, cuya codificación y elaboración terminológica se efectuó a partir de la lengua malaya, que había funcionado como lengua franca en el territorio. En consecuencia,

> El número de personas que dicen entender el indonesio ha crecido significativamente en las últimas tres décadas, si bien muchas de estas personas todavía no lo hablan en casa a diario. Al contrario, siguen utilizando una de las lenguas regionales del país como su lengua de comunicación diaria. [...]

El número de hablantes en el año 2000 rondaba los 32.000.000 de personas. Esto significa que, aunque esta lengua está ganando terreno claramente, su adopción como primera lengua por parte de toda la población supone un proyecto a largo plazo (Martí *et al*., 2006: 137).

En el ámbito supranacional, hay que mencionar la gran cantidad de organismos que han aflorado en el último siglo como consecuencia del fenómeno globalizador. En general, puede afirmarse que estas instituciones han desarrollado políticas lingüísticas explícitas a favor de unas pocas lenguas hegemónicas y privilegiadas, cuyas variedades estándares han experimentado también una consciente elaboración terminológica para cumplir nuevas funciones comunicativas en contextos internacionales.

A este respecto, durante el siglo XIX y hasta la Primera Guerra Mundial, el francés era la lengua elegida para las labores diplomáticas y las relaciones interestatales, si bien el inglés emergía ya como una lengua prominente en la esfera internacional, que al final de la Segunda Guerra Mundial había destronado al francés. Sin embargo, el monopolio de ambos fue poco a poco cuestionado, a raíz de las presiones del resto de países miembros de las organizaciones, que reclamaban un comportamiento más democrático y equitativo para sus respectivas lenguas, eso sí, siempre tratándose de lenguas estandarizadas y oficiales en los respectivos estados.

Así pues, se vio la necesidad de contar con agencias lingüísticas y servicios especializados de traducción e interpretación para que la comunicación entre los diferentes países fuese más fluida y la legislación, documentación y publicaciones de las instituciones estuviese disponible en varios idiomas. El desarrollo terminológico ha sido, pues, esencial para la unificación de nomenclaturas que facilitan el intercambio internacional.

En este sentido, la Organización de las Naciones Unidas requirió, por ejemplo, de la sistematización y uniformización de la nomenclatura económica, política y jurídica de las lenguas cuya oficialidad reconocía en el marco legal: los llamados "Big Five" (chino, francés, ruso, inglés y español), a los que otorgó también estatus de lenguas operativas de trabajo en el Consejo de Seguridad y la Asamblea General. Entre esta nómina se incluyó también al árabe, pero casi veinte años más tarde, en 1982. Sin embargo, en otros organismos afiliados, tales como la Corte Internacional de Justicia, solo se reconocieron dos lenguas de trabajo, inglés y francés (De Varennes, 2013: 154).

En este contexto, es preciso resaltar que fuera del ámbito de las Naciones Unidas, los organismos supranacionales se han mostrado, por lo general, menos favorables a la legitimación del plurilingüismo y a la extensión funcional de otras lenguas minoritarias. La Organización Internacional del Trabajo, por ejemplo, reconoce únicamente la oficialidad de francés, inglés y español, mientras que la

Organización para la Cooperación y Desarrollo Económico lo restringe a dos (francés e inglés). El inglés ejerce, además, su incontestable poder en instituciones como el Fondo Monetario Internacional y el Banco Mundial, en los que es considerada oficial con exclusividad.

Por lo que concierne a otras agrupaciones macroestatales territoriales, las decisiones en cuanto a la política lingüística adoptada para las relaciones internacionales suele enfocarse hacia la legitimación de las lenguas estándares dominantes en la región de influencia: español y portugués en el Mercosur, danés, noruego y sueco en el Consejo Nórdico, árabe en la Liga de Estados Árabes, etc. (De Varennes, 2013: 158).

Si, por el contrario, se atiende al papel desempeñado a niveles infraestatales, es preciso mencionar las importantes tareas llevadas a cabo por otras agencias de planificación lingüística, tales como el *Welsh English Board*, dedicado a la promoción del estatus del galés y a la adaptación terminológica de esta lengua para los sectores especializados, y el *Pan South African Language Board* (PANSALB), organismo independiente que se ocupa, sobre todo, de elaborar funcionalmente las variedades estándares de lenguas sudafricanas consideradas recientemente oficiales, pero que estuvieron durante mucho tiempo marginadas (swati, chonga, chuana, endebele, etc.) (Ferguson, 2006: 28). A este respecto, destacan también organismos como la *Office de la langue française* de Quebec, encargada de incentivar la norma culta del francés surgida en territorio canadiense, o el Centro de Terminología del Catalán (TERMCAT), entre cuyas labores se encuentra la creación y adaptación de neologismos para aludir a nuevos conceptos, el desarrollo de lenguajes especializados o la asesoría y la normalización terminológicas.

En otro estado de cosas, entre los organismos encargados de la estandarización lingüística, es imprescindible referirse a la labor de las academias de la lengua en la prescripción de normas explícitas para sus respectivas lenguas en diccionarios, ortografías y gramáticas. Junto a esta actividad normativizadora, son también importantes instrumentos de normalización, atendiendo al prestigio que las comunidades lingüísticas suelen conferirles tanto a ellas como a las variedades estándares que promueven.

El surgimiento de las academias estuvo muy unido a la creación de la nación estado entre los siglos XVI y XVIII y al apoyo de la *intelligentsia* de los respectivos países en su deseo de configurar una lengua nacional que recogiera todas las virtudes del idioma, mantuviera la pureza de la lengua y fuera preservada de la negativa influencia extranjerizante. Así nació la primogénita *Accademia della Crusca* en 1582, consolidación de las muchas reuniones y cenáculos de intelectuales humanistas en la Italia renacentista, en la que se defendieron los valores del romance toscano para convertirse en *lingua illustre* y *regulata* como había propuesto primeramente Dante. Sin embargo, su devoción por las lenguas clásicas en su pretensión de configurar un modelo lingüístico arcaico basado en la lengua de Dante, Petrarca o Boccacio, tal y como refleja su primera obra, *Vocabulario degli Accademici della Crusca*, explica el poco éxito que tuvo su producción desde el principio.

> Hoy en día, la Accademia della Crusca es una entidad científica que desarrolla valiosos trabajos filológicos; sin embargo, su papel en la sociedad italiana y su influencia en la lengua del país son irrelevantes. La tradicional falta de apoyo del Estado italiano y las propias restricciones de la entidad, más interesada desde su creación en el idioma literario del pasado que en las necesidades presentes de los hablantes, han motivado que estos no tengan un especial interés en sus actividades (Díaz Salgado, 2011: 75).

Por consiguiente, el proceso de continua elaboración y estabilización de la codificación de la lengua italiana se encomienda a otros organismos, como el *Consiglio Superiore della Lingua Italiana*, entre cuyos objetivos se hallan el mantenimiento de la corrección lingüística y del seguimiento de las normas del estándar, la adecuación de las expresiones lingüísticas a los diferentes ámbitos de uso, el reconocimiento de la diversidad dialectal del italiano y la promoción de su enseñanza (ver Esposito, 2011: 347-348).

La *Académie Française* tuvo también su germen en las tertulias literarias de la época, pero corrió una suerte muy diferente a la italiana. La institución francesa fue fundada en 1635 bajo la protección y el fuerte apoyo del Cardenal Richelieu, quien contribuyó poderosamente al reconocimiento oficial por parte del rey Luis XIII y al prestigio que adquirió entre la población. Este se acrecentó a lo largo de los siglos, gracias al favor continuo de la institución monárquica y a la inclusión de miembros como Rousseau, Diderot, Voltaire o Montesquieu entre la lista de académicos. Según figura en sus estatutos fundacionales,

> La principal misión de la Academia será la de trabajar con todo el tesón y la diligencia posibles para proporcionar ciertas reglas a nuestra lengua a fin de mantenerla pura, elocuente y capaz para el tratamiento de las artes y de las ciencias (www.academie-française.fr; la traducción es mía).

Asimismo, entre las tareas encomendadas a este organismo, figuraba, además, del cultivo, protección y mecenazgo de la lengua, que se consideraba el mejor símbolo de fidelidad a la patria, la planificación formal del estándar francés, que implicaba la confección de un diccionario, una gramática, una retórica y una poética. Sin embargo, únicamente el *Dictionnaire de l'Académie Française*, cuya primera data de 1694 y la última de 1992, ha centrado prácticamente la actividad de corpus de los académicos, puesto que solo publicó una *Grammaire* en 1932, que tuvo una escasa acogida y ha sido severamente cuestionada. El problema radicaba en que pese a que entre los conocidos como "cuarenta inmortales", se encontraban los más aclamados literatos y pensadores, su formación lingüística era deficiente, lo que explica la pobre producción científica de la institución.

Así las cosas, su reputación se mantuvo incólume y sirvió de inspiración para la fundación de muchas academias europeas posteriores: la Real Academia Española (1713), la *Svenska Akademien* (Academia Sueca, 1786) o la *Magyar Tudományos Akadémia* (La Academia de Ciencias de Hungría, 1825), dado que fue el arquetipo de institución lingüística acorde con el modelo sociopolítico occidental.

En la actualidad, la importancia de la *Académie* reside en la autoridad que le confieren los países de la francofonía como garante del mantenimiento de la pureza del idioma, mediante la defensa explícita de la existencia de un estándar monocéntrico. Al contrario que su homóloga española, mantiene todavía un discurso muy prescriptivista y autoritario, aunque la discontinuidad en el trabajo gramatical y lexicográfico aminora su poder normativizador y explica el influjo que ejercen en el mundo francófono organismos como el *Conseil Supérieur de la Langue Française.*

En lo concerniente a la creación de la Real Academia Española, de la que se tratará pormenorizadamente en el capítulo 6, merece la pena resaltar que siguió fielmente el modelo francés, tanto en su conformación como en sus objetivos y modos de actuación. En efecto, la RAE se constituyó también a partir de las actividades de un círculo de intelectuales, entre los que destacaba Juan Manuel Fernández Pacheco, marqués de Villena, reputado noble que ejerció gran influencia en la concesión del rey Felipe V del carácter oficial a la institución en 1713, una protección real que se extendería también a lo largo de toda su historia.

Al igual que el organismo francés, la Real Academia Española nació también con el propósito de *limpiar, fijar y dar esplendor* a la lengua, tal y como evidencia su lema fundacional, lo cual se tradujo en la firme tarea de velar por el casticismo del idioma, prevenirlo de la supuesta degeneración que ocasionan los "vicios" lingüísticos del vulgo y ensalzar las glorias de sus más ilustres cultivadores, todo lo cual contribuía a afianzar el sentimiento nacional.

Asimismo, con el fin de proporcionar un modelo de *ars bene recte loquendi et scribendi,* al igual que a la corporación francesa, se le confió la elaboración de los códigos normativos que condensaran las reglas de la variedad estándar. Su actividad gramatical como lexicográfica no ha estado, sin embargo, exenta de crítica, motivada, en muchas ocasiones, por la no explicitud de los criterios adoptados para el estatus otorgado a las variantes idiomáticas, por la falta de revisión minuciosa de las definiciones proporcionadas, por la ausencia o demora de versiones abiertas de consulta de sus obras, así como por la omisión de muchas de sus fuentes de información:

> Faltando al principio más básico de la ética y el rigor científicos, la RAE nunca publica una bibliografía de las obras teóricas en las que se basa su trabajo y raramente cita influencias ajenas en sus obras normativas. La única nómina

de autores y obras que ofrece hoy en el DPD y en la NGLE es la que corresponde a las citas realizadas en el cuerpo del diccionario para ilustrar la norma con ejemplos de uso real, en su mayoría extraídas de los corpus académicos. (Senz, Alberte y Minguell, 2011: 385-386).

No obstante, es cierto que la Real Academia Española ha llevado a cabo un trabajo mucho más intenso de normativización que el de las academias italiana y francesa. Si bien ha habido períodos en los que la labor académica ha sido tildada de deficiente, un problema achacado también a la falta de lingüistas entre sus miembros, en la actualidad, es indudable que la institución ha sabido rodearse de los mejores especialistas en el estudio de la lengua, de lo cual es una buena muestra la intensificación de su labor en las últimas décadas en la actualización de sus diccionarios, ortografías y gramáticas, según se verá más adelante.

> La Real Academia Española [...] ha realizado en los últimos años esfuerzos por modernizar su funcionamiento interno [...] Así lo demuestra el recientemente creado Centro de Estudios de la Real Academia Española, donde desarrolla sus trabajos el Instituto de Lexicografía, el servicio de consultas Español al día, la Fundación Rafael Lapesa para *el Nuevo diccionario histórico de la lengua española*, el banco de datos léxicos del español, los departamentos de Informática y Lingüística Computacional o la Escuela de Lexicografía Hispánica (Díaz Salgado, 2011: 130).

A este respecto, es preciso poner de manifiesto que también la Real Academia Española sirvió de referencia para la creación de las academias hispanoamericanas de la lengua española, surgidas a lo largo del siglo XIX tras alcanzar la independencia del coloniaje español, si bien a la relación entre estas instituciones y su papel en la normalización del español se prestará atención más adelante. Asimismo, el siglo XX fue también testigo de la proliferación de diferentes organismos académicos. Este fue, por ejemplo, el caso de la creación de la *Académie cannadienne-française* (1944), actualmente conocida como *Académie des letres du Québec*, cuyo propósito fue, desde el comienzo, la reivindicación de la personalidad propia de su variedad francesa como seña de identidad cultural.

En este sentido, también los estados emergentes de Asia y África necesitaron atender a cuestiones relativas a la estandarización de sus respectivas variedades lingüísticas, según se hizo evidente con la creación de diferentes agencias de planificación lingüística muy inspiradas en el modelo académico europeo. Así ocurrió con la fundación del *Dewan Bahasa dan Pustaka* (Instituto de Lengua y Literatura, 1956), dedicado al cultivo del bahasa indonesio, o del Comité de Lengua Internacional de África del este (1930), encargado de la normativización y normalización del swahili, el cual pasaría a denominarse Instituto de investigación del swahili tras la independencia de Tanzania (Ferguson, 2006: 27).

Y, finalmente, en este tratamiento otorgado a los organismos dedicados a la reglamentación lingüística, resulta obligado referirse a los medios de comunicación, que se han convertido en herramientas imprescindibles para extender las innovaciones y cambios lingüísticos propuestos, así como para difundir las variedades estándares. En efecto, la prensa, la radio, la televisión e Internet pueden actuar como potentes instrumentos de transmisión de la ideología de la estandarización en sociedades occidentales. Ejercen, pues, mucha autoridad en materia lingüística, dado que la población adopta fácilmente como modelo los usos lingüísticos que se propagan en las nuevas tecnologías de la información.

Muchos medios publican, además, guías de estilo y manuales de uso específicos sobre los patrones de corrección y adecuación comunicativa que recomienda seguir la corporación. En Estados Unidos, por ejemplo, la industria mediática suele atender a las indicaciones de *The Associated Press Stylebook* en lo referente a puntuación, gramática, ortografía, marcas de edición o citación de fuentes. En Reino Unido, destacan, por ejemplo, *The Times Style and Usage Guide*, del periódico británico *The Times*, o *The BBC News Style Guide*, de la *British Broadcasting Corporation*, en la que se proporcionan sugerencias sobre el empleo apropiado del estilo indirecto, de las abreviaturas, de la voz activa o pasiva, de los nombres colectivos, etc. Se incluyen también estrategias para evitar los clichés lingüísticos y para prescindir de determinadas estructuras retóricas, a fin de entablar una relación agradable con la audiencia, tal y como trasluce el siguiente pasaje:

- No describas las noticias como buenas, malas, escandalosas, terribles. Cuenta la historia y deja que sea el receptor quien decida.
- No ahuyentes a la audiencia. Un presentador comenzó una vez su programa con la afirmación de que mucha gente pensaba que la reforma parlamentaria era aburrida, pero él iba a continuar hablando sobre ella.
- Intenta escoger un verbo fuerte y activo en la primera oración. Quieres impactar a los oyentes y que continúen escuchándote.
- No empieces a presentar una noticia con una pregunta. La audiencia desea ser informada no tomar parte en un concurso.
- No comiences una historia con *Como era esperable*. Si aquello que ibas a narrar era predecible y no tienes nada nuevo que decir, ¿por qué debería el oyente o el espectador prestar atención?
- Sé positivo. Haz aserciones donde sea posible e intenta evitar el uso de partículas negativos. Resulta más directo decir *El plan falló* que *El plan no resultó exitoso* (*BBC News Style Guide*, 2012: 14-15, www. bbc.co.uk).

En el ámbito español, merece la pena mencionar el *Manual de Estilo de El País*, donde se explícita, entre otras cosas, el interés del periódico por proporcionar una información completa, contrastada y veraz, por establecer las normas tipográficas y de redacción para los distintos géneros periodísticos. etc., así como *El manual de la Corporación RTVE*, creado con el objetivo de garantizar la independencia, la calidad y el rigor informativo en el tratamiento a los diferentes asuntos políticos, económicos o sociales.

Asimismo, existen también organismos orientados específicamente al cultivo de los buenos usos lingüísticos en los medios de comunicación, como La *Fundación del Español Urgente* (FUNDEU), creada en el 2005 a raíz de un acuerdo entre la Agencia Efe y el BBVA, que, asesorada por la Real Academia Española, organiza encuentros y seminarios sobre temas lingüísticos, proporcionan respuesta a las dudas lingüísticas, a la vez que analiza el uso del lenguaje en las diferentes plataformas mediáticas, incluidos los blogs, las wikis, las redes sociales, etc.

El análisis de la metalingüística de los textos de los medios, orales y escritos, revela cómo las instituciones políticas, culturales y lingüísticas se sirven de ellos para naturalizar y legitimar los valores, ideologías y creencias sobre las lenguas que les interesa hacer llegar al público. Es innegable que en estos espacios discursivos los diferentes actores sociales (editores, periodistas, presentadores, etc.) adquieren autoridad para discutir sobre temas de adecuación y corrección lingüísticas, aunque paradójicamente también ellos mismos suelen ser el blanco de muchas críticas. Inversamente, la manera en la que determinadas noticias, sucesos, eventos, opiniones, etc. son presentados a los consumidores es también un indicio de la posición que adopta dicho medio de comunicación ante determinados acontecimientos del universo del lenguaje y las lenguas.

En este contexto, Paffey (2012) hace hincapié en cómo la prensa española se hace eco de los discursos de la RAE y ASALE tanto en su exaltación del español como lengua que hermana a todos los países de habla hispana, como en las ventajas que la unidad y colaboración transnacional de la existencia de una mancomunidad llevan aparejadas, un tema que se abordará con detenimiento en el último capítulo.

> La lengua española, por tanto, consolida su dimensión de patrimonio común de nuestras naciones [...] entre todos los que poseemos el español en condominio deben ser las herramientas básicas de nuestra labor común ... una herencia histórica y cultural hondamente enraizada en nuestros pueblos [...] Nuestro idioma es el medio en el que se desarrollan los contactos y las relaciones en el seno de esta vasta comunidad de personas... las posibilidades de proyección exterior de nuestra lengua... nuestro futuro como comunidad de hispanohablantes (*ABC*, 17 de octubre de 2001).

> La defensa de la unidad de la lengua española y la obligación de conservar, al mismo tiempo, su infinita variedad. Su arrolladora fuerza actual y su riqueza, pero también la necesidad de prestarle atención en un mundo cada vez más globalizado, capaz de arrasar la diversidad y la pluralidad de las culturas. Ésas

fueron las líneas maestras de todas las intervenciones con las que se inauguró ayer el III Congreso Internacional de la Lengua Española en Rosario (*El País*, 18 de noviembre de 2004).

Por lo tanto, es lógico pensar que la presencia de determinadas lenguas en los medios contribuye decisivamente al aumento de las actitudes lingüísticas positivas de los hablantes y a la preponderancia de estas lenguas hegemónicas y oficiales (inglés, español, francés, árabe, chino, etc.) en el panorama global.

Además, es preciso constatar que en los medios de comunicación se propaga, generalmente, un discurso claramente favorable al empleo y extensión de las variedades culturalmente dominantes, las estándares. Así se demuestra, por ejemplo, en el análisis crítico de textos radiofónicos, concretamente de la sección de noticias de algunas emisoras alemanas, un ámbito en el que queda patente la infravaloración y el estigma de que son objeto los etnolectos, esto es, las variedades lingüísticas propias de un grupo étnico, normalmente emigrantes que han adquirido como segunda lengua la oficial del país de acogida. En este sentido, se construye un discurso que otorga una imagen social homogénea, excluyente y estereotípica a los miembros de estas comunidades, a quienes se tipifica como hablantes no estándares que se desvían del "buen alemán".

Etiquetas del tipo *Türkenslang* o *Migrantenslang* dan buena cuenta de la minusvaloración de que es objeto por los locutores radiofónicos una banda musical turco-alemana *Grup Tekkan*. Además de la ridiculización y burla de su pronunciación *isch* del segmento <ich>, extienden sus juicios negativos a la calidad musical y a su procedencia sociocultural (Androtsopoulos, 2010):

> Esta canción es mala –increíblemente mala, de hecho. [...] ¿Dónde está mi *Sonnenlicht* se pregunta el trío? Sin embargo, *Sonnenlischt* parece más cercano a la verdad fonética. Esto es lo que sucede cuando los turco-alemanes y el slang del Palatinado entran en contacto (*Netzeitung.de*, 23 de marzo de 2006; la traducción es mía).

Volviendo a la cuestión de la presencia de las lenguas en los medios de comunicación, importa reseñar que muchas lenguas minoritarias solo tienen presencia habitual en la radio, prensa o televisión regional (el letón, el islandés, el gallego, el hani de China, el dogón de Malí, etc.) y la mayoría de lenguas del mundo se utiliza de forma esporádica o en ámbitos locales muy restringidos (el aymara en Perú, Chile y Bolivia, el gikuyu en Kenia, el kom en Camerún, el mon de Myanmar, el ainu en Japón, el romaní en Rumanía, el frisón en Alemania, etc.). Finalmente, también hay lenguas que, ante la promoción de un monolingüismo en la lengua nacional, han sido privadas de todo empleo en los medios, como es el caso del quiqiong, del manchú y del zauzou de China, del tayo de Nueva Caledonia, del yeyi de Botsuana, del yaaku de Kenia, etc. (ver Martí *et al.*, 2006: 239-240).

4.4.2. La glosodidáctica

La educación es otra de las piezas clave del proceso de estandarización lingüística. Según se apuntó en el capítulo anterior, a propósito de las políticas de adquisición de lenguas, la presencia de estas como medios de instrucción favorece su prestigio e implantación en la comunidad lingüística. Asimismo, también es claro que son las lenguas oficiales y nacionales mayoritarias las que resultan privilegiadas, puesto que son valoradas como lenguas de cultura que se enseñan, muchas veces aún con exclusividad, desde los primeros niveles.

> La planificación de la educación lingüística se considera una herramienta poderosa, puesto que puede crear e imponer comportamientos lingüísticos en un sistema en el cual los niños participan de forma obligatoria. Puede, además, determinar los criterios de corrección lingüística, obligar a las personas a adoptar determinados modos de hablar y escribir [...] y, especialmente, establecer la prioridad de ciertas lenguas en la sociedad, así como la manera en la que deben usarse, enseñarse y aprenderse (Shohamy, 2006: 77; la traducción es mía).

Pero la hegemonía otorgada a unas pocas lenguas en el ámbito educativo puede poner en serio riesgo bien la revitalización, bien el mantenimiento de otras muchas minoritarias o minorizadas de un territorio, relegadas a un segundo plano por el temor a su expansión y pérdida del monopolio, por su condición de lengua de migrantes, etc. A este respecto, tal vez el intento más conocido de exclusión lingüística y social sea la iniciativa votada en diversos estados federales estadounidenses como California a favor de la implantación de una educación monolingüe en lengua inglesa, una medida que trasluce las actitudes xenófobas ante el gran aluvión de inmigración que recibió Estados Unidos alrededor de los años ochenta del siglo XX.

De este sentimiento antiinmigrante y hostil fueron objeto las diferentes minorías lingüísticas pero, sobre todo, la población latina hispanohablante, que fue acusada de resistirse al aprendizaje del inglés, cuando la realidad demostró todo lo contrario. En efecto, estas comunidades lingüísticas minoritarias eran perfectamente conscientes de que el progreso económico para alcanzar el sueño americano iba ligado a un buen conocimiento del inglés y, por ello, la demanda por la enseñanza de este como segunda lengua era muy alta (ver Ferguson, 2006: 54 y ss.). Ello no debía haberse traducido, sin embargo, en la oposición a una educación bilingüe que hubiera permitido a la población inmigrante recibir también enseñanza en su lengua materna, de la misma manera que se había promovido en decretos anteriores, tales como la Ley por la Educación Bilingüe de 1968 (*Bilingual Education Act*).

No obstante, la adopción de políticas lingüísticas como la Propuesta 227 en California (1998), alentada por el multimillonario Ron Unz, supuso la prohibición de la educación bilingüe (*English-Only*) y la adopción de una política lingüística asimilacionista, que se justificó por una competencia deficitaria en lengua inglesa entre los inmigrantes. De esta manera, se obligó a que los niños fueran instruidos solo en esta lengua desde el principio porque, a su juicio, el bilingüismo podría retrasar la adquisición del inglés.

Con el paso del tiempo, muchos activistas han denunciado la inconstitucionalidad de tales medidas y han apostado por el *English Plus*, pero en el 2002 el Congreso continuó con el rechazo a la Ley de Educación Bilingüe. Así las cosas, a pesar de que las diferentes comunidades etnolingüísticas, sobre todo la latina, están adquiriendo gran importancia en el seno de la sociedad americana y en varios estados se ofrecen distintos tipos de programas de enseñanza bilingüe, el monolingüismo en la educación parece un problema endémico en los Estados Unidos.

Por consiguiente, en las últimas décadas se insiste en las ventajas sociales y cognitivas que comportan el bilingüismo y el multilingüismo, los modelos de enseñanza más acordes con la diversidad y riqueza etnolingüística cada vez más presente en las aulas, donde debe buscarse la integración, la convivencia y no la segregación o asimilación lingüística y cultural.

Otro aspecto que merece especial atención en este ámbito atiende, justamente, a la importancia de la educación como motor de la extensión de las variedades estándares de las lenguas, dado que son, en la mayor parte de ocasiones, las únicas que se enseñan formal y explícitamente. En este sentido, cabe poner de relieve que muchos individuos solo tendrán contacto con ellas en el terreno educativo y tener acceso a los estándares les puede garantizar la movilidad social, puesto que su manejo reporta beneficios sociopolíticos y económicos.

Desatender la importancia que la sociedad misma otorga a los estándares sería también caer en un flagrante error, que puede conducir a la misma desigualdad y vulnerabilidad que se pretende erradicar. Así pues, no debería rechazarse de ningún modo su enseñanza, pero debería tenerse en cuenta qué estándar o modelo lingüístico enseñar en función de los intereses y necesidades de los alumnos, así como del contexto en el que tiene lugar el aprendizaje.

Asimismo, instruir a los estudiantes en las reglas del estándar no debería implicar una enseñanza monolítica y monovarietal. Los docentes deben concienciar a los estudiantes de que la variación es intrínseca a las lenguas, sobre todo en su uso oral, y mostrar tanto en el aula como en el material pedagógico la diversidad inherente a todo sistema lingüístico. La recomendación del empleo del estándar en ámbitos cultos y formales no puede suponer la infravaloración de las otras variedades, igualmente legítimas y empleadas con muy diferentes propósitos en diversos contextos de uso. Por ello, es injustificable el rechazo que algunos docentes y, en consecuencia, los propios alumnos manifiestan ante la natural variación lingüística. Muchas veces se observan prácticas discriminatorias y un trato hostil con aquellos cuya variedad nativa diverge en mayor medida del dialecto base del estándar que se intenta implantar.

En este sentido, es muy común la referencia a las variedades autóctonas del inglés surgidas en el *outer circle* (India, Filipinas, Nigeria, Singapur, etc.), territorios que fueron durante mucho tiempo colonias de las regiones nativas del *inner circle* (sobre todo, Gran Bretaña y Estados Unidos) (ver Kachru, 1982) como dialectos rotos o variedades desviadas, dado que no responden a los dos modelos estándares tradicionales de referencia: el inglés británico estándar o el inglés americano estándar.

En este contexto, lingüistas como Kachru (1982) abogan por que las variedades sociolingüísticas emergidas en estos nuevos espacios comunicativos, que gozan de prestigio, institucionalización y arraigo entre sus hablantes y son empleadas con otros usuarios no nativos, sean consideradas modelos legítimos de enseñanza que cuestionen el monopolio de la estandarización ejercido por Gran Bretaña y Estados Unidos.

Sin embargo, pese a que el inglés ha sido adoptado en muchos países post-coloniales como expresión de una identidad propia que se refleja también en el plano estructural de la lengua, lingüistas como Quirk (1988) no consideran que estas variedades del *World Englishes* sean estándares cuyas normas lingüísticas deban ser objetivo de enseñanza. Al contrario que Kachru (1982), opina que estas variedades "indigenizadas" son empleadas, generalmente, para la interacción con hablantes nativos de lengua inglesa, las cuales no poseen la suficiente estabilidad para su reconocimiento como modelos lingüísticos autónomos y, de ahí, que carezcan de codificación.

A nuestro entender, la cuestión radica en el grado de ejemplaridad que le confieren los propios hablantes, un factor decisivo para la viabilidad de estas variedades como auténticos parámetros lingüísticos de referencia que se empleen en los ámbitos de la distancia comunicativa. En Singapur, por ejemplo, desde los años setenta del siglo XX, el inglés se emplea en la administración, la ciencia, la tecnología y es el medio de instrucción en todas las escuelas, de forma que los niños han ido adquiriéndolo como lengua nativa.

Desde siempre, la política gubernamental singapureña se ha dirigido a la promoción de las normas canónicas del estándar de Gran Bretaña, pero este estándar ha ido adoptando rasgos lingüísticos propios y ha dado lugar a un *Educated Singapore English*. Al igual que ha sucedido en el caso irlandés, australiano y neozelandés, esta variedad de lengua culta puede adquirir tal grado de legitimidad como para convertirse en el vehículo de instrucción primario en Singapur.

Sin embargo, en opinión de gran parte de lingüistas, no ocurre lo mismo con el *Singlish*, una variedad coloquial híbrida entre el inglés hablado en Singapur y elementos de lenguas indígenas como el malayo, tamil o chino, que funciona como un claro símbolo de una identidad lingüística propia y que tiene presencia en medios de comunicación informales y en programas de entretenimiento (Ferguson, 2006: 227). A pesar de su amplia popularidad entre la población de Singapur, los mismos hablantes no le han otorgado al *Singlish* un estatus elevado como para ser el objetivo de una enseñanza explícita y formal.

Así pues, a nuestro entender, todo profesor de lengua debe enseñar a sus alumnos la variedad estándar, prestigiosa y modélica del lugar de instrucción y conocer también el resto de normas cultas surgidas en otros territorios. Debe, asimismo, procurar que los alumnos no se distancien de la lengua viva a la que tienen acceso cuando salen de la artificialidad creada por el aula y el libro de texto.

A este respecto, no puede menospreciarse el hecho de que muchos docentes han puesto de relieve que las programaciones didácticas, los libros de texto y los currículos escolares deben adaptarse a la nueva dinámica global, que exige estar abiertos a la multidimensionalidad del fenómeno lingüístico y a desterrar posiciones absolutistas en torno a los patrones de corrección lingüística. Sin embargo, aunque se pone de relieve la necesidad de aceptar y legitimar las diferentes normas cultas surgidas, la teoría está en muchas ocasiones todavía lejos de la práctica.

De hecho, las instituciones oficiales dedicadas a la enseñanza de lenguas extranjeras, como el *Goethe Institut*, el *British Council* o el *Instituto Cervantes*, se resisten en muchos casos a abandonar la supremacía de un único modelo lingüístico o estándar, que puede no ser coincidente en los distintos contextos de instrucción.

Así, por ejemplo, en el ámbito hispánico, el Instituto Cervantes otorga gran importancia al patrimonio cultural hispanoamericano y aplaude la diversidad lingüística, pero la categoría de estándar continúa siendo propiedad exclusiva del español de España. Tal y como se cita explícitamente en su *Plan Curricular* (2007: 59, http://www.cervantes.es), documento en el que se detallan y deslindan los objetivos, contenidos, funciones y metodología para la enseñanza de la lengua española en los distintos niveles de referencia del *Marco Común* (*MCER*), "el material lingüístico corresponde preferentemente a la norma culta de la variedad centronorte peninsular española".

Por lo tanto, aunque se reconoce explícitamente el carácter multinormativo de la lengua española y se presentan rasgos lingüísticos propios de las variedades del español atlántico, el modelo lingüístico seleccionado para la práctica docente es, en la mayor parte de las ocasiones, el centro-septentrional castellano, "principalmente por razones operativas: por ser la modalidad de muchos autores y profesionales del propio Instituto o por contar con la colaboración de instituciones y entidades privadas de España" (Moreno Fernández, 2010: 104).

Es indudable que la riqueza geolectal del español está también presente en el *Aula Virtual de Español* (*AVE*) y es tenida muy en cuenta en los exámenes de certificación oficial de los *Diplomas de Español como Lengua Extranjera* (*DELE*), que han aumentado las muestras reales y contextualizadas de lengua oral y escrita de diferentes variedades estándares nacionales. Sin embargo, el modelo eurocéntrico continúa siendo la variedad de referencia, dado que el tratamiento al resto de normas cultas del español parece que no va más allá de la tolerancia y la aceptación.

Asimismo, en los manuales y otros materiales de español como lengua extranjera se continúa privilegiando a la variedad peninsular y muchos usos propios de otras zonas hispanohablantes son privados de la ejemplaridad que poseen. Así sucede con el seseo, el voseo o el žeismo, considerados meras variantes dialectales con menor valor social, una práctica común en la política lingüística mantenida con las variedades no dominantes de lenguas pluricéntricas, según se explicará en el capítulo 6.

A este respecto, el profesor Zimmermann (2010: 46) propone dejar de concebir "el estudio del español de América y la historia de esta lengua en América como un apéndice en la historia de esta lengua en España", lo que exige que los propios docentes tomen conciencia de la existencia de diversos modelos lingüísticos o normas cultas de la lengua española. De todas ellas, el profesor debería escoger la más apropiada a los distintos contextos de enseñanza y a las diferentes necesidades de los estudiantes, sin renunciar en niveles más avanzados a la presentación paulatina de los rasgos propios de las otras modalidades cultas, al igual que de otros registros y niveles populares de lengua, a fin de que adquieran una competencia comunicativa que les permita ser eficaz en los diversos contextos discursivos.

Reflexiones y actividades propuestas

1. Comenta la siguiente opinión de uno de los personajes de la novela de Muriel Barbery, *La elegancia del erizo:*

> La profesora estaba tratando el epíteto, con el pretexto de que en nuestras redacciones brillaba por su ausencia. [...] «Alumnos tan incompetentes en gramática como vosotros, desde luego, es como *pa'* pegarse un tiro» ha añadido luego, [...] que una profesora de letras diga *pa'* en lugar de «para», a mí me choca, qué queréis que os diga. Es como si un barrendero se dejara sin recoger del suelo las bolas de pelusa de polen.

2. Busca en tu entorno ejemplos de incorrecciones lingüísticas. Clasifícalas según el nivel lingüístico que les corresponda (ortográfico, fonológico, morfológico, sintáctico, léxico) y consulta la solución correcta propuesta por las autoridades lingüísticas. A continuación, ordena dichos fenómenos según el grado de estigmatización (de mayor a menor) que crees que tienen en tu comunidad lingüística.

3. ¿Qué agencias de planificación lingüística conoces, además de las mencionadas en este capítulo? Puede tratarse de organismos gubernamentales autonómicos, municipales o locales ¿Cuáles son sus respectivas funciones?

4. ¿De dónde procede el nombre de *Crusca* incluido en la denominación de la primera institución académica? ¿Qué emblemas adoptaron la *Accademia della Crusca*, la *Académie Française* y la Real Academia Española, respectivamente? ¿Qué significado tenían? Puedes consultar Díaz Salgado (2011) y Esposito (2011).

5. Según se ha tratado en este capítulo, existen muchos libros y manuales de estilo para los medios de comunicación, algunos de los cuales puedes encontrar en Internet. Consulta un par de ellos y selecciona ejemplos de reglas ortográficas, gramaticales, etc. que se prescriben, así como de normas retórico-discursivas que se facilitan (organización de la información, estructuración de los diferentes tipos textuales, etc.).

5
En busca del "estándar"

Según se avanzó en el capítulo anterior, el estándar es una de esas realidades sociolingüísticas difusas que se resiste a una caracterización comúnmente aceptada por los especialistas. Justamente son los factores de naturaleza extralingüística e ideológica, que condicionan el proceso estandarizador los que dificultan sobremanera la sistematización y conceptualización de estas variedades idealizadas, a las que se hace mención de forma recurrente en la bibliografía lingüística, pero sin especificar, generalmente, sus rasgos distintivos.

Por ello, a continuación, se ahondará en el polémico concepto de *estándar*, en sus propiedades y rasgos característicos; se revisarán las diferentes definiciones propuestas, en las que se evidencia la íntima relación entre esta noción y la de *norma*, así como la imprecisión de los límites existentes entre la corrección y la incorrección lingüísticas.

A este respecto, conviene apuntar a la necesidad de prestar atención a la vinculación entre procesos lingüísticos con objetivos aparentemente tan distantes como la estandarización y la vernacularización. En este sentido, hay que acentuar la importancia que en el seno de lenguas hipercentrales tiene el surgimiento de variedades igualmente ejemplares en entornos de pluralismo cultural y resistencia al patrón colonial.

Así pues, se requiere analizar cómo el advenimiento de la *glocalización* ha traído consigo una reorganización de la tradicional normatividad lingüística, por la cual determinados estándares lingüísticos están perdiendo relevancia (*desestandarización*) a favor de emergentes centros de irradiación normativa (*restandarización*). La cultura glocal tiende a la hibridación y este hecho tiene, como se verá, un fiel reflejo en el fenómeno del *pluricentrismo lingüístico* (Clyne ed., 1992), que supone la legitimación de formas de expresión autóctonas y el respeto por las diferentes, compatibles y cambiantes identidades lingüísticas.

5.1. Modelos de configuración de una variedad estándar

Si bien anteriormente se aludió al cambio que en el panorama social, económico y lingüístico ha traído consigo la irrupción de la globalización, a nuestro juicio, parece más apropiado definir la dinámica actual en términos de *glocalización* (Robertson, 1992), dado que los diferentes grupos culturales se apropian y reinterpretan conocimientos, prácticas, ideas globales en un nuevo escenario local y contextualizado. De hecho, el intenso contacto entre los pueblos no solo lleva al intercambio entre códigos lingüísticos, sino también entre sistemas de conocimiento y cosmovisiones distintas, que se enriquecen y moldean mutuamente en su convivencia con la otredad.

En este estado de cosas, es preciso considerar el influjo que la nueva situación mundial ejerce sobre la manera de concebir el proceso de estandarización.

5.1.1. *Selección unitaria o composicional*

La cuestión acerca de la importancia que en la conformación de las variedades estándares se le ha concedido a los diferentes dialectos de una comunidad, así como el grado de vernacularización que admite el estándar, tienen mucho que ver con el modelo escogido para su configuración, que, en el caso francés, italiano o español, fue, como era común en la Edad Media, el unitarista. De este modo, se privilegió de lleno a una única variedad capitalina o amparada por una importante tradición literaria, mientras que el resto de variantes dialectales no tuvieron apenas cabida en el proceso de codificación. Sin embargo, para las lenguas germánicas, el modelo compositivo sintético, que acoge las soluciones lingüísticas de diversas variedades, fue el que primó y, en caso de conflicto entre variantes, se daba unas veces prioridad a una variedad y en otras a otra.

Este modelo de complementariedad es también el que ha seguido la mayoría de estándares cuya normativización se emprendió relativamente tarde, como sucede con el catalán, el gallego o el vasco, los cuales han tratado de incorporar formas lingüísticas de todo el territorio. A este respecto, cabe tener en cuenta que el patrón de selección composicional puede llevar al establecimiento tanto de un único modelo lingüístico ejemplar (*estándar monocéntrico*) o bien varios (*estándar pluricéntrico*) pero, necesariamente, un patrón unitarista conduce al establecimiento de un solo estándar.

En este sentido, hay que tener en cuenta que las diversas circunstancias sociopolíticas, económicas y culturales motivan que las tendencias en la política y planificación lingüísticas puedan variar a lo largo del tiempo, de forma que se produzca también un cambio de orientación en el modelo de estandarización. Así, la normativización del español panhispánico, promovido por la Real Academia Española y la Asociación de Academias, responde en la actualidad a este esquema composicional y polimórfico, que da entrada a las múltiples variantes de la lengua española, aunque este hecho no equivale a calificarlo de pluricéntrico. En efecto, el estándar resultante es unitarista, "puesto que todas las academias elaboran conjuntamente un único estándar" (Senz, Minguell y Alberte, 2011: 446), eso sí, panhispánico y neutro.

Por ello, tal y como se profundizará en el siguiente capítulo, disentimos de quienes definen la situación actual del español en términos de autonomía, cuyos estándares americanos y europeo mantienen una relación similar a la que se establece entre el inglés estándar británico y americano. Las actitudes en pro del pluricentrismo del español y el reconocimiento de su multipolaridad no implican que este sea el modelo de codificación propuesto por las principales autoridades idiomáticas (Amorós Negre, 2012).

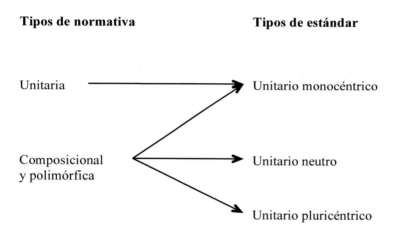

Figura 5.1. Modelos de estandarización lingüística.

Si, por el contrario, se presta atención a otra lengua del estado español, el catalán, se observa que existió y existe un manifiesto deseo por parte de algunos valencianos de establecer conscientemente una distancia en su normativización respecto de su vecina variedad catalana y, en concreto, de Barcelona, tomada como base para la conformación del estándar. El *Institut d'Estudis Catalans* era tradicionalmente el organismo encargado de las tareas de planificación lingüística Sus propuestas de normativización fueron evolucionando desde un monocentrismo imperante hacia una estandarización composicional, con la incorporación de variantes valencianas y baleares, que reflejan el polimorfismo de la lengua catalana.

Con el paso del tiempo, se han creado organismos autónomos como la *Acadèmia Valenciana de la Llengua* (AVL), heredera del *Institut Interuniversitari de Filologia Valenciana*, con el fin de que se promueva una codificación pluricéntrica y más igualitaria de la lengua catalana. Este hecho no debería interpretarse como un intento secesionista, como tampoco debería ideologizarse la cuestión lingüística, de forma que se adopte una actitud particularista que defienda el carácter independiente de una lengua valenciana, distinta de la catalana. Este comportamiento ha sido, sin embargo, característico de los últimos gobiernos conservadores de la región valenciana, aunque se afirme lo contrario en los mismos estatutos de creación de la *AVL*:

> La lengua propia e histórica de los valencianos es también la que comparten las comunidades autónomas de Cataluña, Islas Baleares y el Principado de Andorra, así como otros territorios de la antigua Corona de Aragón (el departamento francés de los Pirineos Orientales, la ciudad sarda del Alguer y la franja oriental de Aragón) y la comarca murciana del Carxe. Las diferentes hablas de todos estos territorios constituyen una misma lengua o sistema lingüístico.
>
> Dentro de este conjunto de hablas, el valenciano tiene la misma jerarquía y dignidad que cualquier otra modalidad territorial de la lengua compartida, y presenta unas características propias que la AVL preservará y potenciará de acuerdo con la tradición lexicográfica y literaria propia, la realidad lingüística valenciana y la normativización consolidada a partir de las Normas de Castellón (citado en Senz, Minguell y Alberte, 2011: 457).

Asimismo, la existencia de diferentes variedades lingüísticas de la lengua catalana es utilizada en ocasiones por profanos, grupos de presión y también por algunos lingüistas para fomentar el anticatalanismo entre los valencianos. La polémica va mucho más allá de la polinomia de la lengua, ya que han sido intereses políticos los que han llevado a ciertos partidos y medios de comunicación, muchos de cuyos representantes no son hablantes de esta lengua, a enarbolar la bandera en pro de un minoritario nacionalismo rupturista valenciano contra el enemigo catalán.

En lugar de abogar por el pluricentrismo y el polimorfismo del catalán y reconocer la existencia de diversos estándares regionales dentro de una voluntad de afinidad lingüística, la falta de entendimiento entre la *Generalitat Valenciana* y la *Generalitat Catalana*, muy influidas por los poderes fácticos, se refleja incluso en la imposibilidad de acceder a los medios de comunicación propios de las respectivas autonomías. A menudo se pierde de vista que la cohesión y convergencia entre los hablantes es fundamental para el empuje de las lenguas y la extensión de estas en los diferentes ámbitos de uso y entre los distintos grupos de edad y nivel sociocultural.

5.1.2. El continuo monocentrismo-pluricentrismo lingüístico

Fue Kloss (1968) quien adoptó el concepto de policentrismo propuesto por Stewart (1968) y estableció una primera distinción entre los diversos modelos de estandarización lingüística, atendiendo a la existencia de una (*monocentrismo*) o varias normas lingüísticas de referencia de una misma lengua (*pluricentrismo*), tendencia esta última que recibe gran atención entre los especialistas.

El pluricentrismo lingüístico supone, indudablemente, un reconocimiento a la diversidad dentro de la homogeneidad que implica todo proceso de estandarización, hacia el cual se orienta la planificación actual de muchas lenguas. Así ocurre con algunas de las lenguas que reciben, precisamente, el calificativo de *pluricéntricas* (inglés, portugués, alemán, neerlandés, español, etc.), puesto que muestran claras tendencias lingüísticas centrífugas, aunque sus respectivos modelos lingüísticos posean, según se verá, diferente grado de ejemplaridad y prestigio social.

En este sentido, según suele ocurrir con muchas variables de naturaleza sociolingüística, resulta poco operativo tratar de deslindar de forma nítida las lenguas monocéntricas de las pluricéntricas, ya que, salvo casos puntuales, la historia de los distintos idiomas muestra fluctuaciones hacia una u otra tendencia, en función de la dirección a la que gobiernos e instituciones lingüísticas, movidos por cuestiones sociopolíticas y económicas, decidan orientar su política.

En el fondo del debate en torno a la teoría del pluricentrismo lingüístico se halla la cuestión sobre el alcance mismo que se le otorga al concepto, un aspecto de máxima importancia para no desvirtuar la noción. Por ello, este libro destaca la necesidad de referirse al pluricentrismo en términos de ejemplaridad lingüística, esto es, con la mirada puesta en las variedades cultas, consideradas modélicas por sus propios hablantes, bien de alcance regional, nacional o internacional.

Aunque la aparición del pluricentrismo lingüístico esté relacionado con el surgimiento de diferentes centros de variación geográfica, esto no puede llevar a equipararlo con el fenómeno general de la variación. No se trata, pues, de que existan diferentes variedades diatópicas, sino muy marcadas diastrática y diafásicamente, propias del terreno de la distancia comunicativa, lo cual conlleva el establecimiento de varios estándares (prescritos o empíricos) que configuran su propio espacio variacional (Méndez García de Paredes, 2009). Así las cosas, conviene destacar que *pluricentrismo* se emplea como rúbrica descriptiva de situaciones dispares, como también lo son las razones que han llevado a su aparición.

El ejemplo del inglés es paradigmático. Su expansión por Estados Unidos, Canadá, Australia y Nueva Zelanda, o bien su arraigo en muchas regiones del Pacífico, Asia y África, que, cuando proclamaron la independencia de su dominio colonial, la convirtieron en lengua oficial (India, Nigeria, Camerún, Malasia, Singapur, Hong Kong, Filipinas, Tanzania, etc.) fueron propicios para la condición pluricéntrica del inglés. Igualmente, obedecen a este patrón colonial la extensión del español en América, Guinea Ecuatorial y Filipinas, del francés por Canadá, Haití y el continente africano, así como la presencia del neerlandés en la República sudafricana, Namibia o Surinam o la difusión del portugués en Brasil, Angola, Mozambique, Cabo Verde, Santo Tomé, Príncipe o Guinea Bissau.

En todos estos territorios las antiguas lenguas de los conquistadores han adquirido características estructurales, pragmáticas y estilísticas propias, que reflejan la idiosincrasia de los diferentes ámbitos sociolingüísticos en los que se emplean. En algunos casos han emergido también verdaderos focos de irradiación normativa, como es el caso de Brasil, un epicentro lingüístico cuya cifra de hablantes nativos triplica la de Portugal. De hecho, tanto la norma portuguesa como la brasileña presentan un elevado grado de endocentrismo. Situación muy diferente es, sin embargo, la de los cinco países africanos que forman la organización PALOP (*Países Africanos de Língua Oficial Portuguesa*), antiguas colonias de Portugal donde el portugués es, junto a criollos y lenguas indígenas, lengua oficial que funciona como segunda lengua para la mayoría de la población y que toma la norma peninsular como modelo lingüístico de referencia.

Por otro lado, el pluricentrismo puede también surgir cuando existe una contigüidad geográfica para un mismo sistema lingüístico, que es, sin embargo, pluriestatal. El ejemplo prototípico es el alemán, lengua nativa de Alemania, Suiza, Austria y Luxemburgo, pero también el francés, que se habla en los territorios valones de Bélgica, en Luxemburgo y en determinados cantones suizos, así como el neerlandés, que se extiende por los territorios belgas de Flandes.

Por su parte, el sueco goza también de amplia presencia en la vecina Finlandia, en la que tiene el estatus de lengua nacional y funciona *de facto* como variedad prestigiosa, una situación que no se produce a la inversa, dado que el finés de Suecia no goza del prestigio y apoyo institucional que posee el sueco en Finlandia. De hecho, la variedad finesa hablada en Suecia se considera una variedad regional del estándar finés. Además, puede afirmarse que incluso existe una política lingüística explícita encaminada a impedir que se desarrollen dos variedades nacionales diferentes para el sueco (una en Suecia y otra en Finlandia).

En este estado de cosas, si bien las diferentes variedades de una lengua pluricéntrica pueden identificarse con variedades nacionales, podría también hablarse de un segundo nivel de pluricentridad, cuando se trata de estándares interestatales o regionales. De hecho, el armenio, lengua de la diáspora por excelencia, se considera pluricéntrica con dos centros lingüísticos situados en el este y el oeste del país, respectivamente. Esta subdivisión, que se retrotrae a los siglos XVIII y XIX, amparada en la producción literaria de ambas regiones, ha contribuido a la estandarización de una variedad estándar oriental y otra occidental.

Una situación parecida podría presentar el albanés, cuyos modelos lingüísticos, *geg* y *tosk*, son las variedades literarias consolidadas del norte y sur del país, respectivamente. No obstante, el modelo estandarizador en Albania ha optado por la unificación y codificación de una única variedad sureña (*toskërishtja*), oficialmente reconocida en 1974, en lugar de por la senda del pluricentrismo.

Otro ejemplo interesante, presente también en la antología de Clyne (ed., 1992), lo encontramos en el coreano. Corea del Norte y Corea del Sur se escindieron tras la Segunda Guerra Mundial y fomentaron las divergencias entre sus normas cultas de referencia, basados en las respectivas variedades capitalinas, esto es, Pyongyang y Seúl. La enemistad entre ambos países explica que las medidas de planificación lingüística del coreano emprendidas hayan seguido caminos opuestos y hayan favorecido codificaciones divergentes. No obstante, pese a la existencia de diferencias en el campo léxico, tanto la fonología como la morfosintaxis y el sistema de escritura (*hangul*) son prácticamente idénticos.

En el territorio español se ha planteado también la posible emergencia de un estándar andaluz, basado en la norma atlántica, más próxima al español americano que al estándar peninsular central, un tema que se tratará más ampliamente en el siguiente capítulo.

5.1.3. Del exocentrismo de las periferias lingüísticas al endocentrismo de los nuevos centros

Siguiendo con los tipos de estandarización lingüística identificados por Kloss (1968), cabe aludir a la distinción entre dos modelos, atendiendo a la procedencia lingüística de las normas: *endonormativo*, si el estándar está basado en normas lingüísticas propias, o *exonormativo*, si proceden de otro u otros territorios.

A este respecto, es cierto que la *glocalización* ha supuesto un cuestionamiento de los primigenios centros de poder y de sus respectivas elites etnolingüísticas, lo cual se refleja en una renovación y aperturismo de las políticas lingüísticas gubernamentales. Téngase en cuenta que en épocas anteriores la Real Academia Española codificaba un modelo lingüístico basado en normas exclusivamente peninsulares y, fundamentalmente, norteñas, un monopolio que ha sido arrumbado en favor del acercamiento y del consenso entre todas las naciones de habla hispana, lo cual se vislumbra en el carácter panhispánico otorgado a sus obras. Sin embargo, en muchas ocasiones las benevolentes intenciones tienen todavía poca cristalización en las medidas de normativización y normalización lingüísticas de las tradicionales "periferias".

Es, pues, necesario describir pormenorizadamente las distintas situaciones lingüísticas de las "otras naciones" y establecer las condiciones por las que se ha llegado o puede llegarse a una mayor igualdad en las relaciones entre los diferentes estándares, que, en su dispersión geográfica, han surgido en diversos escenarios sociopolíticos. En este sentido, la consideración acerca de la procedencia de las normas lingüísticas codificadas para una misma lengua aparece como un factor capital para medir el grado de autonomía o de dominio que todavía ejercen unas variedades estándares sobre otras. De hecho, solo con la legitimación y el reconocimiento institucional de unas normas lingüísticas ejemplares propias se puede llegar a implantar un verdadero pluricentrismo.

En consecuencia, el binomio exonormatividad-endonormatividad adquiere gran importancia en el continuo monocentrismo-pluricentrismo. No obstante, cumplidas dos décadas de la publicación del volumen fundacional, *Pluricentric Languages. Differing Norms in Different Nations* (Clyne ed., 1992), se constata la dificultad de lograr la simetría entre los diferentes estándares de una lengua. La mayoría de casos estudiados corroboran la persistente hegemonía lingüística de los tradicionales centros políticos y económicos, cuyo estándar fue el referente que se impuso en los nuevos escenarios nacionales.

Tal vez uno de los ejemplos más claros de esta relación entre pluricentrismo y endonormativismo lo encontramos en la lengua inglesa, que codifica explícitamente las normas lingüísticas de los estándares británico y norteamericano, pero también más recientemente del australiano, cuyo modelo lingüístico se encuentra explícitamente normativizado en obras como el *Australian National Dictionary*. La codificación y el respaldo de que goza en el ámbito científico y educativo han contribuido a que el estándar australiano haya alcanzado una mayor simetría con respecto a los tradicionales estándares británico y norteamericano.

Sin embargo, según se vio en el capítulo anterior, el aperturismo hacia una mayor conciencia pluricéntrica debe enfrentarse a toda una *complaint tradition* que continúa descalificando a las emergentes variedades postcoloniales del inglés, a las que se considera meras corrupciones y desviaciones. En los últimos tiempos, este campo de investigación ha recibido una gran atención bibliográfica, dadas las implicaciones que tiene para la sociolingüística y la lingüística aplicada a la discusión acerca del estatus del inglés en los territorios en los que funcionaba como segunda lengua (ESL), las variedades del *outer circle* (Kachru, 1982).

Más unánime es la resistencia que existe por el reconocimiento de las denominadas *expanding circle varieties* (Kachru, 1982), empleadas en entornos en los que el inglés funciona como lengua extranjera y llega a extenderse a ámbitos científicos y burocráticos (China, Rusia, Egipto, Japón, Taiwán y la mayoría de países de Europa Occidental). El grueso de lingüistas considera que no se trata de variedades en sí mismas con propiedades estructurales propias y sistemáticas, sino más bien estrategias conversacionales de las que se sirven los hablantes, fundamentalmente, en su acomodación al discurso de un interlocutor nativo.

Otro apunte acerca de la diversidad de situaciones pluricéntricas debe realizarse a propósito de una lengua ajena al patrón occidental, el chino. En efecto, aunque son innegables los mayores índices de alfabetización que se han logrado con las políticas de promoción de la variedad estándar del mandarín y el cierto grado de romanización y simplificación de los caracteres, existe un abismo entre la variedad del mandarín altamente codificada para la comunicación escrita y la enorme diversidad dialectal en el plano de la lengua hablada. Ya en el volumen colectivo editado por Clyne (1992), se confería a la lengua china la etiqueta de pluricéntrica, debido a la existencia de tres centros lingüísticos claramente delimitables, en los cuales el chino mandarín, basado en la variedad culta de Beijing, es lengua oficial: la República Popular China (*putonghua*, variedad común), Taiwán (*guoyu*, variedad nacional) y Singapur (*huayu*, variedad china). Se trata de tres territorios en los que se ha configurado un estándar propio de carácter escrito a partir de una misma variedad, pero cuya codificación ha evolucionado de forma independiente.

En este contexto, conviene reflexionar también sobre parejas de lenguas, como el serbio y el croata, el hindi y el urdu, el moldavo y el rumano, el macedonio y el búlgaro, etc., que, como apuntamos en el primer capítulo, llegaron no solo a desarrollar nuevos estándares, sino también variedades catalogadas como lenguas independientes, *divided languages* (Ammon, 2004 [1989]). Es por ello por lo que debe defenderse el carácter siempre dinámico y cíclico del continuo monocentrismo-pluricentrismo, que puede desembocar en una situación cuya última fase sería el *postpluricentrismo* o la emergencia de lenguas *Ausbau* (Kloss, 1967).

Esta circunstancia suele corresponder a sociedades económicamente poderosas que pueden erigir su propia variedad lingüística en lengua, como ha ocurrido con los países escandinavos, a la creación de nuevas administraciones políticas, como el caso de Serbia y Croacia, o bien al carácter marcadamente diferenciado en términos estructurales y funcionales de variedades de un mismo sistema lingüístico, según sucede con el neerlandés y el afrikaans.

De hecho, en Sudáfrica, el afrikaans y el neerlandés se consideran dos lenguas diferentes, un estatus que se refleja en la misma legislación, dado que se ha abandonado, claramente, el modelo holandés como marco de referencia y evaluación, aunque ciertos lingüistas todavía se refieran al afrikaans en términos dialectales. La realidad sudafricana es, además, muy distinta a la de Namibia, donde, además de que el empleo del afrikaans está muy estratificado étnicamente, las normas de Holanda continúan arbitrando en materia lingüística y las actitudes de los hablantes son mucho más favorables al uso del inglés, lengua de prestigio y el principal referente.

En este contexto, resulta pertinente remitir a una clásica tipología propuesta por Ammon (2004 [1989]), en la que se considera el grado de endonormatividad y exonormatividad que pueden presentar los diferentes centros de un diasistema lingüístico (ver cuadro 5.1). Nos servimos de este marco conceptual, al que hemos añadido nuevas dimensiones, para ejemplificar, de una forma general y sin pretensiones de exhaustividad por la falta de muchos estudios empíricos, la vinculación entre el endocentrismo y el grado de pluricentrismo alcanzado por diferentes lenguas (ver cuadro 5.2).

Cuadro 5.1. *Grado de exocentrismo y endocentrismo de los modelos lingüísticos (adaptado de Ammon (2004 [1989])*

	Modelo	Normativización	
1.	Interior	Interior	centro endonormativo pleno
2.	Exterior (p)	Interior	centro predominantemente endonormativo
3.	Exterior (p)	Exterior (p)	semicentro
4.	Exterior (p)	Exterior	centro predominantemente exonormativo
5.	Exterior	Exterior	no centro, exonormatividad total

(p) = parcialmente.

Cuadro 5.2. *Diversidad de prácticas pluricéntricas*

Lengua	Contínuum lingüístico	Estatus de jure	Estatus de facto	Estatus subjetivo	Exo/endocentrismo mono/pluricentrismo
Alemán	Alemania	interior	interior	interior	1
	Austria	exterior (p)	exterior (p)	interior	3
	Suiza	exterior (p)	exterior (p)	interior (p)	3
Catalán	Cataluña	interior	interior	interior	1
	Comunidad Valenciana	exterior (p)	exterior (p)	Interior (p)	3
	Islas Baleares	exterior (p)	exterior (p)	interior (p)	4
Español	Español castellano	interior	interior	interior	1
	Español andaluz	exterior (p)	exterior (p)	interior (p)	3
	Español canario	exterior (p)	exterior (p)	exterior (p)	4
	Español caribeño	exterior (p)	exterior (p)	exterior (p)	4
	Español mexicano y centroamericano	exterior (p)	interior (p)	interior (p)	2
	Español andino	exterior (p)	exterior (p)	exterior (p)	4

Lengua	Contínuum lingüístico	Estatus de jure	Estatus de facto	Estatus subjetivo	Exo/endocentrismo mono/pluricentrismo
	Español del Río de la Plata y del Chaco	exterior (p)	exterior (p)	interior (p)	3
	Español chileno	exterior (p)	exterior (p)	exterior (p)	4
Francés	Francia	interior	interior	interior	1
	Canadá	exterior (p)	exterior (p)	interior (p)	3
	Antiguas colonias	exterior (p)	exterior (p)	interior (p)	4
Inglés	Gran Bretaña	interior	interior	interior	1
	Estados Unidos	interior	interior	interior	1
	Australia	exterior (p)	interior	interior	2
	Outer Circle	exterior (p)	exterior	exterior (p)	4
Neerlandés	Holanda	interior	interior	interior	1
	Bélgica	exterior (p)	interior	interior	2
	Surinam	exterior	exterior	exterior	5
Portugués	Portugal	interior	interior	interior	1
	Brasil	interior	interior	interior	1
	Antiguas colonias	exterior (p)	exterior	exterior (p)	4

5.2. Diversidad de prácticas pluricéntricas: la reivindicación identitaria

Sin lugar a dudas, la globalización ha llevado a una extensión sin precedentes de un puñado de lenguas, pero también es cierto que ha producido una intensificación de las relaciones y los contactos locales y regionales que se refleja en la emergencia de nuevos centros en las tradicionales periferias, auténticos sistemas normativos sociolingüísticamente estratificados. Por ello, la ciencia lingüística necesita también readaptarse en la descripción y explicación del nuevo mercado lingüístico *glocalizado.*

En este sentido, las lenguas cumplen una importante función en la conformación del sentimiento identitario, dentro de ese conjunto de elaboraciones simbólicas que une a los miembros de una comunidad y a la vez los distingue de otros. La disciplina lingüística debe así volver la mirada hacia la vernacularización lingüística y al modo en el que las propias comunidades dan respuesta a la globalización, relocalizándola en su territorio de interacción como parte de su configuración identitaria. La construcción de una identidad colectiva común es parte inherente a la conformación social de las comunidades idiomáticas y, por ello, pese a las fuerza homogeneizadora de la mundialización, continuará siendo diversa y estará en permanente reconstrucción.

La comunicación masiva ha contribuido a un mayor acercamiento entre el *nosotros* y *los otros*, de forma tal que se tiende a una mayor convergencia entre las sociedades y, en concreto, a un etnocentrismo occidental, muy potenciado por los medios de comunicación de masas. Sin embargo, junto a identidades más globalistas y centrífugas afloran otras muchas localistas y centrípetas, que buscan la diferenciación y la heterogeneidad.

Según se apuntó anteriormente, el pluricentrismo lingüístico está estrechamente unido a la reivindicación identitaria de los grupos humanos y también a un renovado concepto de lengua (*languaging*), focalizado en los hablantes y su repertorio discursivo, entendido como conjunto de estilos, registros y recursos lingüísticos dentro del universo de las prácticas sociales. Sin embargo, la consolidación del pluricentrismo, esto es, la normativización explícita de los estándares empíricos o normas cultas emergentes, así como la institucionalización de las mismas, se ha producido todavía en pocas lenguas. Por ello, no extraña que lingüistas como Lüdi (2011) prefieran hablar en términos de *prácticas pluricéntricas*, denominación que trasluce justamente esta fase transitoria que solo el tiempo y los distintos avatares sociopolíticos y económicos revelarán si desemboca en un pluricentrismo más asentado.

5.2.1. *Del monocentrismo nacionalista al pluricentrismo de la glocalización*

La actualidad sociopolítica, económica y cultural es bien distinta de la que se presentaba en épocas anteriores. En el siglo XXI, se ha producido un cambio de rumbo que ha desdibujado los límites espaciotemporales y se ha dejado sentir en todos los ámbitos de la vida.

A este respecto, también han surgido posturas encontradas sobre la concepción de la globalización. Frente a sociólogos, filósofos, lingüistas, etc., que defienden una visión equitativa y democratizadora del fenómeno, muchos otros han puesto de relieve la metalingüística surgida en torno a la legitimación de la globalización, presentada como espontánea e inexorable, cuando son los centros occidentales de prestigio (EE. UU., Japón y la UE) los verdaderos artífices y sus respectivos hablantes los más beneficiados. Así parece confirmarse si se tiene en cuenta que gran parte de la población mundial no tiene acceso a los bienes, capitales y flujo de información de la cultura occidental. De hecho, las diferencias entre países ricos y pobres se han acrecentado hasta el punto de que según el Programa de las Naciones Unidas para el Desarrollo (PNUD), los primeros concentran el 86% del Producto Interior Bruto Mundial.

Esa cultura global no es más que la superposición de una cultura, en este caso la norteamericana, sobre el resto de los modelos culturales, un comportamiento que no nos es ajeno históricamente, aunque el alcance y la velocidad a la que se produce es un hecho sin precedentes. En este contexto, son muchos los intelectuales que se preguntan acerca de la crisis de la nación-estado, del porqué de la ineficacia de gobiernos nacionales para dar solución a los problemas de esta sociedad postmoderna, en la que, sin embargo, los movimientos nacionalistas son también protagonistas. Y es que las tendencias localistas favorecen que grupos menores reivindiquen su excepcionalidad lingüística dentro de los ámbitos estatales. No puede obviarse la interacción que mantienen estados y macroagrupaciones nacionales con organismos de ámbito local y regional, cuyas repercusiones se vislumbran también en el plano lingüístico.

En la mayoría de las ocasiones, las reivindicaciones proceden de antiguas colonias de Asia, África y el Pacífico, que, movidas por las desigualdades socioeconómicas del legado colonial, adoptan el modelo de nación originario de las potencias europeas, con el fin de reclamar su autonomía y redefinir las fronteras que habían sido fijadas de forma muy arbitraria.

No obstante, también afloran nacionalismos étnicos que demandan la creación de nuevos estados a partir de otros preexistentes. Tal y como sucedió con Escocia, Irlanda, las repúblicas exsoviéticas o la antigua Yugoslavia, los sectores nacionalistas flamencos en Bélgica, quebecquianos en Canadá, catalanes y vascos en España piden una mayor autonomía. La mejor situación económica de dichas zonas puede acrecentar, además, los deseos de secesión en la *aldea glocal*. Así sucede, por ejemplo, en la Bretaña francesa o en las regiones norte de Irlanda, donde se reclama un tratamiento social independiente para variedades heterónimas que provienen de un mismo continuo lingüístico.

A continuación, prestaremos atención a lenguas cuyo monocentrismo era indiscutible en épocas pasadas, pero cuyas comunidades de hablantes muestran actualmente actitudes lingüísticas más tolerantes hacia la diversidad y cuestionan, por tanto, la hegemonía de los tradicionales "amos del idioma".

Pese a que existe una sola variedad codificada para la pluralidad política y social del mundo árabe, el árabe moderno estándar, vínculo de unión de una mancomunidad basada en el Islam y los textos coránicos, las últimas revueltas evidencian la importancia que están adquiriendo distintas variedades nativas nacionales y regionales. En efecto, el modelo de estandarización monocéntrico y diglósico por el que se emplea un único estándar como variedad alta y prestigiosa de la comunicación formal, elaborada y modernizada a partir del árabe clásico, frente al empleo exclusivamente oral del resto de dialectos, podría estar evolucionando y flexibilizándose.

El creciente uso del árabe dialectal en dominios de uso propios de la variedad elevada no parece restringirse al nivel oral. De hecho, el árabe dialectal se está configurando como variedad escrita, aunque tímidamente, en algunos medios de comunicación escrita Así se demuestra, por ejemplo, en eslóganes de las recientes revueltas en el mundo árabe, que en Egipto han producido la caída del régimen de Mubarak y de Mursi.

Entre los diferentes dialectos árabes, la variedad nacional de Egipto ha adquirido un gran prestigio, seguida de la siria o la marroquí, pero la particularidad del caso árabe, cuya centralización lingüística se ha mantenido incólume por la asociación con la religión, explica que muchos lingüistas cuestionen que sea viable el surgimiento de variedades nacionales, más allá de estándares orales o variedades koinéticas para la comunicación interregional.

Esta afirmación es respaldada por los estudios de los que se dispone acerca de las actitudes lingüísticas de los hablantes, quienes confirman que el árabe moderno estándar es todavía el parámetro fundamental de referencia, una supravariedad muy artificial, que nunca ha sido identificada con el habla de un sociolecto determinado, al contrario de lo que suele ser la tónica general con las variedades estándares del mundo occidental.

Solo el tiempo dirá si en un futuro próximo determinadas políticas lingüísticas estatales y académicas se dirigen a la codificación de normas lingüísticas implícitas que trasciendan las fronteras locales y puedan llegar a una ejemplaridad similar a la del árabe estándar moderno.

Otro ejemplo tradicional de monocentrismo lingüístico lo proporciona otra lengua ajena al modelo lingüístico occidental, el japonés, cuya variedad estándar fue construida a fines del siglo XIX, tomando como referencia el habla capitalina. No obstante, en la última década, los lingüistas han puesto énfasis en la variación regional que acoge también en sus manifestaciones escritas.

En este sentido, es preciso aludir a la existencia de tres comunidades lingüísticas japonesas de emigrados en Hokkaido, en Sajalín (isla rusa, donde se habla principalmente ruso y ucraniano, pero que acoge también a otras minorías, como la japonesa) y en las alrededor de cincuenta Islas Kuriles, también pertenecientes a Rusia. Son tres territorios separados geográficamente, en los que el japonés puede considerarse lengua trasplantada, y en los cuales han emergido sus respectivas variedades koinéticas panregionales. Esto ha llevado a plantear la posibilidad de una nueva dirección, la pluricéntrica, también en la evolución lingüística del japonés.

Al lado de esta, el ruso era, para Clyne (1992: 3), otro de los mejores representantes de una lengua mayoritaria monocéntrica. Así las cosas, la independencia de la antiguas repúblicas soviéticas ha abierto la posibilidad de una institucionalización de diferentes variedades nacionales de la lengua rusa, aunque la situación entre unos países y otros diverge básicamente por las distintas actitudes lingüísticas de los propios hablantes.

De este modo, en Bielorrusia, por ejemplo, la variedad de ruso trasjanka muestra desde el siglo XIX divergencias acusadas respecto de la variedad rusa del ruso, sobre todo de naturaleza fonética y léxica. Sin embargo, entre la población bielorrusa predomina la idea de formar parte de una gran nación rusa unificada para la cultura eslava, mantenida por la fidelidad a unas mismas normas lingüísticas, una comunidad temerosa de una fragmentación o escisión dialectal, lo que dificulta el camino hacia el pluricentrismo.

Frente al sentimiento de inferioridad lingüística de los bielorrusos, en Ucrania, por el contrario, los hablantes mantienen un sentimiento positivo hacia su lengua nativa, el ucraniano, que es la oficial del país, y no el ruso, aunque esta sea todavía lengua materna de aproximadamente el 30% de la población. No obstante, al contrario de lo que sucede en Bielorrusia, la variedad ucraniana del ruso no se considera igualmente apta para todas las funciones comunicativas de los ámbitos formales. La fidelidad de gran parte de los rusoparlantes hacia el modelo lingüístico de Rusia y la ausencia de una normativización explícita del ruso ucraniano dificultan, por tanto, que se le otorgue el calificativo de variedad nacional.

En este contexto, resulta también interesante traer a colación las reivindicaciones de los chipriotas, cuya variedad de lengua griega y su correspondiente cultivo literario se remontan al siglo XIII. Si bien la creación de un estándar griego moderno como lengua nacional vino acompañada de una intensa reducción de la dialectalización con el proceso de urbanización, el griego chipriota se mantuvo como la variedad nativa mayoritaria de la isla.

Los hablantes de griego en Chipre son muy conscientes de la pérdida de muchos de los rasgos propios, debido al contacto e influencia de los estándares griegos (katharevousa y demótico), pero el griego chipriota se ha reafirmado, incluso, como el vehículo culto de expresión en ámbitos formales de uso, en unas circunstancias en las que la convergencia con el estándar ateniense habría sido lo esperable. Sin embargo, la frágil situación política de Chipre dificulta sobremanera el reconocimiento, legitimación e institucionalización de esta variedad autóctona.

Para terminar esta incursión en las diferentes prácticas pluricéntricas, merece la pena detenerse brevemente en el caso del italiano, que es de las pocas lenguas europeas mayoritarias que no ha entrado nunca entre la nómina de lenguas pluricéntricas, a pesar de ser también pluriestatal (Suiza, Eslovenia, Croacia). En lo referente a la variedad estándar, elaborada sobre la base del dialecto toscano, su extensión y difusión entre la población ni siquiera llegó con la reunificación italiana en el siglo XIX, sino que habría que esperar a la segunda mitad del siglo XX.

En consecuencia, no resulta extraño que el italiano sea una lengua en la que la dialectalización es todavía muy intensa y, pese a la existencia de un modelo de lengua escrita altamente codificado, en la lengua hablada aflora la diversidad de forma muy intensa (Demonte, 2003). En la actualidad, el prestigio y extensión funcional que está adquiriendo el dialecto del italiano hablado en el cantón suizo de Ticino podría propiciar también una mayor investigación desde la perspectiva de la teoría pluricéntrica, para lo cual sería necesario un estudio pormenorizado que trascendiera el nivel léxico, un territorio todavía muy poco explorado.

5.2.2. Variedades dominantes y no dominantes de las lenguas pluricéntricas

Desde los primeros trabajos en el campo de investigación del pluricentrismo, afloró la cuestión acerca de la simetría que podría lograrse entre los diferentes estándares de una lengua en un mundo en el que las desigualdades eran patentes en todos los contextos. Sin embargo, cabe afirmar que la primacía de unos centros sobre otros no ha impedido otorgarle el calificativo de pluricéntrica a una lengua.

Es clara la existencia de variedades más o menos dominantes, que se vincula, en lo diatópico, a la presencia de centros lingüísticos más o menos fuertes (o más o menos débiles) en la formación y difusión de normas parcialmente divergentes. De hecho, cuesta encontrar ejemplos de las tradicionalmente catalogadas como lenguas pluricéntricas en las que no se observe preeminencia de uno de los focos normativos, si bien la crítica especializada coincide en afirmar que el inglés y el portugués han alcanzado un mayor grado de pluricentrismo.

> Es necesario tener en cuenta que pluricentrismo casi nunca significa igualdad. Me parece poco probable que haya casos de un pluricentrismo absolutamente simétrico, puesto que es siempre producto de procesos históricos muy complejos (Oesterreicher, 2004).

Es bien sabido que los factores que convierten una variedad lingüística en dominante tienen poco que ver con lo estrictamente lingüístico. Si bien las divergencias en la estructura interna (*Abstand*) favorecen la potencia irradiadora de las normas de uso propias de una región o nación y pueden contribuir a la formación y desarrollo del carácter dominante de una variedad, desde luego, no son propiedades estructurales las que diferencian el estatus de unas u otras, sino asuntos de otra índole, eminentemente sociopolítica, económica o cultural.

Por lo que respecta a la situación lingüística europea, parece que en los últimos tiempos se intenta promover un mayor equilibrio entre las distintas variedades ejemplares del territorio. Este podría ser el caso de los estándares holandés y belga de la lengua neerlandesa, cuya relación es mucho más simétrica que la descrita años antes (Clyne ed., 1992).

Sin embargo, a pesar de la intensa labor de codificación emprendida por la academia de Flandes y los encomiables esfuerzos *top-down* por otorgar al *Belgian Dutch* el calificativo de variedad nacional, los neerlandeses continúan muy reacios al reconocimiento de esta bicentricidad, lo cual se evidencia en el mantenimiento de actitudes muy prescriptivistas.

En referencia al alemán, tres son los centros principales de irradiación normativa: Alemania, Austria y Suiza, que han desarrollado su propia variedad nacional, símbolo de reivindicación de una identidad sociopolítica y cultural. Sin embargo, la preeminencia y superposición del tradicional *Hochdeutsch* sobre las variedades austríaca y suiza, con propiedades funcionales notablemente distintas, ha llevado a postular incluso la existencia de diglosia entre el alemán estándar y el *Schwyzer deutsch* en Suiza. En ambos casos, el sentimiento de inferioridad lingüística respecto al alemán estándar es manifiesto, lo cual se ha visto muy favorecido por el carácter de variedad regional otorgada en muchas descripciones lingüísticas y la ausencia de respaldo educacional.

Salvo muestras sucintas de actividad codificadora, la planificación de corpus y estatus de estas variedades nacionales no ha sido emprendida seriamente, por lo que el alemán austríaco y el alemán suizo todavía responden a las características de las consideradas variedades no dominantes (Clyne ed., 1992; Muhr, 2005):

1. Variedades lingüísticas de carácter pluriestatal o plurinacional.
2. Práctica de un bilingüismo no oficial entre la variedad estándar codificada y el estándar implícito de la comunidad.
3. Convergencia lingüística a favor de la variedad estándar codificada, promovida por las actitudes lingüísticas de las clases favorecidas de la comunidad dominante, que se erigen en custodios de la lengua.
4. Impedimentos y obstáculos en la planificación de corpus y de estatus para las variedades no dominantes, a las que se les niega la ejemplaridad correspondiente al estándar y, en consecuencia, se imposibilita un tratamiento equitativo.
5. Desconocimiento por parte de las comunidades dominantes de las otras normas de la periferia, cuya variación restringe erróneamente al ámbito oral.

Para terminar, la alusión al francés parece obligada como lengua cuya política lingüística ha sido orientada desde el principio hacia el monocentrismo. A pesar de la emergencia de variedades con distinto grado de ejemplaridad y prestigio manifiesto en Canadá, Bélgica, Suiza, Luxemburgo o las excolonias de África, no suele promoverse la institucionalización y codificación explícita y endonormativa de las normas cultas surgidas.

A este respecto, es muy posible que el francés canadiense y, en concreto, el *québécoise* sea el que se encuentra en una fase más avanzada de estandarización y en una situación más simétrica respecto al francés de Francia. Además de que la endonormatividad ha sido reconocida y sus normas autóctonas implementadas en la educación, es una variedad legitimada por la población. No sucede así en Suiza, Bélgica y en las variedades francesas del *expanding circle*, donde esta lengua es oficial o vehicular, aunque generalmente no lengua nativa de sus hablantes, como ocurre en los países del Magreb y Líbano y en regiones asiáticas.

En este estado de cosas, puede afirmarse que todavía el caso francés constituye el mejor exponente de la actitud característica de las comunidades lingüísticas dominantes, que tratan de arrumbar las tendencias lingüísticas centrífugas en pro del mantenimiento de la unidad lingüística de la Francofonía. La actitud monoglósica que surge en Francia en el siglo XVII, unida a la labor de una *Académie Française* que, al contrario que la española, no ha abandonado el lema "una nación-una lengua", potencia la ideología lingüística de que existe un único e incorruptible *bon usage* de la *Île de France* (Lüdi, 2011). Quizá Francia debiera huir de posturas conservadoras y puristas si pretende que el francés refuerce su presencia internacional en la era global.

> The concept of pluricentricity implies the existence of "centres", normally national ones, with respective authorities and reference works, a condition which does not reflect the actual situation in the French-speaking world (Lüdi, 2011: 87).

5.3. ¿Qué se entiende por variedad estándar?: de la sintaxis al discurso

A juzgar por la controversia que acompaña al proceso mismo de estandarización lingüística, no sorprende la indeterminación y confusión que rodea al mismo concepto de estándar, término de origen francés que se generalizó en el siglo XIX y cuya problemática delimitación se refleja en la misma diversidad y circularidad de las definiciones propuestas, que ponen de manifiesto los distintos modos de concebir la variación.

Según se explicó en el capítulo anterior, la explícita sanción de las normas del estándar en diccionarios y gramáticas favorece el aumento de conciencia lingüística entre los hablantes, que llegan a identificar erróneamente la variedad estándar con la lengua toda. Sin embargo, esta equiparación se observa también en la bibliografía especializada, cuando se define al estándar como "lengua", frente al resto de variedades, que son consideradas meros dialectos en el sentido peyorativo que se ha tendido a conferir al término. En estos casos, se dota al estándar de un carácter aglutinador y abarcador, al afirmar, por ejemplo, que "está por encima de la(s) lengua(s) coloquiales y los dialectos, [...es] el medio más amplio y extendido [...]; frente a los dialectos y sociolectos, [es...] más abstracto y de mayor extensión social" (Lewandowski, *Diccionario de Lingüística*. Madrid: Cátedra, 1982: 201). Asimismo, se suele calificar también al estándar de "bien público", más accesible a la comunidad lingüística que los dialectos, porque "en ella confluyen todas las versiones del idioma" (Gallardo, 1978: 94).

A este respecto, son indiscutibles las ventajas de disponer de un código lingüístico que trasciende los límites espaciales, que es difundido por la escuela y los medios de comunicación y es vehículo de expresión de muchas manifestaciones culturales. Sin embargo, no puede olvidarse que la suprarregionalidad del estándar se concreta, sobre todo, en la modalidad escrita, lo cual implica que su disponibilidad no es la misma para todos los hablantes de una comunidad. Esta razón lo lleva a constituir un importante parámetro de estratificación social.

En consecuencia, los estándares no deberían presentarse como herramientas socialmente neutras y aptas para todas las funciones comunicativas. Todo lo contrario, lejos de ser "lenguas comunes" a todos los hablantes, son variedades funcionales que se emplean en contextos muy particulares y formales por una parte muy exigua de la población, muy marcadas, por tanto, diastrática y diafásicamente (Bartsch, 1987; Pascual y Prieto de los Mozos, 1998; Moreno Cabrera, 2008; Amorós Negre y Prieto de los Mozos, 2013, etc.). Sin embargo, a veces se emplea la metáfora explicativa de la lengua como conjunto dialectal para tratar de dar fundamentación lingüística y base científica a una distinción más sociopolítica que lingüística.

> Comprobamos que lo que se suele llamar lengua es en realidad un dialecto, otro dialecto que por hegemonía política más o menos aceptada culturalmente se presenta como único correcto, y se le llama lengua. [...] Por su origen es un dialecto; por su situación es un sociolecto. Es la variedad del grupo social que gobierna y escribe (Garrido Medina, *Estilo y texto en la lengua*. Madrid: Gredos, 1997: 72).

En este contexto, según se advirtió en el tercer capítulo, llama la atención el escaso tratamiento a las normas que modelan la competencia comunicativa en las descripciones sobre los estándares de las lenguas. La caracterización de estas variedades debería atender no solo a las reglas ligadas al código gramatical y limitadas al ámbito sintáctico-oracional, sino también a los principios pragmático-discursivos. Se requiere considerar la interrelación entre lo situacional y lo lingüístico en la explicación del porqué del uso y aceptabilidad de unas u otras estructuras lingüísticas.

Las normas interaccionales no suelen juzgarse como correctas/incorrectas, gramaticales o agramaticales, dado que dependen de la adecuación al contexto discursivo, pero no por ello carecen de carácter prescriptivo. De hecho, al contrario de lo que pudiera parecer, las consecuencias de la violación de los principios pragmáticos o estilísticos (relevancia, cortesía, cooperación etc.) pueden ser más graves que la ruptura de las normas gramaticales, puesto que podría más fácilmente suponer un obstáculo para la comunicación. Por ello, se hace necesario estudiar los mecanismos y operaciones discursivas con las cuales se otorga coherencia y cohesión a los textos, tal y como se refleja en las guías y manuales de buen uso que exigen determinados medios de comunicación o revistas científicas.

Así pues, los estándares pueden presentarse como variedades convencionalmente superpuestas al conjunto de variedades geográficas, sociales y estilísticas de una lengua, es decir, como una intersección de lectos (ver, por ejemplo, Pascual y Prieto de los Mozos, 1998) que se sitúa en el punto más alto de las relaciones de dominio. De hecho, los estándares son las variedades más poderosas de una lengua dentro del contínuum que diferencia las variedades dominantes de las no dominantes. Sin embargo, esta definición debe completarse con la noción de *calidad discursiva*.

Atendiendo al tipo de conocimientos que se exige a sus usuarios, el estándar no es tanto un código lingüístico como un modo particular de actuar lingüísticamente, esto es, una selección de usos discursivos de una variedad dominante. Efectivamente, aquello que señala el dominio de un hablante del estándar es su habilidad para elaborar apropiadamente ciertas clases de discursos de la distancia comunicativa, más cercanos a lo transaccional que a lo interaccional.

> El estándar no se define como modelo de competencia sino como modelo de comprensión, adecuación y propiedad, es decir, como modelo que tiene que ver con el uso y no con el conocimiento de una lengua (Demonte, 2003).

En ciertos ámbitos (por ejemplo, el académico), el parámetro de adecuación repercute, naturalmente, en otro que se asocia irremediablemente a la prescripción y la estandarización: el parámetro de corrección idiomática. Sin embargo, ha de tenerse en cuenta que este es relativamente dispensable en otros dominios (como el profesional, por ejemplo). Por lo tanto, la corrección idiomática es un factor normalmente concurrente, pero no una condición *sine qua non* para incluir o excluir un discurso del estándar, excepto cuando las incorrecciones implican estigmatización. Hablar o escribir bien no debe identificarse necesariamente con hablar o escribir correctamente (Amorós Negre y Prieto de los Mozos, 2013).

Asimismo, si no se excluye el estándar del terreno de la variación diasistemática, lo cual podría justificarse únicamente si se considera en el grado más idealizado del estándar absoluto, en tanto que variedad empírica realizable debe formar parte del continuo dialectal. En consecuencia, la noción de variedad estándar no puede hacerse sinónima del concepto teórico saussureano de *langue*, como propone Alvar (1990). El estándar es una variedad modélica que define unas normas lingüísticas de uso de los hablantes, no una competencia adquirida. Esta equivalencia supondría negar la existencia de un sistema, una *langue* propia para las variedades no estándares (Pascual y Prieto de los Mozos, 1998), descuidar la importancia de la cultura en la conformación de la *parole* y desatender el carácter sociohistórico del concepto mismo de lengua. De este modo, podría incurrirse en el grave error de pensar que el estándar culto representa a la lengua y el resto de variedades son dialectos vulgares derivados de esta.

5.3.1. El estándar y las normas lingüísticas

Otra cuestión fundamental atiende a la relación que se establece entre dos conceptos próximos, *estándar* y *norma*. No en balde la crítica especializada se refiere muchas veces a las *normas del estándar*.

Si bien anteriormente se aludió a la concepción de un estándar en términos absolutos o relativos (ver cuadro 4.3), según se consideren o no determinadas características definitorias, es preciso indicar que también el concepto de norma es ambivalente.

Siempre que se habla de variación, inextricablemente unida a esta aparece la norma como conjunto de usos lingüísticos regulares y habituales consagrados en una comunidad, *las normas descriptivas* (Coseriu, 1989 [1962]). Estas conforman las diferentes variedades lingüísticas del diasistema, de las que el hablante hace uso en las diversas situaciones comunicativas.

En este sentido, no hay que olvidar que la variedad estándar es en sí misma una norma descriptiva (Oesterreicher, 2004), que, al convertirse en parámetro de referencia en torno al cual se concreta la variación lingüística y se evalúa el estatus de los distintos fenómenos lingüísticos (Méndez García de Paredes, 2009), adquiere también una dimensión prescriptiva. En efecto, la clasificación y valoración de los usos idiomáticos se efectúa a partir del estándar absoluto, una idealizada *norma prescriptiva* a la que se tiende en mayor o menor medida, explícitamente codificada en tratados gramaticales y diccionarios.

Este proceso de *normativización formal* (Stewart, 1968), unido a todo un soporte ideológico-metalingüístico, ha derivado en la errónea identificación entre *normas del estándar* y *normas correctas*, pese a la insistencia en que toda variedad lectal, en tanto *energeia* o modo de hablar constituido históricamente en el seno de una comunidad, tiene sus propias pautas de corrección y debe juzgarse de acuerdo a sus propias normas descriptivas u objetivas a las que Coseriu hace referencia con estas palabras (1989 [1962]):

> Aclaramos, además, que no se trata de la norma en el sentido corriente, establecida o impuesta según criterios de corrección y de valoración subjetiva de lo expresado, sino de la norma objetivamente comprobable en una lengua, la norma que seguimos necesariamente por ser miembros de una comunidad lingüística, y no aquella según la cual se reconoce que "hablamos bien" o de manera ejemplar, en la misma comunidad. Al comprobar la norma a la que nos referimos, se comprueba cómo se dice, y no se indica cómo se debe decir […] Cabe, sin embargo, señalar que muchas veces no coinciden, dado que la "norma normal" se adelanta a la "norma correcta", es siempre anterior a su propia codificación. […] La norma es, en efecto, un sistema de realizaciones obligadas, de imposiciones sociales y culturales, y varía según la comunidad (Coseriu, 1989 [1962]: 90-98).

En efecto, frente a la norma ideal, prescriptiva y explícita, la lengua funcional que el maestro rumano consideraba el objeto de la lingüística, existe una *norma normal*, forjada en el seno de una comunidad, la *norma histórica o social*, a la cual Coseriu prestó atención y trascendió los límites del estructuralismo. Este concepto de norma objetiva es crucial para entender por qué una forma de lengua es correcta, si se ajusta a las reglas o principios estables y funcionales que rigen los usos lingüísticos en una sociedad, con independencia de que halle o no sanción oficial institucional y se convierta en *norma prescriptiva*.

Las normas descriptivas e implícitas pueden también llegar a adquirir una dimensión de ejemplaridad, de forma tal que los hablantes la consideren igualmente prestigiosa y modélica, espejo del "hablar bien". En efecto, estas normas objetivas pueden convertirse en *estándares empíricos* cuando son aceptadas socialmente como modelos lingüísticos igualmente amparados en el nivel de lengua culta y empleados como variedades formales de la distancia, aunque algunas de sus propiedades lingüísticas no hallen sanción en el medio escrito. De hecho, los mismos hablantes convienen que "los mejores hablantes" son aquellos que siguen los comportamientos lingüísticos que gozan de un estatus elevado en su propia comunidad, que pueden o no coincidir con el prestigio y la prescripción lingüística manifiestas.

La mayor concienciación sobre el pluricentrismo lingüístico trae como resultado que estas normas ejemplares objetivas alcancen paulatinamente una mayor legitimación y aceptación, lo cual ha contribuido a desmitificar la idea de que solo puede existir una única variedad estándar para una lengua.

5.3.2. Estándar, lengua nacional y lengua oficial

Ya se explicó en otras ocasiones que la nación-estado fue el modelo con el que se concretó el espíritu nacionalista de un pueblo y que, en el plano lingüístico, se tradujo en el nuevo estatus que adquirieron determinadas lenguas, erigidas en símbolos de identidad de las emergentes naciones. Se generó todo un proceso semiótico por el que solo unas pocas lenguas eran vistas como vehículos de unión y cohesión social, las nacionales, las cuales, además, solían contar con una variedad que había sido objeto de una codificación y elaboración explícita, la estándar.

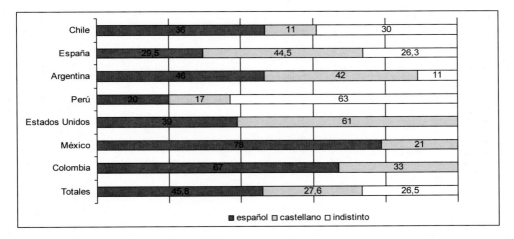

Figura 5.2. Preferencias respecto al nombre de la lengua en América (cifras en porcentajes) (adaptado de López Morales, 2010: 195).

Dado que las fronteras político-administrativas de los estados rara vez acogen a una sola etnia o "nación" y en contadas ocasiones los países son monolingües, la adopción del término *lengua nacional* y el consecuente matiz político que adquiere el concepto explica el surgimiento de muchas disputas que se reflejan en la misma denominación de la lengua en cuestión.

En lo concerniente a la lengua española, si bien las Academias de la Lengua consideran sinónimos *castellano* y *español* (RAE y ASALE, 2005: 271-272), suele preferirse el segundo por su proyección internacional en el continente americano, aun cuando para algunos hispanoamericanos posea resonancias de subordinación a la metrópoli. Recuérdense a este respecto las palabras de Alonso (1943

[1938]: 33): "El nombre de castellano había obedecido a una visión de paredes peninsulares, el de español, miraba al mundo".

Sin embargo, cuando las emergentes naciones hispanoamericanas declararon voluntariamente este idioma bien como oficial, bien como nacional, en sus constituciones se observa la alternancia de los términos *castellano* y *español* (ver cuadro 5.3). Según se explicará más detalladamente en el siguiente capítulo, la construcción de un idioma nacional propio fue una de las consignas de las repúblicas americanas para reivindicar su soberanía respecto de España y un instrumento para lograr la cohesión y adhesión ciudadanas al nuevo proyecto nacional.

Cuadro 5.3. *Castellano o español en los textos constitucionales*
en vigor de los países del mundo hispánico

País	Castellano	Español	No se reconoce como oficial
Argentina			×
Bolivia	×		
Chile			×
Colombia		×	
Costa Rica		×	
Cuba		×	
Ecuador	×		
El Salvador	×		
España	×		
Filipinas			×
Guatemala		×	
Honduras		×	
México			×
Nicaragua		×	
Panamá	×	×	
Paraguay		×	
Perú	×		
Puerto Rico		×	
República Dominicana		×	
Uruguay			×
Venezuela	×		

En su mayoría, se trata de países en los que tiene una fuerte presencia el componente indígena y no en balde la cooficialización de lenguas como el quechua, el aimara o el guaraní junto al español ha contribuido a su legitimación y extensión funcional. Sin embargo, al igual que sucede en muchas regiones de Asia y África, el principal escollo de estas lenguas nacionales continúa siendo su escasa presencia en la instrucción y los ámbitos de uso formales, por lo que el español continúa considerándose *primus inter pares*.

Por el contrario, la denominación *castellano* suele preferirse en comunidades bilingües para aludir a la lengua común y oficial de España, tal y como se muestra a continuación:

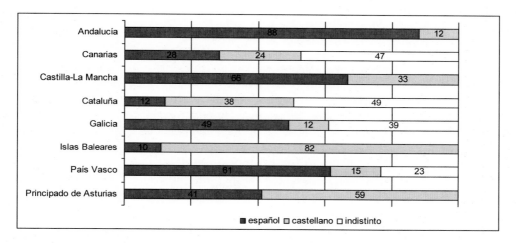

Figura 5.3. Preferencias respecto al nombre de la lengua en las regiones españolas (cifras en porcentajes) (adaptado de López Morales, 2010: 195).

No obstante, en ocasiones, se hace hincapié en que catalán, gallego o vasco son también *lenguas españolas*, en el sentido de que pertenecen al Estado español, según se recoge literalmente en el artículo 3 de la Constitución de 1978. Frente a quienes piensan que otorgarles tal denominación puede evidenciar el deseo de dotar de igualdad y otorgar un trato simétrico a todas las lenguas que se hablan en España, para otros, el empleo de este calificativo podría interpretarse como una muestra de pertenencia a la nación española. De este modo, se cuestionaría el propio carácter nacional de las lenguas catalana, gallega o vasca, como símbolo de expresión de sus respectivas nacionalidades, con lo cual se llegaría a una errónea asociación entre nación y estado.

A este respecto, es preciso manifestar que en España el español adquirió pronto el calificativo de lengua o idioma nacional, mientras que catalán, gallego y vasco tuvieron que luchar mucho para ser reconocidas como tales en sus respectivos territorios. No obstante, en no pocas ocasiones se evita emplear el término *nacional* a favor del restrictivo *lenguas regionales* o *autonómicas*.

Más debate genera el apelativo *lengua propia*, muy ideologizado políticamente. Mientras que algunos lingüistas lo rechazan por emplearse para referirse a las "otras lenguas" de España por quienes denuncian una supuesta marginalización del castellano en los territorios bilingües, otros lo defienden, atendiendo a que designa únicamente la lengua de comunicación natural, nativa y originaria de un determinado territorio. Sin embargo, argumentan que el castellano no podría tildarse nunca de lengua propia por su política expansionista de imposición en muchos lugares.

En otro estado de cosas, téngase en cuenta que el término *nacional* puede no hacer justicia en la descripción de lenguas como el alemán, compartida por varias naciones-estado (Alemania, Austria, Suiza), o el neerlandés (Holanda, Bélgica), por ejemplo. De hecho, la inadecuada ecuación *nación = estado* origina una identificación equivocada entre *lengua nacional y lengua oficial* (ver capítulo 3). Ya Kloss (1967) puso énfasis en la distinción entre una lengua convertida en nacional, por ser referente identitario y prestigioso de un grupo étnico, y una lengua oficial, la empleada para los asuntos político-administrativos y legislativos que regulan un estado.

Si bien en el territorio europeo las lenguas que reciben el respaldo oficial suelen ser las lenguas mayoritarias nacionales, no es así en muchas otras regiones. Asimismo, en Europa, pese a que las lenguas con reconocimiento oficial suelen ser también lenguas autóctonas, precisamente las más extendidas y habladas, por el contrario, en la mayor parte de estados postcoloniales de África, Asia y Sudamérica, las lenguas con funciones oficiales, propias de ámbitos científico-técnicos y destinadas a la comunicación internacional, son exoglósicas y minoritarias entre la población. Así sucede con el caso del francés en Guinea Ecuatorial, del inglés en Tanzania, etc.

5.3.3. El mito de la lengua común y general

Otro de los términos que suele emplear recurrentemente la bibliografía especializada en su definición del estándar es el de *lengua común,* un concepto no menos problemático, dado que el ideal de ejemplaridad y calidad lingüística no se halla en lengua empleada generalmente en la interacción cotidiana.

En efecto, cuesta creer que una persona emplee la misma variedad de lengua en un contexto de informalidad (una cena familiar, una charla entre amigos, etc.) que cuando se dirige a la administración, pronuncia un discurso o da una conferencia en una universidad. "¿No será que la supuesta identidad del estándar y el español usado normalmente es más un deseo que una realidad?" (Pascual y Prieto de los Mozos, 1998: 77).

La asociación entre estándar y lengua común se explica en muchos casos porque se alude al carácter suprarregional que se le atribuye al neutralizar determinados rasgos dialectales muy marcados, a fin de ampliar sus fronteras y difuminar las barreras de una comunicación de alcance regional. Sin embargo, tal y como se vio anteriormente, si bien el modelo de conformación de un estándar puede seguir la complementariedad y buscar un compromiso dialectal, se ha comprobado que en otros muchos casos se ha privilegiado y superpuesto un dialecto sobre el resto.

Efectivamente, la transición del período medieval al capitalismo moderno requirió de un instrumento capaz de cumplir con las demandas de las sociedades industrializadas, que aspiraban a ser usuarios de una lengua que facilitara la comunicación entre los hablantes y cubriera nuevas funciones en la administración, el comercio y los medios de comunicación, esto es, que actuase como *lingua franca o koiné*.

Sin embargo, esta denominación resulta poco apropiada. Frente a los estándares, en cuya emergencia suele desempeñar un papel fundamental las actividades de planificación lingüística para construir una variedad que se erija en modelo idiomático para una comunidad, la convergencia dialectal que caracteriza a una koiné se lleva a cabo de forma natural y espontánea (Moreno Cabrera, 2011), por lo que no extraña que verdaderamente se convierta en vehículo de expresión ordinaria de los hablantes.

De hecho, atendiendo al caso prototípico de la *koiné* griega, Joseph (1987) precisa que su carácter de *lingua franca* en el periodo alejandrino no le otorgó el calificativo de estándar:

> La mayor parte de su desarrollo se dio, hasta lo que sabemos, en ausencia del tipo de situación de superposición que he descrito como fundamental en el proceso de estandarización y, por eso es, precisamente, por lo que el griego no poseía una variedad estándar en el sentido moderno de la palabra. [...] El latín está más cerca que el griego en ser la primera lengua estandarizada, por haber experimentado dicha superposición (Joseph, 1987: 122).

Asimismo, son varios los lingüistas que han puesto de relieve la manipulación ideológica que subyace en ocasiones al empleo del adjetivo "común", cuando se desea justificar la imposición de una lengua dominante sobre lenguas más minoritarias y naturalizar un proceso sociopolítico. Así ocurre, de hecho, cuando en el territorio español, la lengua española se presenta como lengua superior, resultado de una transformación cualitativa del dialecto castellano.

En este sentido, Moreno Cabrera (2009: 43) no cuestiona el carácter de común del español en España, pero advierte de que catalán, gallego y asturiano (en menor medida el vasco) deberían igualmente ser consideradas como tales en sus respectivas comunidades autónomas, puesto que "una gran parte de la población al menos las entiende". Del mismo modo, así debería suceder con lenguas indígenas autóctonas del territorio americano (zapoteco, aimara, guaraní, quechua, etc.), porque, de lo contrario, el español continuará siendo considerado injustamente lengua no marcada, que a todos iguala.

5.3.4. *Sobre las nociones de lengua culta y lengua literaria*

Otra de las constantes advertidas en la bibliografía especializada es la asociación entre estándar y *lengua literaria*. A este hecho contribuyó decisivamente la teoría de la lengua estándar formulada por los lingüistas del Círculo de Praga, quienes delimitaron sus propiedades y funciones, en referencia a la lengua literaria checa. No obstante, si bien la literatura ha sido desde siempre un ejemplo de lengua culta, nivel de distancia comunicativa que inspira la formación de un estándar, son muchos los lingüistas que insisten en que el lenguaje literario traspasa las fronteras del estándar. Existe entre ellas un salto cualitativo, justamente, porque se permite licencias y da cabida a usos considerados anómalos, al tiempo que refleja una mayor variabilidad y heterogeneidad dialectal. Puede servir de ilustración la siguiente afirmación del *Diccionario Panhispánico de Dudas.*

> Los escritores, en su faceta de creadores, disfrutan de mayores márgenes de libertad en el manejo del idioma y, centrados en la búsqueda de una mayor expresividad, a menudo conculcan intencionadamente las convenciones lingüísticas de su tiempo. Y, en segundo lugar, porque los escritores de ficción (novelistas y autores teatrales) utilizan los distintos niveles y registros del habla como uno de los modos de caracterización de sus personajes; precisamente por ello es posible documentar, en textos escritos, muchos usos que corresponden a la lengua oral y al habla coloquial o popular (*DPD,* 2005: XIV).

Parece, pues, existir desacuerdo con la postura de Alvar (1990: 21), cuando afirma que "la *lengua standard* es el resultado de un consenso basado, precisamente, en los usos literarios", y tampoco parece lícito concederle una primacía cualitativa a la lengua literaria. Este fue, efectivamente, el proceder general en la codificación y elaboración de las emergentes lenguas cultas románicas, inspiradas en el modelo gramatical grecolatino, que tomaba como referencia al dialecto literario escrito para la fijación de los usos ejemplares.

Efectivamente, el ser vehículo de una importante tradición literaria era un criterio fundamental para la selección de la variedad que se constituirá en estándar, tal y como sucedió con el vasco, en cuyo proceso de estandarización se otorgó preeminencia a los dialectos de mayor cultivo literario, el labortano y el guipuzcoano. Del mismo modo, para la codificación de una variedad estándar de la lengua catalana, Pompeu Fabra (1929) siguió de cerca los esquemas del catalán literario. Respecto al caso español, la lengua literaria fue también el modelo tradicional en el que se amparó la Real Academia Española.

No obstante, la industrialización y la aparición de los medios de comunicación de masas han propiciado un cambio de rumbo en la conformación de los estándares modernos, que se han ahormado también teniendo en cuenta las muestras orales de lengua. Esto no puede llevar, sin embargo, a afirmar que el carácter de los estándares contemporáneos es, al contrario que las antiguas lenguas cultas, fundamentalmente oral. Según se ha hecho patente en otros lugares de este libro, el espacio funcional del estándar sigue siendo la escrituralidad, puesto que, cuando el estándar se realiza oralmente, se concibe y sigue mayoritariamente los patrones del código escrito. Asimismo, basta con analizar una muestra sucinta de diccionarios y gramáticas contemporáneas para darse cuenta de que las manifestaciones de la lengua oral están escasamente representadas en la descripción y codificación de las variedades estándares.

En este estado de cosas, no puede perderse de vista que la lengua literaria continúa como un referente del estándar, pero los gramáticos han dado también entrada en sus trabajos a otro tipo de autoridades para ejemplificar los usos sancionados normativamente. De hecho, la Real Academia Española y la Asociación de Academias de la Lengua Española han incluido el lenguaje de los medios de comunicación como otra fuente de fijación de la norma culta, lo cual ha supuesto una mayor cercanía del modelo prescrito a sus destinatarios, los hablantes. En esta misma línea, se ha ampliado en gran manera la nómina de fuentes literarias y culturales de sus obras, que, hasta bien entrado el siglo XX, se restringía a autores peninsulares de los Siglos de Oro (Cervantes, Lope de Vega, Quevedo, Tirso de Molina o Calderón de la Barca, etc.).

A este respecto, en referencia a la configuración de un ideal de lengua hispánica, válido para toda la comunidad hispanohablante, Lope Blanch (2001) sugiere el empleo de la lengua literaria como factor discriminante para la adopción de una solución preferente, sobre todo en el ámbito fónico-gráfico, en caso de colisión entre variantes de normas geográficas de prestigio divergentes. De esta manera, la variedad estándar se nutriría de la lengua literaria, en tanto funciona como referente prestigioso de lengua culta, pero el estándar no debe identificarse con esta, si se pretende reducir la artificialidad que supone orientar un modelo hacia el ideal literario escrito.

De hecho, la variedad estándar del italiano se siente muy alejada respecto de los vernáculos, justamente porque está muy próxima al lenguaje literario (Demonte, 2003). La excesiva fidelidad a la norma literaria dota al modelo lingüístico propuesto de una imagen arcaica y purista, cuya fuerte desvinculación de la lengua oral puede desembocar incluso en una situación diglósica, según se desprende de los ejemplos del árabe clásico y el katharevousa griego.

Para terminar, es preciso llamar la atención acerca de la imprecisión misma que envuelve a la base de la conformación de las variedades estándares, el concepto de *lengua culta*, que se identifica muchas veces, a nuestro entender erróneamente, con el sociolecto culto. Al margen de que resulte muchas veces difícil trazar ese límite entre la lengua culta y la popular, precisamente porque los estratos altos, medios y bajos comparten también muchos elementos y rasgos lingüísticos, no creemos que ni siquiera las personas pertenecientes al estatus sociocultural o educativo más elevado, que, por lo general, mantienen un contacto continuo con la lengua escrita, emplean siempre, ni siquiera normalmente, esta difusa lengua culta. El mejor exponente de esta es la variedad escrita codificada, propia de situaciones formales, que, cuando se realiza oralmente, está mucho más próxima a la variedad escrita que la usada comúnmente por "los cultos" en la conversación espontánea.

De esta manera, aunque los niveles socioculturales elevados tienen un mayor acceso y dominio de esta variedad de lengua culta, cuyos usos son más homogéneos en las diversas áreas geográficas y también los más prestigiados, esta se reserva, insistimos, para las situaciones comunicativas formales. En consecuencia, una variedad que responde a estas características no puede considerarse nunca neutra o no marcada.

Reflexiones y actividades propuestas

1. Desde el punto de vista de la norma prescrita para el español sancionada por las instituciones académicas, señala las incorrecciones que observas en los siguientes enunciados.

   a) *Mirar, por favor, en el periódico la cartelera del cine.*
   b) *Los famosos estamos siempre en el candelabro.*
   c) *Se venden muchos pisos en el centro de la ciudad.*
   d) *Me dijistes que no querías saber nada de él.*
   e) *Necesito de tu ayuda en estos momentos tan difíciles.*
   f) *Habían muchos niños en la orilla del mar.*
   g) *La calle mayor estaba infectada de gente.*
   h) *Me encantaría poder ver un águila real de cerca.*
   i) *José ha enviado más de veinte currículums en la última semana.*
   j) *No puedo entender el porqué de su comportamiento.*

2. ¿Qué personajes públicos consideras que son un espejo del "buen hablar y escribir"? ¿Por qué? Inversamente, ¿cuáles no te parecen, en términos lingüísticos, dignos de imitación? ¿Por qué?

3. Busca en diccionarios de lingüística o en manuales de sociolingüística diferentes definiciones que se barajan para el término *estándar* y contrástalas.

4. Consulta en las obras más recientes de la Real Academia Española, tales como el *Diccionario panhispánico de dudas* (2005) o la *Nueva gramática de la lengua española* (2009), ejemplos de fuentes lingüísticas utilizadas.

5. A continuación, se presentan dos fragmentos de textos en los que se trata la polémica cuestión de la denominación *castellano o español*. ¿Por cuál se inclinan? ¿y tú? Piensa en los argumentos que se barajan para la defensa de una u otra postura.

a) Por la calle del medio y sin demasiadas sutilezas literarias, el Premio Nobel [Camilo José Cela] arremetió ayer contra [...] "quienes se avergüenzan de hablar el español y de llamarlo por su nombre, prefiriendo decirle castellano" [...]
Es escritor, que habló del español como una lengua "digna, y suficiente, firme y saludable, lozana y adecuada", advirtió: "Tendremos que estar alerta", dijo, "para evitar que el español deje de ser la lengua común de los españoles, lo que sería un despropósito histórico e incluso político". La referencia a las otras lenguas oficiales del Estado estaba clara. Cela abogó por la libertad de "todas las lenguas", incluidas el catalán, a las que llamó "lenguas españolas", situándolas en igual plano que el español (Borja Hermoso, *El Mundo*, 17 de octubre de 2001; citado en Escoriza Morera, 2008: 33).

b) Juan Carlos I [...] recalcó en su intervención que "todas las lenguas son, en mayor o menor grado, mestizas, y el castellano, que lo fue desde su configuración inicial, se hizo español ensanchando precisamente su mestizaje". El español se configura y vive –dijo– como un idioma común, con una muy trabada unidad, desde luego, pero en el que resuenan muy diversos ecos [...].
Sobre el lema del congreso, "Identidad lingüística y globalización", hizo hincapié en que, a pesar de los supuestos peligros que esta última plantea, "también abre indudables oportunidades". "Desde el punto de vista lingüístico –señaló–, parece claro que ese mismo fenómeno globalizador puede permitir al español, en su creciente expansión, consolidarse como lengua de comunicación internacional" (*La Voz Digital,* 17 de noviembre de 2004; citado en Escoriza Morera, 2008: 34).

6

La concepción del español como lengua pluricéntrica

Este capítulo analiza si el cambio de orientación vislumbrado en las últimas décadas en el discurso de los agentes normativos del mundo hispánico, la Real Academia Española y la Asociación de Academias en particular, tiene su correlato en los procesos de normativización y normalización del español actual.

Indudablemente, en los últimos tiempos, las autoridades académicas se han forjado una nueva y renovada imagen, que conduce a la exaltación del español como instrumento de unión y consenso de toda la comunidad panhispana, vehículo de entendimiento común, lugar de encuentro, etc. En este sentido, se estudiará el grado en el que la retórica institucional se refleja en la política lingüística real emprendida por dichos organismos, que se define, la mayor parte de las veces sin la suficiente precisión, en términos de *pluricentrismo* y *panhispanismo*.

Asimismo, se prestará atención a la manera en la que el español adquirió el estatus de lengua nacional u oficial tanto en España como en el Nuevo Continente, lo cual se vio acompañado de las demandas por el reconocimiento de las diferentes normas surgidas en los distintos núcleos urbanos. Es preciso considerar cómo el nuevo orden *glocal* ha favorecido la emergencia de nuevas estrategias y mecanismos de reconstrucción de la identidad en el ámbito hispano y si ha supuesto el reconocimiento de una verdadera legitimidad lingüística en Hispanoamérica, que ha cuestionado la tradicional relación estratificada y asimétrica entre un único centro lingüístico y el resto de "periferias".

6.1. ¿De castellano a español o de español a castellano?

La evolución del latín vulgar en la península ibérica dio origen a diversas variedades lingüísticas: gallego-portugués, asturleonés, castellano, riojano, navarroaragonés y catalán, ya delimitados y constituidos en el siglo XI, pero muy próximos entre sí durante toda la Edad Media. Aunque no existe acuerdo unánime en torno a la cuestión de si el paso del latín tardío al romance temprano partió de una situación de coexistencia y bilingüismo o si se trataba de una misma realidad lingüística, los hablantes fueron paulatinamente tomando conciencia de que su lengua vernácula no era el latín.

Así las cosas, solamente castellano y catalán, además del portugués, salieron privilegiados de los avatares históricos, las alianzas matrimoniales y el cultivo literario de la época medieval, de forma tal que el resto de modalidades, bien los dialectos primarios (asturleonés y aragonés) o secundarios (riojano, murciano, extremeño, andaluz, canario) fueron absorbidos y convertidos en variedades de la inmediatez comunicativa (Koch y Oesterreicher, 2007 [1990]: 208).

Sin duda, el carácter fronterizo y el poderío militar de Castilla ayudaron decididamente en su extensión territorial y en el aumento demográfico. Frente a la hipótesis tradicional, que defiende el avance del romance castellano en forma de cuña (Menéndez Pidal, *Orígenes del español. Estado lingüístico de la Península Ibérica hasta el siglo XI.* Madrid: Espasa-Calpe, 1972) por la pujanza y hegemonía de un reino que fue imponiéndose en los distintos territorios a medida que avanzaba la Reconquista, López García (2009) plantea una alternativa.

El lingüista aragonés le atribuye al castellano un marcado carácter koinético en sus orígenes, y defiende que en la zona vasco-románica surgiría una variedad de intercambio-lingüístico. Se trataría de "un romance protector, de los vascos de los territorios más abiertos, aquellos en los que el contacto con la gente de habla romance era frecuente" (López García, 2009: 47), el cual, justamente por servir como lengua franca sería adoptado pronto por los pueblos vecinos. Según este autor, al principio existiría solo una koiné central común a vascones, castellanos, leoneses, aragoneses, que solo en el siglo XIII adoptaría la denominación *castellano*, porque el reino económica, demográfica y sociopolíticamente más poderoso era Castilla (unido en 1230 a León).

Sin embargo, lingüistas como Moreno Cabrera (2011) rechazan una y otra explicación porque, a su entender, defienden la excepcionalidad lingüística del dialecto castellano, bien por sus propiedades lingüísticas inherentes, bien por su carácter de lengua común koinética desde la etapa de orígenes, razonamientos que juzga propios de lo que denomina *la ideología del nacionalismo lingüístico español*. A su juicio, no se hace suficiente hincapié en que fueron motivos de cariz sociopolítico y económico, y no lingüístico, los que llevaron al triunfo del castellano.

En todo caso, si se adopta la hipótesis propuesta por López García (2009), indiscutiblemente la castellanización del supuesto primigenio romance central sería fruto de la importante labor de elaboración lingüística emprendida ya durante el reinado de Fernando III y, sobre todo, con Alfonso X. Este privilegiaría, como se vio anteriormente, a la modalidad romance castellana y, en concreto, al modelo de lengua de la cancillería real (Burgos y Toledo) en el proceso de normativización y normalización lingüísticas de dicha koiné central.

En él se traducían y redactaban obras históricas, filosóficas, de astronomía, de ciencias naturales, con lo que el romance castellano quedaba afianzado como lengua de cultura y de la distancia comunicativa. Así las cosas, si bien existía una cierta regularización lingüística, el castellano de los textos reflejaba la variación dialectal, atendiendo a la procedencia diversa de los colaboradores regios.

A todas luces, la labor alfonsí representa el inicio de una larga tradición de reglamentación y estandarización lingüísticas, que en 1492 se concretaría en la explícita codificación de la *Gramática de la lengua castellana* de Elio Antonio de Nebrija, a partir de la cual el castellano se consideraría vehículo apto para la expresión culta, papel que hasta entonces se reservaba al latín. En el Renacimiento, el poderío económico y militar de Castilla se había acrecentado; disponía de una importante flota naval que la llevaría a incorporar tierras del norte de África a sus dominios y, ya con la unión de las Coronas de Castilla y Aragón, se produjo la colonización de las Islas Canarias.

Fue también 1492 fecha clave por tener lugar la rendición del último reino musulmán de Granada, la firma del decreto de expulsión de los judíos y el viaje colombino hacia las Indias, que terminó con la *hispanización* de América. En este sentido, el imperio español alcanzó su máxima expansión con la llegada al trono de Carlos I, con quien el castellano, lengua de la corte toledana, amplió su prestigio y sus ámbitos de uso internacionalmente.

Los siglos XVI y XVII condensan el período de mayor efervescencia de las letras españolas, los Siglos de Oro, en los que florece también la labor codificadora y lexicográfica de la mano de ilustres figuras, como Sebastián de Covarrubias, con su *Tesoro de la lengua castellana o española* (1611), o Gonzalo de Correas, autor del *Arte de la lengua española castellana* (1626). De esta época datan numerosas apologías lingüísticas, que pretenden exaltar la supremacía y virtudes del dialecto castellano, que ha alcanzado la nobleza propia de la lengua latina, un lugar común para la literatura de la época.

Se considera, pues, que el castellano se ha consolidado ya como variedad estándar en el siglo XVI, impuesto al resto de modalidades románicas de los territorios que quedaron bajo el dominio de la Corona catalanoaragonesa, las cuales quedaron recluidas al ámbito de la oralidad e inmediatez comunicativas (Koch y Oesterreicher, 2007 [1990]: 201). Efectivamente, en el siglo XVI, producida ya la revolución fonética del castellano medieval, que dio origen a las modalidades septentrional-central y meridional (Díaz Salgado, 2011: 39), Sevilla intentó sin éxito disputar la hegemonía del modelo cortesano, pero, en contrapartida, su modelo lingüístico se difundió por Canarias y América.

Evidentemente, el español que llegó a América en el siglo XV no era ni mucho menos homogéneo, factor determinante para la configuración y el desarrollo posterior de variedades diatópicas y diastráticas en el nuevo escenario, un proceso en el que fueron clave la procedencia del contingente de colonizadores, el aislamiento de los núcleos poblacionales, el influjo de las lenguas indígenas autóctonas y la ausencia de políticas niveladoras.

En este sentido, conviene destacar que la recepción y aprehensión de la lengua de los conquistadores no fue en América el resultado de un simple proceso de aculturación y desarraigo de las tradiciones autóctonas de los pueblos conquistados. Se trató de un proceso de *neoculturación* y sincretismo entre las culturas que entraron en contacto. Si bien la colonización trajo consigo la imposición de una lengua, la española, las variedades americanas la dotaron de una personalidad y autenticidad propias para dar cabida a la expresión de las diferentes identidades culturales y lingüísticas.

Durante los siglos XVII y XVIII, la norma culta del castellano adquirió una mayor sistematización y difusión en el ámbito educativo peninsular, la cual, con el traslado de la corte a Valladolid y, finalmente, a Madrid, tomó como base los rasgos castellanos más propiamente norteños. A partir de entonces, el castellano gozó de gran prestigio y elevado estatus. Fue entonces cuando, junto a la denominación tradicional *castellano* empezó a generalizarse el vocablo medieval *español*, según se vislumbra en el título de las obras gramaticales y lexicográficas de la época.

Pero, al margen de que prefiramos la opción *castellano* o *español* (ver 5.3.2), no debería olvidarse el hecho de que la variedad castellana se tomó como fundamento del estándar por factores de naturaleza extralingüística y no por su excepcionalidad o riqueza lingüística intrínseca, según parece desprenderse en Alonso 1943 [1938], para quien el castellano nació como un dialecto y más tarde adquirió un rango superior que lo convirtió en lengua nacional e internacional.

> *Castellano* lleva ahora dentro de sí *español*: es como decir "español de Castilla" para referirse a la vez a las formas del idioma común más legitimadas por el origen solariego y más próximas al común modelo de la lengua literaria. El mejor español es el castellano, se piensa (Alonso 1943 [1938]: 101).

Además, ya hemos visto que hay otras opiniones, como la de López García (2009: 59), para quien "lo que sucedió fue lo contrario, que el español se volvió castellano", cuando se adoptó el modelo de lengua de Castilla para la estandarización de una supuesta variedad koinética primigenia.

6.2. La Real Academia Española y la Asociación de Academias de la Lengua Española

El español fue la lengua oficial y prestigiosa de la Corona y en las regiones conquistadas se impuso en todos los ámbitos administrativos y legales, aunque, en general, se toleró la pluralidad lingüística en la vida pública tanto en España como en América y Filipinas. De hecho, las lenguas amerindias fueron incentivadas, aprendidas y codificadas por los misioneros de la Iglesia católica para difundir el cristianismo y facilitar la evangelización indígena. Esta situación cambió, sin embargo, sustancialmente en el siglo XVIII, con la llegada de la monarquía borbónica.

El Siglo de las Luces trajo consigo el espíritu pragmático y centralista en la organización de las estructuras del estado, al tiempo que avivó el deseo de fundar una moderna y uniforme nación española, lo cual tuvo también evidentes repercusiones en el ámbito lingüístico.

Tal y como se anticipó en el capítulo 4, en esta época se creó también un organismo a imagen y semejanza de la *Académie Française*, la Real Academia Española (1713), que sería la encargada de otorgar grandeza y establecer una norma general y uniforme para la *lengua nacional española*. A partir de ese momento, esta institución desarrollará una intensa labor de planificación lingüística, cuyos primeros frutos fueron la publicación del *Diccionario de la lengua castellana* o *Diccionario de autoridades* (1726-1739), la *Ortographia española* (1741) y la *Gramática de la lengua castellana* (1771) (Zamora Vicente, 1999).

Si bien en el siglo XVIII las elites sociopolíticas criollas eran, en su mayoría, monolingües de español y el bilingüismo se iba afianzando en el territorio americano, gran parte de la población colonial seguía hablando únicamente lenguas amerindias. En este contexto, la aplicación de la Real Cédula de 1768, proclamada por Carlos III, tuvo consecuencias muy negativas en Filipinas y la América hispana, pues se tradujo en la prohibición y el fomento de la extinción del resto de lenguas, recluidas al ámbito privado de la oralidad.

Asimismo, la población, en general, y los hombres de letras, en particular, continuaron infravalorando las divergencias lingüísticas que presentaba el español americano respecto al peninsular, cuya norma toledana era considerada "el espejo del buen hablar".

Durante el siglo XIX el español se iría expandiendo entre todos los estratos de la sociedad, un proceso de castellanización muy auxiliado por la obligatoriedad de la escolarización primaria a partir de 1884. Fue también en esta época cuando se produjo la abolición del régimen de la esclavitud, y en países como Uruguay, Argentina y Chile se alcanzó un cierto bienestar económico, que tuvo su reflejo en la aparición de la clase media.

La situación diglósica de la etapa colonial dio paso a una época en la que la lengua española se convirtió en un símbolo de progreso, promoción social y pertenencia a las emergentes nacionalidades hispanoamericanas. En efecto, el espíritu ilustrado, bajo el lema *una nación-una lengua*, vio, paradójicamente, en la unión surgida por el empleo de una lengua común española un requisito indispensable para el triunfo de la emancipación de las repúblicas americanas (Guitarte, 1991), que implícita o explícitamente le concedieron el estatus de lengua nacional u oficial (ver apartado 5.3.2).

Así pues, el español adquirió valor instrumental como vehículo de intercomunicación entre los países hispanoamericanos, algunos de los cuales poseían y poseen amplias minorías indígenas, como México, Guatemala, Ecuador, Bolivia y Perú. Tal y como se explicó en el capítulo 3, los derechos de los pueblos indígenas al empleo y preservación de sus lenguas, enriquecedoras del patrimonio cultural de las naciones, fueron paulatinamente reconocidos, pero las medidas de promoción y difusión lingüísticas se formularon muy vagamente y, como era esperable, tuvieron escasas repercusiones. A causa del utilitarismo de unas políticas lingüísticas defensoras de una alfabetización exclusivamente en español, elemento esencial en la creación de las respectivas identidades nacionales de una comunidad hispanoamericana imaginada, el número de hablantes nativos de las lenguas amerindias experimentó un fuerte retroceso.

El español se convirtió, pues, en un elemento fundamental para lograr la consolidación y cohesión interna del estado, cuando la elite criolla lo reivindicó con vigor como símbolo de una identidad mestiza. No obstante, tal y como había ocurrido en la época colonial, alcanzada la independencia, las clases cultas criollas se sometieron también a los dictados peninsulares y el seguimiento de la norma lingüística de la metrópoli española se mantuvo incuestionable. Se hacía hincapié en la necesidad de mantener la pureza del castellano y desterrar las corrupciones de la lengua patria en territorio americano, dado que las variedades hispanoamericanas seguían siendo juzgadas como periféricas y deficitarias.

Con este propósito y para asegurar la unión lingüística con la antigua metrópoli se planteó, incluso, la creación de una Academia de la Lengua Americana, pero la consolidación de la autonomía política llevó a una reconsideración de la cuestión lingüística y a la reivindicación de normas cultas propias de la lengua española para las identidades nacionales emergentes.

En este contexto, el ejemplo argentino es paradigmático en cuanto a la polémica surgida entre una corriente más hispanófila, positivista, nostálgica del período de colonialismo español, y la joven generación del 37, para quien la exaltación de la singularidad lingüística era un paso primordial en la afirmación nacionalista. De esta última generación de intelectuales destacaron Domingo Faustino Sarmiento, Juan María Gutiérrez o Juan Bautista Alberdi, en cuyos escritos, muy inspirados por el romanticismo francés, se expresa el deseo de constituir un idioma nacional, reflejo del nuevo orden político, con el cual participar democrática y activamente en la vida pública.

Con el fin de tomar las riendas en la dirección y el destino de una lengua que sentían como propia, era preciso el alejamiento del antiguo poder colonial, España, presentada en sus discursos como conservadora, castiza, localista, retrógrada y monárquica, y también, por supuesto, de la autoridad lingüística de la Real Academia Española.

> Bastaría que la Academia Española se arrogase la autoridad o el derecho soberano de legislar en el idioma que habla América hoy soberana, para que ésta tomase antipatía a una tradición y manera de practicar el idioma castellano que le venían trazados despóticamente del país trasatlántico que había sido su metrópoli. No puede un país soberano dejar en manos del extranjero el magisterio de su lengua (Alberdi, 1870; citado en Cambours Ocampo, *Lenguaje y nación. Materiales para la independencia idiomática en Hispanoamérica, con un apéndice de Dámaso Alonso*. Buenos Aires: Ediciones Marymar, 1984: 32).

Sin embargo, frente a quienes, como Sarmiento, llegaron a proponer reformas ortográficas que reflejasen las diferencias geolectales americanas, hubo también eminentes escritores, pensadores y filólogos, como Andrés Bello o Rufino José Cuervo, más cercanos al precedente racionalismo dieciochesco, que trataron de aproximar posturas. Así, abogaron por abrazar la originalidad y legitimidad de las variedades hispanoamericanas, sin que ello significase una ruptura idiomática con España. Asomaba ya por entonces la cuestión unitaria y el temor de la intelectualidad a una maldición de Babel que llevara a la escisión del español en múltiples e ininteligibles nuevos romances.

Por lo tanto, en pro del mantenimiento de la unidad lingüística con España, los trabajos lingüísticos del Nuevo Continente continuaron sujetos a las normas lingüísticas del español europeo, el modelo lingüístico para las nuevas naciones. Incluso cuando la normativización explícita se emprendió también en América con la magna *Gramática de la lengua castellana destinada al uso de los americanos*, de Andrés Bello (1847), que defiende la legitimidad del uso de los americanos doctos e instruidos para formar parte de la lengua ejemplar, muchos de los rasgos lingüísticos siguen considerándose meras desviaciones perturbadoras del estándar peninsular, el único del que el lingüista venezolano toma testimonios y documenta ejemplos (Guitarte, 1991).

En este estado de cosas, la creación de las distintas Academias hispanoamericanas, entre finales del XIX y a lo largo del siglo XX, de forma paralela al proceso de independencia de las colonias, fue un acontecimiento crucial para conseguir una cierta emancipación lingüística que acompañara a la política. Testimonió la incorporación de América al concepto de lengua española y supuso el reconocimiento de otros agentes normativos en el ámbito de la política y planificación lingüísticas del mundo hispánico.

Cuadro 6.1. *Las Academias de la Lengua Española*

Real Academia Española (1713)
Academia Ecuatoriana de la Lengua (1874)
Academia Mexicana de la Lengua (1875)
Academia Salvadoreña de la Lengua (1876)
Academia Venezolana de la Lengua (1883)
Academia Chilena de la Lengua (1885)
Academia Peruana de la Lengua (1887)
Academia Guatemalteca de la Lengua (1887)
Academia Filipina de la Lengua (1924)
Academia Costarricense de la Lengua (1925)
Academia Cubana de la Lengua (1926)
Academia Panameña de la Lengua (1926)
Academia Paraguaya de la Lengua Española (1927)
Academia Dominicana de la Lengua (1927)
Academia Boliviana de la Lengua (1927)
Academia Nicaragüense de la Lengua (1928)
Academia Argentina de Letras (1931)
Academia Nacional de Letras del Uruguay (1943)
Academia Hondureña de la Lengua (1949)
Academia Puertorriqueña de la Lengua Española (1955)
Academia Norteamericana de la Lengua Española (1973)

Los nuevos organismos académicos dieron fe del surgimiento de tradiciones idiomáticas propias del territorio americano y aportaron una descripción más fidedigna de las diferentes variedades surgidas del español trasplantado. Sin embargo, el eurocentrismo académico y la recurrencia al modelo castellano en la valoración de las diferentes realizaciones lingüísticas se reflejaron en los mismos estatutos de 1870, que precedieron a su fundación:

> Las Academias correspondientes de la Real Academia Española reconocen que ésta es, por derecho propio, la llamada a dirigir esta labor colectiva de defensa y promoción del idioma castellano (citado en Zamora Vicente, 1999: 363).

> Siempre que cualquier academia correspondiente creyera necesario modificar en algo los estatutos, habrá de consultarlo previamente con la Española y a tenerse a lo que ésta resuelva (Art. 3. *De los Estatutos de creación de las Academias correspondientes*; citado en Díaz Salgado, 2011: 120).

6.3. La transición académica hacia la oficialidad panhispánica y pluricéntrica

Según Vázquez Villanueva (2008), el Congreso Literario Hispanoamericano, que tuvo lugar en Madrid con motivo de la conmemoración del IV Centenario del Descubrimiento (1892), es una fecha clave para el análisis glotopolítico. A su entender, se inicia entonces una etapa de dominación discursiva en torno a las representaciones ideológicas del español, que continuaría un siglo después en los encuentros internacionales auspiciados por la Real Academia Española y el Instituto Cervantes.

En efecto, en el clima de fin de siglo que envolvió a la celebración del citado centenario, España, marginada por las potencias europeas y asolada por la crisis económica, vio en Hispanoamérica una oportunidad sin igual para recuperar el prestigio como *madre patria*, como depositaria de la raza hispánica y justificar, así, su expansión y desarrollo económico al otro lado del Atlántico. Una vez más, el ejercicio de la tutela sobre el idioma desencadenó polémica.

Autores como Ricardo Palma o Fernando Cruz reclamaron que las variedades lingüísticas de los hispanomericanos fueran reconocidas y estimadas, puesto que eran depositarias de un patrimonio común, la lengua española, cuyo uso debía ser legislado y arbitrado por sus propias instituciones académicas. Asimismo, muchos lingüistas americanos habían abandonado el sentimiento inicial de inferioridad y menosprecio hacia sus propias variedades lingüísticas y se sumaron a la lucha por el reconocimiento académico de lo propio:

> Es indispensable que en España haya más espíritu de tolerancia para las innovaciones que los americanos propagamos en el lenguaje [...] Si se ha tratado de vigorizar los vínculos de unión entre americanos y españoles, y si se dió por la Real Academia el primer paso en este camino, creando en América Academias correspondientes, no es la Real Academia Española, respetabilísima por mil títulos, la llamada á desprestigiarlo en América (Palma, *Congreso Literario Hispanoamericano. IV Centenario del descubrimiento de América. Asociación de Escritores y Artistas españoles*. Madrid: Instituto Cervantes, Ministerio de Cultura, Biblioteca Nacional, 1992 [1892]: 133).

No obstante, los académicos españoles, que constituían una abrumadora mayoría, eran muy reticentes a la aceptación de gran parte de los americanismos. Mantenían una actitud claramente monocéntrica y seguían firmes en su defensa del liderazgo de una única corporación: la Real Academia Española.

> Si hemos de llegar a un resultado práctico, que la autoridad por lo que toca a nuestra lengua se personifique y encarne entre nosotros en una institución, que rodeada de todo el prestigio que sea posible [...] mantenga incólume la

unidad de nuestra lengua, que es el verbo de la dignidad altiva de nuestro pueblo [...] esa institución que acaso tenga sus defectos como los tienen todas las instituciones humanas, no puede ser otra que nuestra Real Academia Española, que en comunión con sus hermanas las correspondientes de América ha sabido fundir con las tradiciones gloriosas del pasado las innovaciones y adelantos del presente, como sabrá cumplir su misión sancionando los progresos del porvenir (Commelerán, 1992: 348; citado en Vázquez, 2008: 91).

La celebración de los Congresos de las Academias de la Lengua Española, iniciados en 1951 en México y organizados cada cuatro años, evidenciarían las tensiones surgidas por un claro distanciamiento entre España y el resto de países americanos, muchas de cuyas Academias habían perecido en el siglo XIX o necesitaron ser reorganizadas por su incapacidad para sufragar los costes de reuniones y publicaciones.

Parecía que el papel secundario de las Academias hispanoamericanas, meras colaboradoras en la aprobación de las propuestas y decisiones tomadas desde Madrid, iba a cambiar sustancialmente de rumbo con la instauración definitiva de la Asociación de Academias de la Lengua (ASALE) y su Comisión Permanente en 1956 (Guitarte, 1991).

6.3.1. *La labor lexicográfica y gramatical de las Academias de la Lengua*

Durante la reunión del Segundo Congreso de las Academias (1956), lingüistas de uno y otro lado del Atlántico coincidieron en la necesidad de coordinar sus esfuerzos para trabajar por un bien común, el español, del que todos eran "supuestamente" amos y servidores. Por todo ello, a propósito de la renovación de la doctrina gramatical, Rafael Lapesa y Salvador Ramírez, entre otros, hicieron explícita la necesidad de dar entrada a las normas cultas extrapeninsulares y, en consecuencia, fenómenos como el seseo o el yeísmo, de abrumadora presencia en todo el ámbito hispánico y amparados en el uso culto, dejaron de ser considerados barbarismos licenciosos o vicios de dicción.

De este modo, se recomendó la inclusión de autoridades hispanoamericanas y filipinas en los diccionarios y gramáticas, así como el aumento de participación de los diferentes organismos académicos en las tareas de normativización y normalización lingüísticas.

> Ninguna comunidad hispanohablante toleraría semejante atentado a su tradición lingüística; las varias modalidades de español culto existentes no pueden ser consideradas ni tratadas como meras "hablas dialectales" o "patois", en relación con el español peninsular oficial o con el español ejemplar (Catalán, 1964: 248).

Así las cosas, esta igualdad teórica tardaría largo tiempo en llevarse a la práctica. Efectivamente, para la Real Academia Española, después de más de dos siglos desde su fundación, el español europeo o peninsular era todavía implícitamente el único que reconocía como modelo oficial, ejemplar y estándar, en el cual debían amparase las personas doctas para el cuidado y el cultivo de la lengua española, que solo entendía un modo de hablar y escribir correctamente.

En efecto, la entrada de usos propiamente americanos que gozaban de estimación social no se producirá hasta la publicación del *Esbozo* (1973), cuando, según Fries, puede decirse que la concepción normativa de la Academia cambia considerablemente y "se manifiesta el paso de una norma más bien eurocéntrica a otra que se podría denominar panhispánica" (Fries, 1989: 163-164).

En este contexto, téngase en cuenta que, por entonces, la gramática académica con validez prescriptiva continuaba siendo la de 1931, puesto que el *Esbozo* terminó por ser una simple obra propedéutica sin carácter oficial para la elaboración de una nueva gramática que tardaría más de 25 años en llegar, por cierto, con una estructura y contenidos totalmente diferentes a los de dicho bosquejo gramatical.

Asimismo, en el prólogo del *Esbozo* se manifestaba explícitamente que el conocimiento que se tenía de las variedades hispanoamericanas era todavía deficiente y el modelo peninsular central continuaba actuando como el parámetro evaluador del resto de variedades.

Por lo que respecta a la labor específicamente lexicográfica, si bien la Real Academia Española había incluido americanismos desde su *Diccionario de Autoridades*, relativos, en su mayor parte, a la flora, fauna e instrumentos americanos que no se encontraban en la península (*tomate, aguacate, batata, canoa,* etc.), el registro de voces indígenas fue lento y raquítico durante los siglos XVIII y XIX y contó, al parecer, con poco apoyo inicial por parte de algunas Academias hispanoamericanas.

De hecho, ya en tiempos muy cercanos, la edición de 1992 del *Diccionario de la lengua española* fue fuertemente criticada justamente por su eurocentrismo. Pese a que por vez primera se emplea la marca *españolismo,* muy pocos vocablos recibieron esta clasificación (*ordenador, conducir, cubata, bañador,* etc.). Se otorgaba todavía una apariencia de generalidad y neutralidad a voces que eran privativas de una variedad, la peninsular, las cuales se contraponían a otras que recibían, muchas veces erróneamente, la etiqueta de *americanismo*, una denominación que escondía una homogeneidad que no era tal.

Sin duda alguna, la incorporación del español latinoamericano fue la consigna más importante que orientó el trabajo académico durante la dirección de Fernando Lázaro Carreter (1992-1998) y, sobre todo, de Víctor García de la Concha (1998-2010).

Existía un acuerdo e interés unánime por presentar el español como la lengua de todos, el vínculo de unión entre todos los países de habla hispana, dirección en la que se orientó la *Ortografía* (1999) y se actualizó la 22.ª edición del *DRAE* (2001). Este último renovó los criterios de incorporación de términos en la macroestructura del diccionario y contó con una revisión exhaustiva de las marcas de los vocablos pertenecientes a los países americanos, cuya nómina aumentó de forma muy considerable, al igual que las voces filipinas.

Así las cosas, tampoco la presentada como "verdadera edición americana" logró desvincularse de un encubierto tratamiento al español de España como centro lingüístico, frente a las variedades hispanoamericanas periféricas, según se refleja en las definiciones de realidades específicamente americanas.

También el trabajo coordinado de las 22 Academias se refleja en el *Diccionario de americanismos (DAA)* (2010a), cuya dirección se encomendó al profesor y Secretario General de la Asociación de Academias, Humberto López Morales. Era la primera vez que se veía cristalizado el empeño institucional de compilar un gran repertorio léxico del territorio americano, con un manifiesto énfasis en su propósito descriptivo. Así, la nueva obra dio entrada a más de 70.000 voces de uso común en América, muchas de las cuales no se recogían en el *DRAE* por no pertenecer al léxico estándar, voces que son bien autóctonas de este continente o bien procedentes de España, pero empleadas con un significado diferente.

El *DAA* es también muy novedoso en cuanto a la inclusión de variantes del español hablado en EE. UU., pero la mayor revolución reside en su concepción. No se ideó como un diccionario contrastivo respecto del español europeo, con lo cual no registra elementos léxicos divergentes del español peninsular, sino que establece la base de la comparación con el denominado *español general* (ver apartado 6.5).

> El *Diccionario de* americanismos es diferencial con respecto al español general. En el plano léxico se entiende por "español general" el conjunto de términos comunes a todos los hispanohablantes (sol, cama, agua, comer...) –bastante más del 80 por ciento de nuestro vocabulario–, independientemente de la variedad dialectal particular que se maneje. No se trata, pues, de establecer la contrastividad con el "español de España" como ha sido habitual hasta ahora (RAE y ASALE, 2010a: XXXI).

6.3.2. *Un modelo composicional panhispánico de facto*

El año 2004 marcó un hito en el proceder de la política y la planificación idiomáticas en torno al español. Se inició la oficial *Nueva política lingüística panhispánica*, en la que se presentaron los proyectos lexicográficos y gramaticales académicos futuros con una intencionada modernización en cuanto a las funciones que tenían encomendadas las instituciones académicas. La renovación fundamental residía en el cambio de orientación que suponía trabajar no por el mantenimiento de la pureza, sino al servicio de la unidad bajo el signo del panhispanismo, un término que tuvo su origen a comienzos del siglo XX.

En efecto, tras la pérdida de las últimas colonias de ultramar, intelectuales como Rafael Altamira vieron en América el lugar idóneo donde España podía recuperarse del desastre del 98 y legitimar su autoridad. La idea de aunar a todos los pueblos de lengua española llevó incluso a algunos autores a postular la existencia de una *raza cósmica* aglutinadora de lenguas y culturas, que daría expresión a la *hispanidad* y contrarrestaría la amenaza del poder norteamericano. Sin duda, el término hispanidad se asoció con la España de los años treinta del siglo XX y con el conservadurismo de autores como Ramiro de Maeztu, que defendían esa unión espiritual de España e Hispanoamérica, donde todas las razas comulgaran bajo una misma religión.

Sin embargo, intelectuales como Fernando Ortiz advirtieron de los peligros de que España adoptase un rol tutelar en esta mancomunidad hispana. Según Sepúlveda (El *sueño de la Madre Patria. Hispanoamericanismo y nacionalismo.* Madrid: Marcial Pons, 2005), fue este escritor cubano el primero en emplear *panhispanhismo* para aludir a la alianza de todos los países de habla cervantina, no solo para lograr una íntima compenetración sino también para conseguir una fuerte alianza económica.

A este propósito de unión lingüística entre las diferentes naciones hispanohablantes respondió el deseo académico de conformar una norma lingüística panhispánica que inspiró la elaboración del *Diccionario panhispánico de dudas* (*DPD*, 2005), obra que recoge los frutos de una encomiable labor conjunta en la que se refleja la evolución, la dinámica y los nuevos cauces de expresión de la lengua española a ambos lados del Atlántico. Sin embargo, sin aminorar los logros en el acopio de abundantes fuentes documentales del español de América, que alternan con los ejemplos peninsulares en la ilustración de muchos fenómenos, es preciso advertir que muchas veces se escogen únicamente los americanos para dar testimonio de incorrecciones de carácter, justamente, panhispánico (Méndez García de Paredes, 2009).

Este es el caso, por ejemplo, del empleo del verbo *haber* como existencial, concordado con el objeto directo que le sigue, fenómeno atestiguado en todo el dominio hispánico y considerado al margen del estándar canónico. Pese a que la amplia extensión de este uso en el Viejo y Nuevo Continente se refrenda en el mismo *DPD* (2005), los ejemplos que se seleccionan y censuran con la bolaspa ([⊗]) son exclusivamente americanos:

⊗ "Hubieron muchos factores que se opusieron a la realización del proyecto» (Expreso [Perú] 22.4.90); ⊗ "Entre ellos habían dos niñas embarazadas" (Caretas [Perú] 1.8.96); Paralelamente, se comete también el error de pluralizar el verbo conjugado cuando haber forma parte de una perífrasis: ⊗ "Dice el ministro que van a haber reuniones con diferentes cancilleres" (Universal [Ven.] 6.11.96) (http://www.rae.es).

El enfoque panhispánico fue también el adoptado para la elaboración de la esperada *Nueva gramática de la lengua española* (*NGLE*, 2009). En efecto, la publicación de una nueva gramática fue acogida con entusiasmo por ser la primera desde 1917 que introducía modificaciones sustanciales y caminaba en la dirección demandada más de cincuenta años antes por académicos como Salvador Fernández Ramírez o Rafael Lapesa, esto es, con la mirada puesta en la América de habla española. Se trataba de una obra gramatical que por primera vez había sido consensuada por las 22 Academias y que ordenaba la estructura y complejidad de la lengua española en todo su vasto territorio.

Este español panhispánico, descrito en la *Nueva gramática*, recuerda, sin duda, al *ideal de norma hispánica* del que hablaba Lope Blanch (2001), que abogaba por no imponer una determinada norma nacional:

> Será ella la norma que reúna y compendie los hechos lingüísticos propios y comunes de todas las normas cultas nacionales. Norma *ideal*, por cuanto que no será la norma *real* de ninguna de las hablas hispánicas. Dicho de otra manera, esa norma hispánica ideal no debe identificarse con ninguna de las normas cultas nacionales. La norma hispánica no coincidirá plenamente ni con la norma castellana, ni con la mexicana, ni con la argentina ni con ninguna otra norma nacional americana.

6.3.3. *De pluricentrismo y panhispanismo*

Junto al carácter panhispánico de la *NGLE* (2009), no menos importante es el calificativo de *pluricéntrica* o *policéntrica* con el que por vez primera se define una gramática académica:

> Una tradición secular, oficialmente reconocida, confía a las Academias la responsabilidad de fijar la norma que regula el uso correcto del idioma. Las Academias desempeñan ese trabajo desde la conciencia de que la norma del español no tiene un eje único, el de su realización española, sino que su carácter es policéntrico. [...]
> La muy notable cohesión lingüística del español es compatible con el hecho de que la valoración social de algunas construcciones pueda no coincidir en áreas lingüísticas diferentes. No es posible presentar el español de un país o de una comunidad como modelo panhispánico de lengua (RAE y ASALE, 2009: XLII).

Así las cosas, la aplicación del concepto de pluricentrismo al caso concreto de la lengua española, así como la relación entre este y el aplaudido panhispanismo, merecen una necesaria y profunda reflexión. Es preciso examinar cuál es el verdadero alcance del pluricentrismo y si va más allá de la esfera discursiva del hispanismo institucional para reflejarse explícitamente en la labor codificadora de las Academias.

En este sentido, es evidente que las instituciones académicas, al igual que otros agentes como el Instituto Cervantes, reconocen, siguiendo a la mayoría de especialistas, que hay distintas ejemplaridades del español, fruto de diferentes tradiciones sociodiscursivas de una misma lengua histórica.

> Incluso [lenguas de gran poder, como inglés o español] han sufrido y sufren un proceso de relocalización en tanto en cuanto los parámetros de prestigio se encuentran en proceso de cambio. Las distintas variedades dialectales de estas lenguas [...] han sufrido también un proceso de codificación y estandarización, constituyéndose como centros irradiadores de prestigio para un país o una región: el *pluricentrismo* (Morgenthaler García, 2008: 143).

Se ha abandonado, pues, la defensa de un modelo lingüístico monocéntrico y exocéntrico para la mayoría de naciones hispanas, en el que las modalidades lingüísticas cultas del español americano eran juzgadas desde una óptica eurocéntrica. Se insiste, además, en que la pluralidad de normas hispánicas, que han incrementado notablemente su poder en los últimos años, es compatible con el mantenimiento de la unidad idiomática.

Sin embargo, si bien existe acuerdo en el surgimiento de varios centros lingüísticos que poseen distinto grado de consolidación y aceptación, estos no suelen ser delimitados e identificados con precisión. En Clyne (ed., 1992), se aludía a los dos modelos geolectales peninsulares, que, según se explicó anteriormente, se configuraron en época renacentista: el castellano septentrional-central y el andaluz, modalidad meridional o atlántica de la lengua española a la que también pertenecen la variedad canaria y las americanas. Por su parte, Oesterreicher (2004) se ha referido a la existencia de tres estándares regionales del español en el continente americano (México, Argentina y los países andinos) y ha puesto un manifiesto interés en resaltar que constituyen una auténtica norma prescriptiva para sus hablantes.

> Los estándares regionales americanos –en la perspectiva sincrónica– no vienen determinados por la norma prescriptiva europea [...] Para la competencia lingüística y la conciencia normativa de los hispanohablantes americanos y para la producción lingüístico-discursiva formal, la norma europea no es un verdadero punto de referencia en el uso (Oesterreicher, 2004).

Pero la descripción más completa de los modelos lingüísticos del español quizá se encuentre en Moreno Fernández (2000), cuya tentativa clasificación presentamos a continuación:

Cuadro 6.2. *Posibles estándares emergentes de la lengua española*

Español castellano

Español andaluz

Español canario

Español caribeño

Español mexicano y centroamericano

Español andino (regiones andinas de Venezuela, parte interior y occidental de Colombia, Ecuador y Perú, la mayor parte de Bolivia y el norte de Chile)

Español del Río de la Plata y del Chaco (Argentina, Uruguay, Paraguay y el sudeste de Bolivia)

Español chileno

Fuente: adaptado de Moreno Fernández, 2000 y 2010.

Si bien la mayoría de estos tienen alcance nacional y se organizan en torno a los núcleos urbanos más influyentes (México, Buenos Aires, Santiago de Chile, Madrid, etc.), no tienen por qué identificarse necesariamente con variedades nacionales. De hecho, existen modelos lingüísticos de carácter supranacional (países andinos) o regional (español andaluz o canario).

Estos modelos idiomáticos constituyen lo que hemos llamado *estándares empíricos* o *implícitos*, puesto que se trata de variedades prestigiosas aceptadas socialmente y empleadas *de facto* por hablantes cultos en muchas situaciones de distancia comunicativa, pero que gozan en la mayor parte de ocasiones de una *normativización informal*. En efecto, la mayoría no han experimentado suficiente grado de elaboración lingüística o *Ausbau* como para estar presentes en la lengua escrita, el terreno prototípico del estándar prescrito, explícitamente codificado en diccionarios y gramáticas.

Este es, por ejemplo, el caso del estándar canario, cuyos hablantes lo consideran una forma natural y válida de expresión y han abandonado en gran medida el sentimiento de inferioridad lingüística respecto al español estándar castellano. No obstante, la mayor ejemplaridad lingüística continúa en Canarias asociada a la variedad centroseptentrional peninsular, tradicionalmente prescrita, el marco de referencia para la comunidad (Morgenthaler García, 2008).

Por el contrario, el modelo mexicano ha sido objeto de una codificación explícita en obras como el *Diccionario del español de México* (Lara, 2010), diccionario diastrático que describe la norma variedad nacional mexicana del español, sin pretensión de contrastarla con la peninsular. Se trata, pues, de una norma culta con elevado estatus, que los hablantes usan deliberadamente como expresión de identidad etnolingüística y que se emplea sistemática, consciente y orgullosamente en la educación, la vida política e institucional y los medios de comunicación.

En este estado de cosas, a pesar de que en el ámbito hispánico pocos hablan ya de un modelo concéntrico para el español, cuestión diferente es la explícita prescripción de las diversas variedades modélicas. Por ello, las distintas normas cultas de la lengua española han sido identificadas como variedades no dominantes, frente a la variedad peninsular septentrional-central, que continúa actuando como dominante (Amorós Negre y Prieto de los Mozos, 2013).

A este respecto, hay lingüistas que se muestran muy favorables a una normativización explícita de los estándares nacionales o regionales, lo cual contribuiría a que recibiesen un tratamiento más igualitario con el tradicional estándar peninsular. Solamente con la elaboración de gramáticas y diccionarios de estos estándares empíricos los hablantes verían sancionadas y legitimadas sus distintas ejemplaridades lingüísticas. No obstante, también muchos otros lingüistas opinan que una codificación verdaderamente pluricéntrica resulta innecesaria y podría conducir al aislacionismo y al separatismo lingüístico.

En este sentido, a propósito de la codificación de un estándar regional andaluz, que ha recibido una mayor atención entre los especialistas, hay quienes cuestionan su viabilidad, a juzgar por la polimorfia de las hablas andaluzas y por la indeterminación misma del modelo lingüístico que constituiría dicho estándar, cuya especificidad se da, sobre todo, en el ámbito fónico. Asimismo, por lo que atañe a la actitud lingüística de la población, muchos opinan que no existe una conciencia lingüística diferencial respecto al español castellano, ni se concibe al andaluz en términos de ejemplaridad (ver Méndez García de Paredes, 2009).

De este modo, proponen dar entrada a los elementos cultos y prestigiosos de la modalidad andaluza, pero dentro de una norma general y flexible de la lengua española, sin que tenga lugar un intervencionismo o planificación lingüística propia en Andalucía. Se argumenta que el habla culta sevillana podría considerarse un centro normativo, pero su radio de influencia parece circunscribirse a las regiones occidentales, puesto que las variedades orientales del andaluz tienden a converger con el español estándar.

Otros lingüistas, sin embargo, han considerado la opción de elaborar un estándar andaluz de carácter koinético que aglutine los rasgos andaluces de valoración alta, de forma que se constituya en modelo de referencia para los medios de comunicación y la enseñanza en la región.

A la luz de lo expuesto, parece que las diversas opiniones sobre el alcance del pluricentrismo en la lengua española se resumen en si el pluricentrismo y multiplicidad normativa debe o no reflejarse explícitamente en la codificación. Moreno Fernández (2000: 77), por ejemplo, afirma que para el caso español existe una "estandarización monocéntrica (norma académica única) construida sobre una realidad multinormativa (norma culta policéntrica)" y, a su entender, "la conveniencia de mantener una estandarización monocéntrica está fuera de dudas: los resultados han sido satisfactorios después de varios siglos y no tienen por qué dejar de serlo" (Moreno Fernández, 2000: 78).

Estas palabras deben entenderse como esa pretensión de hallar una norma abstracta, supradialectal y superordenada, pero la existencia de este ideal panhispánico no debería entrar en contradicción con la codificación de los mencionados estándares empíricos, que podrían concretarla, enriquecerla y complementarla. La existencia de normas internacionales, que aspiran a la universalidad y a la comunicación transnacional, no debería oponerse a la legitimidad de otras que poseen un alcance más limitado, regional o nacional, injustamente asociadas a un "espíritu de campanario", pues ambos tipos de normas resultan útiles a los hablantes en diferentes ámbitos y para distintos propósitos.

De hecho, la restricción del término estándar a una única variedad codificada para la lengua española, que privilegia la variedad peninsular castellana, puede fomentar una actitud purista, según la cual la única variedad correcta es la prescrita en diccionarios y gramáticas. Por todo ello, la prescripción explícita de los diversos estándares nacionales o regionales del español podría llevar a una mayor simetría en la *cultura de lenguas pluricéntricas*, de tal manera que la lengua española dejaría de ser una *lengua policéntrica piramidal* (Hamel, 2004) en la que un determinado núcleo, el español castellano peninsular, continúa ejerciendo primacía.

La relación asimétrica entre las variedades se evidencia, en efecto, en la consideración y el tratamiento que reciben construcciones propias de las variedades no dominantes, las cuales se marcan en los diccionarios y gramáticas como variantes nacionales o regionales, sin otorgársele la ejemplaridad correspondiente al estándar. Tal y como se comentó anteriormente, pocas veces *pluricentrismo* significa igualdad y, naturalmente, en lenguas tan ampliamente difundidas como el español el reto de una codificación pluricéntrica es todavía mayor. No obstante, la empresa merece la pena y, para ello, es preciso que todas las naciones por igual continúen con la labor de análisis y documentación de la variación intralingüística, de forma tal que puedan determinarse las diferentes normas empíricas surgidas en el mundo hispánico.

Si bien se ha avanzado mucho en el conocimiento de las diferentes variedades de la lengua española en Hispanoamericana, todavía son necesarias muchas investigaciones empíricas y una revisión cuidadosa de los materiales disponibles para obtener una visión más ajustada y fidedigna de la realidad americana.

Con el fin de delimitar con mayor precisión cuáles son o pueden ser los centros normativos del ámbito hispanohablante, se requiere determinar cuál es el grado de aceptación y el estatus que se le otorga a los fenómenos lingüísticos en las diversas áreas. A este respecto, la conciencia lingüística de los hablantes es un parámetro fundamental en la configuración de los modelos idiomáticos y, por consiguiente, en la definición del pluricentrismo.

Así las cosas, cabe insistir en que la pormenorizada y minuciosa descripción de las amplias posibilidades de variación que ofrece el sistema español es solo el primer paso. La noción de pluricentrismo no puede hacerse equivalente de variación y, por ello, es necesario conocer qué estructuras y rasgos lingüísticos entran en los ámbitos formales de uso, esto es, cuáles se sitúan dentro del eje de la distancia comunicativa en los diferentes territorios hispánicos.

6.4. Sobre las construcciones ideológicas de la hispanofonía: más allá de la autenticidad y el anonimato

Ya en el capítulo 3 se trató brevemente la cuestión concerniente al valor que se le otorga a las diferentes lenguas y al hecho de que las minoritarias son, generalmente, apreciadas como valiosos símbolos de identidad y reafirmación de la pertenencia grupal, si bien la viabilidad en la esfera internacional y global parece un ámbito "reservado" para las mayoritarias. Woolard (2008), de hecho, se ha referido a las diferentes ideologías lingüísticas que resaltan ora la *autenticidad*, esto es, la particularidad lingüística, ora el *anonimato*, es decir, una supuesta "neutralidad".

Interesa, pues, detenerse en las representaciones ideológicas y simbólicas subyacentes al discurso institucional o *endoxa* (Lüdi, 2011) de los principales agentes encargados de la política y la planificación lingüísticas del español, que se legitiman y naturalizan más fácilmente en el seno de la sociedad. Para ello, a continuación, se observará cómo el *language management* (Spolsky, 2004) ha creado todo un universo discursivo en torno a la lengua española que exalta, por un lado, su valor como elemento común de una única comunidad imaginada panhispánica, globalizada y, por otro, su capacidad para dar expresión a identidades diversas que buscan localizarse en espacios alternativos glocalizados.

En este sentido, por lo que se refiere al cultivo y difusión de la lengua española en el mundo, es evidente que las diferentes instituciones encargadas de la promoción y cuidado idiomáticos han abrazado la diversidad etnolingüística y aplaudido la existencia de múltiples variedades lingüísticas en el seno de una misma comunidad idiomática hispana.

En pleno siglo XXI, el español está firmemente asentado como lengua materna en países que se distribuyen en áreas geográficas extensas y, en muchos casos, distantes, en 20 de los cuales posee estatus de lengua oficial. De hecho, las últimas cifras del *Ethnologue* (2013) afirman que es lengua nativa de 406 millones de personas (solo por detrás del chino mandarín).

Cuadro 6.3. *Porcentaje de hispanohablantes en los países donde el español es lengua oficial*

País	Habitantes	% población hispanohablante
México	101.879.170	98,2
Colombia	40.349.388	99
España	40.037.995	99,1
Argentina	37.384.816	99,7
Perú	27.483.864	85,1
Venezuela	23.916.810	96,9
Chile	15.328.467	90
Ecuador	13.183.978	93
Guatemala	12.974.361	64,7
Cuba	11.184.023	98
República Dominicana	8.581.477	98
Bolivia	8.300.463	87,7
Honduras	6.406.052	98,2
El Salvador	6.237.662	100
Nicaragua	4.918.393	87,4
Costa Rica	3.773.000	97,5
Uruguay	3.360.105	98,4
Panamá	2.845.647	77,4
Paraguay	5.734.139	55,1
Puerto Rico	3.766.000	98,2

Fuente: López Morales, 2010: 278-280.

Asimismo, las previsiones apuntan a que Estados Unidos podría convertirse en el cuarto país mundial en lengua española, donde se estima que en 2050 el conjunto de hispanos podría llegar a cien millones. Un porvenir también halagüeño para la lengua española se presenta en Brasil, el otro país que muestra una evidente *hispanoproclividad*, sobre todo, a raíz de que desde que en 2005 las alianzas del Mercosur favoreciesen su implantación como lengua obligatoria en los niveles secundarios de enseñanza.

El peso del español se ha incrementado también notablemente en el territorio europeo, en el ámbito de la administración y de la diplomacia, pese a que como lengua de trabajo está todavía lejos de alcanzar el nivel del francés y del alemán. La inversión en las industrias de la comunicación en español ha aumentado extraordinariamente en los últimos años, si bien en el campo de las tecnologías de la información y en la producción científica, al español le queda todavía mucho camino por recorrer.

En este estado de cosas, puede afirmarse que la lengua española se ha extendido mucho más allá de sus fronteras nativas (*hispanidad*) y ha sido adoptada como vehículo de expresión de muy distintas nacionalidades y culturas del círculo exterior (Kachru, 1982) que han abrazado la *hispanofonía*. ¿Quién sabe si dentro de pocos años este fenómeno se generalizará al resto de lenguas supercentrales de forma tal que, al igual que ocurre en los estudios anglófonos, se aluda al fenómeno de los *World Spanishes*?

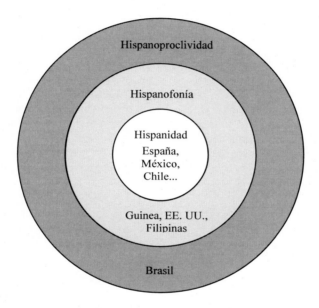

Figura 6.1. Hispanidad, hispanofonía e hispanoproclividad
(López García, 2008: 473).

A este respecto, parece que actualmente las fronteras del solar originario del idioma son demasiado estrechas para satisfacer las demandas de la globalización. España concentra apenas la décima parte de los hispanohablantes, por lo que tanto las Academias de la Lengua Española y, en especial, la Real Academia Española han tomado buena nota de la necesidad de adoptar una imagen renovada que poco tiene que ver con la de una orden anquilosada, nacionalista y conservadora, que vigila que el advenimiento de neologismos y extranjerismos no dañe la pureza de la lengua. También por lo que respecta a la enseñanza del español, el Instituto Cervantes ha subrayado la importancia del diálogo entre todos los países de habla hispana y de su participación activa en la elaboración de los proyectos curriculares y en la implantación de programas formativos de calidad.

En general, puede afirmarse que han desaparecido de la esfera pública los discursos en torno a la misión civilizadora de España, que, con el auxilio del español, debía terminar con la barbarie y restaurar la influencia de la "raza hispánica" en el territorio colonizado. América ya no se describe como una simple prolongación peninsular. Por consiguiente, la intelectualidad española ha abandonado, en su mayor parte, la defensa abierta de una supuesta supremacía que España debe ejercer en las decisiones que influyen en el devenir de la lengua española, un autoritarismo lingüístico rechazado contundentemente por la gran mayoría de académicos.

> El castellano del siglo XXI será lo que Latinoamérica decida. La nueva posición internacional de España, su insólito crecimiento económico, su pujante democracia, su inmersión en la realidad europea, son oportunidades que debemos aprovechar todos cuantos creemos en la lengua como una patria común que rebasa fronteras y doctrinas. De modo que mi país puede aportar mucho, aparte su consideración como tierra germinal de nuestro idioma. Pero las trazas fundamentales de este, definitivamente, pasan hoy por América Latina (Cebrián, "Español internacional e internacionalización del español", en *III Congreso Internacional de la Lengua Española*. Rosario, http://congresosdelalengua.es/rosario/mesas/cebrian_j.htm, 2004).

Sin embargo, son varias las voces críticas que denuncian que de una forma encubierta, más acorde con los tiempos democráticos postcoloniales y la práctica de una lingüística descriptiva, el eurocentrismo continúa muy visible a la hora de de determinar qué es lingüísticamente correcto o incorrecto. Se argumenta que las medidas emprendidas por los diferentes agentes planificadores están todavía muy lejos de otorgar un tratamiento equitativo y simétrico a las diferentes variedades lingüísticas del mundo hispánico, que pudiera poner en peligro la tradicional hegemonía de la antigua potencia colonial, España.

En este contexto, a los mismos lingüistas nos compete adoptar una postura responsable y reflexiva con la manera en que se generan determinadas ideas y tópicos discursivos, para que no se naturalicen ciertos comportamientos que pueden ser impositivos. Así, el profesor José del Valle (2007: 17) se ha referido a la construcción de *ideologemas*, "postulados o máximas que funcionan como presupuestos del discurso", de los que hacen uso las autoridades lingüísticas (la Real Academia Española, el Instituto Cervantes, así como gran parte de diplomáticos, empresarios, economistas y políticos), con objeto de justificar sus acciones de política lingüística.

Se sostiene que en ocasiones se emplean diferentes metáforas bien para disfrazar, bien para legitimar impopulares medidas lingüísticas orientadas a obtener beneficios del mercado económico sustentado por la lengua española, la *hispanofonía* (Mar Molinero, 2006), que es vista por algunos lingüistas como una estrategia lingüística para combatir el predominio anglófono, una reinstauración del proyecto de la hispanidad de finales del XIX y principios del XX, en el que la lengua española es el vínculo de armonía de una comunidad panhispánica a ambos lados del Atlántico (ver Del Valle ed., 2007; Senz y Alberte eds., 2011).

Una de las metáforas más recurrentes del discurso institucional es el recurso a la *unidad en la diversidad*, esto es, la exaltación del español como lengua que en su devenir histórico ha permitido la expresión de las singularidades de las diversas naciones, al tiempo que ha posibilitado el entendimiento y concordia entre todas ellas, según se vislumbra en muchos encuentros que tratan de la situación actual de la lengua española. No en vano, constituye uno de los principios por los que se rige la Comunidad Iberoamericana de Naciones, que, desde su fundación en 1992, trata de conformar un espacio común entre España y América Latina con el que se estrechen las relaciones políticas, económicas y culturales trasatlánticas.

Así pues, el español se presenta como una lengua que acoge una gran variación dialectal, al tiempo que presenta una considerable cohesión interna y homogeneidad en los ámbitos cultos y formales de uso, aseguradas por el medio escrito, la escolarización y los medios de comunicación. Estas propiedades se esgrimen como sólidas fuerzas estabilizadoras que garantizan el buen futuro para el idioma.

Tras más de dos siglos de independencia, parece ser que la ruptura idiomática no se siente como una grave amenaza, frente a la fuerte preocupación por la fragmentación lingüística que centró el I Congreso de Instituciones Hispánicas, titulado precisamente *Presente y futuro de la lengua española*. En este lingüistas como Rufino José Cuervo o Dámaso Alonso eran muy conscientes de las tendencias centrípetas de las diferentes normas capitalinas y estaban temerosos de que el español corriera la misma suerte que el latín y se escindiera en diversos idiomas nacionales.

Si bien en la actualidad este temor ha desaparecido de la esfera discursiva, la cuestión unitaria se mantiene. En efecto, la lógica diversificación del español en el amplio territorio americano es un tema recurrente en los debates sobre la planificación lingüística en la glocalización *y* así se refleja justamente en el renovado lema académico *unifica, limpia y fija* y en los renovados *Estatutos*:

> La Real Academia Española tiene como misión principal velar porque los cambios que experimente la Lengua Española en su constante adaptación a las necesidades de sus hablantes no quiebren la esencial unidad que mantiene en todo el ámbito hispánico (RAE, 1993: 7).

Tal y como se evidencia en las siguientes palabras pronunciadas por Vargas Llosa, el foco discursivo se ha trasladado de la lucha por evitar una desmembración interna del sistema en lo concerniente al surgimiento de las diferentes normas cultas, al ensalzamiento del sentimiento de unidad y las sustanciales ventajas políticas y económicas de contar con una *lengua común* que abraza las diversas ejemplaridades idiomáticas.

> La celebración de estos dos siglos no debería insistir sólo en las lacras del pasado y el presente, sino subrayar también todo lo positivo y feliz que trajo a nuestra América su articulación con el resto del mundo gracias a la llegada de los europeos a sus playas, cordilleras y selvas. Y de todo ello, lo más importante y duradero, qué duda cabe, fue la lengua castellana. Esa lengua […] a partir de entonces, y en gran parte debido a su arraigo en el continente americano, dejaría de ser sólo la lengua de Castilla y España y se convertiría en la de muchos pueblos y países, una lengua sin fronteras, denominador común de sociedades muy diversas a las que acercó e integró, haciéndolas compartir una historia y una tradición y ser, desde entonces, las provincias hermanas de una misma civilización. La lengua común […] Una lengua común no es una aplanadora que uniformiza e iguala aboliendo los matices y contrastes que existen entre países, regiones, comarcas e individuos (Vargas Llosa, "Inauguración: La lengua común", en *V Congreso Internacional de la Lengua Española.* Valparaíso, http://congresosdelalengua.es/valparaiso/inauguracion/vargas_llosa_mario.htm, 2010).

No obstante, ya se comentó anteriormente, que si bien el protagonismo de las distintas corporaciones académicas ha aumentado en las últimas décadas, según se vislumbra en las diferentes publicaciones, todavía se critica el excesivo control de la institución española y la preeminencia otorgada al español peninsular en sus obras (ver Senz y Alberte eds., 2011).

Otro de los *leitmotiv* del discurso de los agentes normativos es la alusión al *mestizaje* del español, a ese carácter sincrético que recoge múltiples testimonios de las diversas lenguas y culturas con las cuales el castellano o español entró en contacto en suelo americano. La Real Academia Española y el Instituto Cervantes son muy conscientes de que el peso sociocultural y económico asociado al español y su papel como lengua franca internacional aparecen irremediablemente ligados al español americano y a la promoción del valor de pertenencia a una mancomunidad hispana. Se trata de la *patria común* de la que habla el profesor Del Valle, sustentada, precisamente, en el componente idiomático, que se describe como crisol de culturas.

> El español es una lengua mestiza, en cuya sangre hay vetas árabes, visigodas, celtas, quechuas, guaraníes, destellos del náhuatl, del chibcha y del aymara, relámpagos del Quijote y de Macondo, sones cubanos y corridos de México,

vallenatos de Barranquilla y romanceros gitanos ("Inauguración del IV Congreso Internacional de la Lengua Española", *La nación,* 27 de marzo de 2007).

Sin embargo, bajo esta retórica del mestizaje, muchos lingüistas opinan que encubiertamente se continúa practicando una política lingüística que fomenta el nacionalismo español, disfrazado de progreso, concordia y panhispanismo (Del Valle ed., 2007; Moreno Cabrera, 2008; Senz y Alberte eds., 2011). Se pone de relieve que únicamente el español es la lengua valorada en dichos contactos interculturales, mientras que al resto no se le otorga el potencial para actuar como vínculos de esa fraternidad e hispanidad, que son representadas únicamente por la lengua española y por España.

En efecto, paradójicamente, por un lado, se alude a las ventajas de un español mestizo, anónimo y desterritorializado, desvinculado de la metrópoli peninsular, a fin de que sea propiedad de todos; y, por otro lado, se observa una fuerte oposición al surgimiento de variedades que son el cauce de expresión simbólica de un colectivo propio, como ocurre con la lengua de los latinos o hispanos en EE. UU. o con los criollos surgidos de contactos entre el español y lenguas indígenas.

En este sentido, si bien la mayoría de lingüistas aplaude la unión panhispanoamericana, muchos se oponen a que España considere que Iberoamérica es su *mercado natural,* a juzgar por las cuantiosas inversiones de empresas españolas en Hispanoamérica y el liderazgo peninsular, tanto en la promoción y producción de todo tipo de bienes culturales como en los beneficios obtenidos.

Y, finalmente, otro de los temas recurrentes en el ámbito de la política y planificación lingüísticas del español es, precisamente, el valor de esta lengua como bien económico del que se pueden obtener beneficios sustanciales. Así, en los Congresos Internacionales de la Lengua Española no faltan las intervenciones de políticos y empresarios que hacen hincapié en la concepción del español como recurso económico, en torno al cual, igual que sucede con el inglés, se han desarrollado múltiples industrias culturales.

A este respecto, Óscar Berdugo, presidente de Eduespaña, ha subrayado en varias ocasiones que el español es una fuente de ingresos con la que podrían generarse muy distintas y variadas actividades empresariales, que lo configurarían como un sector autónomo en la economía del país. De hecho, él mismo es el promotor de la denominada *Marca genérica de lo español* y director de la Asociación para el Progreso del Español como Recurso Económico (ERE), fundada en 1996 para crear un entramado empresarial que se beneficie de la internacionalización del español y que está sustentada, muy especialmente, por la industria de la enseñanza de español a extranjeros.

En esta misma línea, en el V Congreso Internacional de la Lengua Española (2010), que iba a celebrarse en Valparaíso pero fue suspendido a raíz de un terremoto, hubo varias secciones dedicadas a la contribución del español a las rentas nacionales de los países de la Comunidad Iberoamericana de Naciones y a las ventajas de su conocimiento para la integración en el mercado laboral. Así, por ejemplo, el Presidente del Grupo Santander, Emilio Botín, se refirió al español como un activo estratégico con enorme potencial para promover la economía española, opinión que avalan los informes elaborados por entidades como la Fundación Telefónica o el Banco Interamericano de Desarrollo (BID), que consideran que el español es una pieza clave en el desarrollo empresarial (editorial, turística, musical, audiovisual, etc.).

De la mencionada proyección internacional del español y de su pujanza internacional se hacen eco también los propios medios de comunicación, en los que se recogen titulares como: "Una potencia de 440 millones de hablantes. La globalización, las corrientes migratorias e Internet consolidan el vigor del español en el mundo" (*El País*, 5 de noviembre de 2006) o "España descubre el petróleo de la lengua" (*El País*, 24 de marzo de 2007).

Así las cosas, justamente, la referencia a la lengua española como *petróleo* o *materia prima*, en alusión al lucro que obtienen industrias editoriales, audiovisuales, lúdicas, etc. ha sido también rechazado por gran parte de lingüistas por el fomento de una concepción utilitaria, pragmática e instrumentalista de la lengua, valorada en términos de rentabilidad y productividad.

Sin embargo, la discusión no reside en la cuestión de la obtención de beneficios de la enseñanza y promoción del español en el mundo, una oportunidad laboral para filólogos, lingüistas, traductores e hispanistas del mundo entero, sino en el hecho de que España es, con mucho, la más privilegiada en las inversiones, recursos y relaciones comerciales generadas en torno a la economía del español, un español que para asegurarse la competitividad en el mercado global se presenta como unido y panhispánico.

A este respecto, varios investigadores han sugerido que la retórica de igualdad y respeto a las diversas variedades de la lengua española se explica por un propósito *emolingüístico* (López García, 2008), aunque de facto pueda practicarse una política lingüística que otorga supremacía a la variedad del castellano peninsular, una preeminencia, obviamente, no justificada científica, ni demográficamente, sino solo ideológica, económica y políticamente.

6.5. En torno a los conceptos español estándar, español general y español neutro

A la luz de lo expuesto en páginas precedentes, conviene precisar el alcance de algunos términos que proliferan en el ámbito de la política y la planificación lingüísticas del español actual.

A este respecto, es necesario hacer hincapié, una vez más, en que la noción de *español estándar* se corresponde a la variedad de la lengua española asociada a la distancia comunicativa, a los contextos más formales de uso, fundamentalmente de la lengua escrita, frecuentados por los grupos socioculturales elevados. Esta es, de hecho, la definición que proporciona el *Diccionario panhispánico de dudas* (RAE y ASALE, 2005).

Es por ello la expresión culta formal la que constituye el *español estándar:* la lengua que todos empleamos, o aspiramos a emplear, cuando sentimos la necesidad de expresarnos con corrección; la lengua que se enseña en las escuelas; la que, con mayor o menor acierto, utilizamos al hablar en público o emplean los medios de comunicación; la lengua de los ensayos y de los libros científicos y técnicos. Es, en definitiva, la que configura la norma, el código compartido que hace posible que hispanohablantes de muy distintas procedencias se entiendan sin dificultad y se reconozcan miembros de una misma comunidad lingüística.

Tal y como se ha explicado anteriormente, las Academias de la Lengua Española han mostrado un unánime rechazo al reduccionismo que implicaría renunciar a la diversidad de normas nacionales y regionales del español. No obstante, se ha constatado que falta mucho camino por recorrer para poder hablar de una labor de corpus verdaderamente pluricéntrica. En efecto, las obras académicas más recientes se han elaborado bajo la consigna del panhispanismo, en cuanto que aspiran a la conformación de una supranorma culta común general, orientadora y válida para todos los hispanohablantes más allá de fronteras regionales o nacionales, pero esto no puede hacerse equivalente de pluricentrismo.

En diferentes territorios del mundo hispanohablante se han generado diversas ejemplaridades idiomáticas que no tienen por qué ser coincidentes y, de hecho, no lo son en muchas ocasiones. En este sentido, debería hablarse más propiamente no de un único estándar español, una única "norma general culta" que actúa como parámetro de referencia y marcación del resto de variedades y variantes, sino de varios estándares, cada uno de los cuales constituye su propia cadena variacional y estratificación semiótica para una misma lengua, en este caso la española (Méndez García de Paredes, 2012).

Así pues, sorprende también que la etiqueta de español estándar se emplee muchas veces como sinónimo de las expresiones *español general o español común,* entendidos estos como el componente lingüístico compartido por todas las variedades lingüísticas en un nivel de lengua culto y en un registro formal. Así ocurre en el mismo prólogo de la *NGLE* (2009) uno de cuyos propósitos es, precisamente,

> Describir las construcciones gramaticales propias del "español general", así como reflejar adecuadamente las variantes fónicas, morfológicas y sintácticas que una determinada comunidad puede considerar propias de la lengua culta,

aun cuando no coincidan enteramente con las opciones favorecidas en otras áreas geográficas.

Indudablemente, la *NGLE* (2009) cumple su objetivo de ofrecer una pormenorizada, exhaustiva y razonada descripción lingüística de la lengua española en todo el ámbito hispanohablante, por lo que se le podría otorgar el calificativo de *gramática del español de todos, gramática del español global.* Asimismo, tal y como corresponde a una obra de naturaleza también prescriptiva, dicha descripción de la amplia variación del español se ve acompañada de adscripciones sociolingüísticas y recomendaciones de uso acerca de determinadas variantes, pero alejadas de la censura explícita que se asociaba en el *Diccionario panhispánico de dudas* (2005) al empleo de la bolaspa. En efecto, este signo dicotómico, que se empleaba para hacer referencia a los usos estigmatizados o no recomendados, ha sido abandonado en favor de una mayor gradación en las consideraciones y orientaciones normativas.

De hecho, la *NGLE* (2009) y su correspondiente *Manual de la nueva gramática de la lengua española* (2010b) reconocen expresamente que la valoración y el estatus de determinados fenómenos lingüísticos no es coincidente en las diversas zonas del mundo hispánico, según sucede a propósito del rasgo voseante:

> Más compleja e inestable aún es la situación sociolingüística del voseo. De haber estado sujeto a una fuerte presión normativa y haber sido combatido por la enseñanza, ha pasado a ser, en algunas áreas, la forma general del trato de confianza. Así ocurre en Argentina, el Uruguay, Costa Rica, Nicaragua, la región de Antioquia (Colombia), la de Zulia (Venezuela) o la de Esmeraldas (Ecuador). Sin embargo en otras, como el Salvador, no excede el ámbito de la lengua familiar y carece de prestigio fuera de ella.
>
> En otras como Panamá, es eminentemente rural y su empleo resta prestigio social. La estigmatización que reciben las variedades del voseo puede ser también dispar en las áreas en las que se usa. Así, el voseo flexivo o pronominal ha estado más tradicionalmente desprestigiado en Chile que en Uruguay, mientras que este país rechaza más que la Argentina o que los países centroamericanos el voseo en subjuntivo (RAE y ASALE, 2010b: 325).

A juzgar por lo expuesto, parece que el carácter rural o popular que adquiere el voseo en determinadas zonas se asocia al desprestigio, a la estigmatización social y, por tanto, indirectamente, a lo no estándar y no recomendable.

No obstante, en muchas ocasiones la *NGLE* (2009) prefiere no comprometerse, de forma tal que se impone la indeterminación en cuanto a los modelos lingüísticos de referencia en gran parte de ocasiones. Además, muchas veces no se detallan las áreas lingüísticas donde se atestiguan determinadas construcciones y, cuando sí se hace, no suele aludirse a si poseen o no carácter ejemplar. Este hecho se debe, muy probablemente, a que se tiene información poco contrastada, fundamentalmente, de algunas zonas americanas:

> En algunas áreas hispanohablantes (entre otras, la europea y parte de la caribeña), los posesivos prenominales son incompatibles con las oraciones de relativo específicas, de modo que se rechazan grupos nominales como *su prima que vive en Buenos Aires* sin pausa ante *que*. En amplias zonas del español americano no se percibe, en cambio, tal incompatibilidad (RAE y ASALE, 2010b: 347).

En efecto, en casos como este parece inferirse que todo lo marcado como "no recomendable", "no considerado digno de imitación" o "rechazado" se excluye de este "hipotético estándar español", más panhispánico, general y común que pluricéntrico.

A este respecto, conviene incidir en que la noción de español estándar implica una ejemplaridad que no es coincidente en las diversas áreas hispánicas y que la esencia del pluricentrismo no es la constitución de un español formado por los rasgos lingüísticos comunes a todos sus hablantes, sino el establecimiento de diferentes variedades paramétricas o estándares.

La codificación de las diferentes normas cultas del español extrañamente podría coincidir con la de una única variedad modélica y panhispánica que, en pro de un ideal de lengua válido para toda la comunidad, implica la renuncia inevitable a peculiaridades lingüísticas, prestigiadas en unos territorios y estigmatizadas en otros.

En consecuencia, a nuestro entender, el modelo de estandarización lingüística propuesto por las Academias es más bien polimórfico y composicional (Senz, Minguell y Alberte, 2011: 2011) (ver apartado 5.1.1), puesto que acoge soluciones de las diversas normas cultas hispánicas, aun cuando la variedad dominante que actúa de base continúe siendo la centronorteña peninsular. Por lo tanto, el objetivo académico sigue siendo la normativización de un único estándar unitario que aúna las fuerzas lingüísticas centrípetas.

En otro estado de cosas, debe hacerse hincapié en que el español general o panhispánico propuesto por las Academias es diferente del conocido como *español internacional* o *neutro*, específica y artificialmente creado para el ámbito de la comunicación internacional, con una mayor homogenización y neutralización de los rasgos nacionales. Este español tampoco se identifica con una región en concreto, puesto que representa "la expresión más extrema del panhispanismo" (Moreno Fernández, 2010: 12), una potenciación de los rasgos que son comunes, en el que se enfatiza más que nunca la unidad y el empleo de un léxico unívoco alejado de la ambigüedad.

Un buen ejemplo lo constituirían el español de las películas de Walt Disney o el de los informativos de la CNN, en los que se emplea una variedad que busca la socialización e interacción entre los hablantes, quienes con su utilización ven reducidas las posibles desigualdades lingüísticas que pueden estar en el origen de estigmatizaciones sociales. En palabras de Bravo García (2008: 28), "en la concepción académica, la norma panhispánica está vinculada al hablante culto", mientras que el español neutro no aspira a la ejemplaridad sino a la empatía.

Asimismo, este español internacional, por cuestiones demográficas, sitúa su centro en América y, en consonancia con esto, opta por el seseo y el yeísmo. De la misma manera, evita el voseo, el laísmo, el loísmo, el leísmo de persona y renuncia al empleo del pronombre *vosotros*, lo cual difícilmente admitiría el panhispanismo de las Academias.

Así pues, debe tenerse en cuenta que el propósito del español internacional o neutro es lograr la mayor eficiencia comunicativa en tiempos de globalización y, por ello mismo, está destinado a los ámbitos mediáticos transnacionales. Indudablemente, su creación está impulsada por algunos sectores del mercado editorial, las agencias publicitarias y los medios de comunicación, en su afán de llegar a un público más amplio y reducir costes de producción. Es un modelo que se baraja también como otra de las opciones para la enseñanza del español, aunque justamente por su deslocalización y falta de arraigo en una comunidad, muchos lingüistas cuestionan su viabilidad. Su aceptación es, de hecho, mayor en la enseñanza de español para fines específicos (Bravo García, 2008).

No obstante, frente a las críticas que inciden en la aculturalidad de una variedad con la que difícilmente se encuentran identificados sus hablantes, este español internacional encuentra entre los mismos académicos manifiestos defensores. López Morales (2010), Secretario General de la Asociación de Academias de la Lengua Española, lo abraza con entusiasmo y defiende que la constitución de una norma mediática de la que se están sirviendo muchos programas de televisión, telenovelas y de la que se hace uso en el doblaje de muchas películas, no implica empobrecimiento idiomático, dado que contrariamente a lo que suele argumentarse, este español neutro presenta una gran riqueza léxica.

Reflexiones y actividades propuestas

1. Recoge diferentes ejemplos de variantes lingüísticas propias del territorio hispanoamericano. A continuación, analiza el tratamiento que se le otorga en el *Diccionario panhispánico de dudas* (2005) y en la *Nueva gramática de la lengua española* (2009) o bien en la versión abreviada (*Manual de la nueva gramática de la lengua española*, 2010).
2. Busca en el *Diccionario de americanismos* (2010) términos que se recogen únicamente en esta obra y que no están presentes en la última edición del *DRAE*.

A continuación, localiza otros ejemplos presentes en ambos diccionarios académicos y compara las definiciones que se proporcionan. Es una buena idea pensar en vocablos americanos referidos a la flora y a la fauna.

3. ¿En qué contexto situarías las siguientes palabras del gramático Andrés Bello (1847): "Chile y Venezuela tienen tanto derecho como Aragón y Andalucía para que se toleren sus accidentes, divergencias, cuando las patrocina la costumbre uniforme y auténtica de la gente educada". ¿Qué actitud han mantenido al respecto los agentes normativos del mundo hispánico?

4. El tema del descubrimiento de América ha suscitado mucha polémica. Muchos investigadores denuncian el sometimiento, la opresión y el genocidio de que fueron objeto millones de indígenas, por lo que prefieren hablar en términos de "desencuentro" más que de "encuentro" entre culturas. Seguidamente, se presentan dos breves textos en los que se hace referencia a la llegada de los españoles a América. Coméntalos en relación con lo expuesto en este capítulo ¿Cuál es tu opinión al respecto?

> Nuestra lengua nace de una herida. Y la historia de nuestra lengua es la de un dolor inexplicable por un idioma que es el único que poseemos, pero en cuyo origen está la muerte de tantos (Raúl Zurita, Premio Nacional de Literatura, *El País*, 25 de abril de 2001).

> Nunca fue la nuestra lengua de imposición, sino de encuentro; a nadie se obligó nunca a hablar en castellano: fueron los pueblos más diversos quienes hicieron suyos, por voluntad libérrima, el idioma de Cervantes (Juan Carlos I, *El País*, 22 de abril de 2001).

5. Consulta en el último Anuario del Instituto Cervantes los datos relativos a la procedencia geográfica de los estudiantes de español en el mundo.

Bibliografía

Alonso, A. (1943 [1938]): *Castellano, español, idioma nacional*. Buenos Aires: Losada.

Alvar, M. (1986): *Hombre, etnia, estado*. Madrid: Gredos.

— (1990): "La lengua, los dialectos y la cuestión de prestigio", en M. Alvar *et al.* (eds.) *Estudios sobre variación lingüística*. Alcalá de Henares: Universidad de Alcalá de Henares/Servicio de Publicaciones, pp. 13-26.

Ammon, U. (2004 [1989]): "Towards a descriptive framework for the status/ function/ position of a language within a country", en U. Ammon, N. Dittmar y K.J. Mattheier (eds.) *Status and function of languages and language varieties*. Berlín/Nueva York: Mouton, pp. 21-106.

Amorós Negre, C. (2008): *Norma y estandarización*. Salamanca: Luso-Española.

— (2012): "El pluricentrismo de la lengua española: ¿un nuevo *ideologema* en el discurso institucional? El desafío de la glosodidáctica", en *Revista Internacional de Lingüística Iberoamericana* 19 (1), pp. 127-147.

Amorós Negre, C. y E. Prieto de los Mozos (2013): "Los estándares del español: de la sintaxis al discurso", en R. Muhr *et al.* (eds.) *Exploring linguistic standards in non-dominant varieties of pluricentric languages/Explorando estándares lingüísticos en variedades no dominantes de lenguas pluricéntricas*. Frankfurt am Main: Peter Lang, pp. 379-392.

Androtsopoulos, J. (2010): "Ideologizing ethnolectal German", en S. Johnson y T. M. Milani (eds.) *Language Ideologies and Media Discourse: Texts, Practices, Politics*. Londres/Nueva York: Continuum, pp. 182-202.

Bartsch, R. (1987): *Norms of Language. Theoretical and Practical Aspects*. Londres/Nueva York: Longman.

Bello, A. (1978 [1847]): *Gramática de la lengua castellana*. Madrid: Colección Edaf Universitaria.

Bernárdez, E. (2009 [2004]): *¿Qué son las lenguas?*. Madrid: Alianza Editorial.

Blanche Benveniste, Cl. (1998): *Estudios lingüísticos sobre la relación entre oralidad y escritura*. Barcelona: Gedisa.

Blommaert, J. (2010): *The Sociolinguistics of Globalization*. Cambridge: Cambridge University Press.

Borrego Nieto, J. (2001): "El concepto de norma regional y su aplicación a las hablas castellano-leonesas", en *II Congreso Internacional de la Lengua Española*. Valladolid (http://congresosdelalengua.es/valladolid/ponencias/unidad_diversidad_del_espanol/1_la_norma_hispanica/borrego_j.htm.).

— (2008): "La norma en las gramáticas de la Real Academia Española", en *Lingüística Española Actual* 30 (1), pp. 5-36.

Bourdieu, P. (1991): *Language and symbolic power*. Oxford: Polity.

Bravo García, E. (2008): *El español internacional. Conceptos, contextos y aplicaciones*. Madrid: Arco Libros.

Calvet, L. (2005): *Lingüística y colonialismo. Breve tratado de glotofagia*. Buenos Aires: Fondo de Cultura Económica.

Cameron, D. (1995): *Verbal Hygiene*. Londres/Nueva York: Routledge.

Canagarajah, S. A. (1999): *Resisting Linguistic Imperialism in English Teaching*. Oxford: Oxford University Press.

Catalán, D. (1964): "El español en Canarias", en *Presente y futuro de la lengua española. Actas de la Asamblea de Filología del I Congreso de Instituciones Hispánicas,* vol I. Madrid: Ediciones Cultura Hispánica, pp. 239- 280.

Clyne, M. (ed.) (1992): *Pluricentric Languages. Differing Norms in Different Nations*. Berlín/Nueva York: Mouton de Gruyter.

Cooper, R. L. (1989): *Language planning and social change*. Cambridge: Cambridge University Press [vers. esp. *La planificación lingüística y el cambio social*. Cambridge: Cambridge University Press, 1997].

Coseriu, E. (1989 [1962]): "Sistema, norma y habla", en *Teoría del lenguaje y lingüística general. Cinco estudios*. Madrid: Gredos, pp. 11-113.

Coupland, N. (2010): *Handbook of Language and Globalization*. Malden, Ma/Oxford: Wiley-Blackwell.

Crystal, D. (1994 [1987]): *The Cambridge Encyclopedia of Language*. Cambridge: Cambridge University Press [vers. esp. *Enciclopedia del Lenguaje de la Universidad de Cambridge*. Madrid: Taurus, 1994].

Crystal, D. (2000): *Language Death*. Cambridge: Cambridge University Press.

Demonte Barreto, V. (2003): "Lengua estándar, norma y normas en la difusión actual de la lengua española", en *Circunstancia* 1, (http://www.ortegaygasset.edu/circunstancia/numero1/art4_imp.htm).

Díaz Salgado, L. C. (2011): "Historia crítica y rosa de la Real Academia Española", en S. Senz y M. Alberte (eds.), vol. I, pp. 21-156.

Escoriza Morera, L. (2008): *Comentarios de política y planificación lingüísticas*. Madrid: Arco Libros.

Esposito, G. (2011): "Accademia della Crusca, Acádemie Française y Real Academia Española: paralelismos y divergencias", en S. Senz y M. Alberte (eds.), vol. I, pp. 343-369.

Fairclough, N. (1989): *Language and Power*. Londres: Longman.

Fasold, R. W. (1984): *The sociolinguistics of society*. Oxford: Basil Blackwell [vers. esp. *La sociolingüística de la sociedad*. Madrid: Visor, 1996.]

Ferguson, G. (2006): *Language Planning and Education*. Edimburgo: Edinburgh University Press.

Fishman, J. A. (2006): *Do Not Leave Your Language Alone. The Hidden Status Agendas Within Corpus Policy in Language Policy.* Londres: Routledge.

Fries, D. (1989): *Limpia, fija y da esplendor: La Real Academia Española ante el uso de la lengua (1713-1973).* Madrid: SGEL.

Gallardo, A. (1978): "Hacia una teoría del idioma estándar", *Revista de Lingüística Teórica y Aplicada* 16, pp. 85-119.

Garvin, P. (1959): "The standard language problem", en D. Hymes (ed.) *Language in Culture and Society.* Nueva York: Harper and Row, pp. 521-526.

Gómez Torrego, L. (2002 [1996]): *Ejercicios de gramática normativa I.* Madrid: Arco Libros.

— (2006): *Hablar y escribir correctamente. Gramática normativa del español actual*, vols. I y II. Madrid: Arco Libros.

Goody, J. e I. Watt (1968): "The consequences of literacy", en J. Goody (ed.): *Literacy in traditional societies.* Cambridge: Cambridge University Press.

Grimes, B. F. (2000): *Ethnologue: Languages of the World.* Dallas: Summer Institute of Linguistics.

Guitarte, G. (1991): "Del español de España al español de veinte naciones: la integración de América al concepto de lengua española", en C. Hernández, G. de Granda y C. Hoyos (eds.) *Actas del III Congreso Internacional del Español de América.* Valladolid, vol. I. Valladolid: Junta de Castilla y León, pp. 65-86.

Gutiérrez Ordóñez, S. (2002): "Nuevos caminos de la lingüística (Aspectos de la competencia comunicativa)", en S. Gutiérrez Ordóñez *De pragmática y semántica.* Madrid: Arco Libros, pp. 79-124.

Haas, W. (1982): "On the normative character of language", en W. Haas (ed.) *Standard languages: Spoken and written.* Manchester: Manchester University Press, pp. 1- 36.

Hagège, Cl. (2000): *Halte à la mort des langues.* París: Odile Jacob. [vers. esp. *No a la muerte de las lenguas.* Paidós: Ibérica, 2002].

Halliday, M. (1990): *Spoken and written language.* Oxford: Oxford University Press.

Hamel, R. E. (2004): "Las cuatro fronteras de la identidad lingüística del español: lengua dominante y dominada, lengua fronteriza y lengua internacional", en *III Congreso Internacional de la Lengua Española.* Rosario (http://congresosdelalengua.es/rosario/mesas/hamel_r.htm.).

Harris, R. (1980): *The Language Makers.* Ithaca: Cornell University Press.

Haugen, E. (1959): "Planning for a standard language in modern Norway", *Anthropological Linguistics* 1 (3), pp. 8- 21.

Haugen, E. (1966): *Language Conflict and Language Planning: The Case of Modern Norwegian.* Cambridge: Cambridge University Press.

Haugen, E. (1971): "Instrumentalism in Language Planning", en J. Rubin y B. H. Jernudd (eds.), pp. 281-289.

Haugen, E. (1983): "The Implementation of Corpus Planning: Theory and Practice", en J. Cobarrubias y J. A. Fishman (eds.): *Progress in Language Planning: International Perspectives.* Berlín: Mouton, pp. 269- 283.

Hymes, D. (1972): "On communicative competence", en J. Pride y J. Holmes (eds.) *Sociolinguistics.* Harmondsworth: Penguin Books.

Instituto Cervantes (2012): *El libro del español correcto.* Madrid: Espasa.

Joseph, J. E. (1987): *Eloquence and power: the rise of language standards and standard languages*. Londres: Frances Pinter.

Joseph, J. E. (2006): *Language and Politics*. Edinburgh: Edinburgh University Press.

Junyent, C. y C. Muncunill (2010): *El libro de las lenguas*. Barcelona: Octaedro.

Kachru, B. B. (1982): *The Other Tongue. English Across Cultures*. Oxford: Pergamon Press.

Kaplan, R. B. y R. B. Baldauf (1997): *Language Planning. From Practice to Theory*. Clevedon: Multilingual Matters.

Kerswill, P. (2007): "Standard English and the standard/non standard relationship", en D. Britain y J. Chesire (eds.) *Language in the British Isles*. Cambridge: Cambridge University Press, pp. 34-51.

Kloss, H. (1967): "*Abstand* Languages and *Ausbau* Languages", en *Linguistics* 9 (7), pp. 29-41.

— (1968): "Notes Concerning a Language-Nation Typology", en J. Fishman, Ch. A. Ferguson y J. Das Gupta (eds.) *Language problems of developing nations*. Nueva York: John Wiley and Sons, pp. 69-85.

Koch, P. y W. Oesterreicher, (1990): *Gesprochene Sprache in der Romania: Französisch, Italienisch, Spanisch*. Tübingen: Max Niemeyer Verlag [vers. esp. *Lengua hablada en la Romania: Español, francés, italiano*. Madrid: Gredos, 2007].

Krauss, M. (1992): "The world´s language in crisis", en Language 68 (1), pp. 4-10.

Labov, W. (1969): "The Logic of Non-Standard English", en A. C. Aarons, B. Y. Gordon y W. A. Stewart (eds.) *Linguistic- Cultural Differences and American Education* 7 (*Special Anthology Issue of the Florida FL Reporter*), pp. 60-74.

Lamuela X. y H. Monteagudo (1996): "Planificación lingüística", en M. Fernández Pérez (coord.) *Avances en lingüística aplicada*. Santiago: Universidade de Santiago de Compostela, pp. 229-301.

Lewis, P. M. Simons, G. F. y Ch. D. Fennig (eds.) (2013): *Ethnologue: Languages of the World, Seventeenth edition*. Dallas, Texas: SIL International (http://www.ethnologue.com).

Lippi-Green, R. (1997): *English with an Accent: Language, Ideology and Discrimination in the United States*. Londres/Nueva York: Routledge.

Lodares, J. R. (2000): *El paraíso políglota*. Madrid: Taurus.

Lope Blanch, J. M. (2001): "La norma lingüística hispánica", en *II Congreso Internacional de la Lengua Española*. Valladolid (http://congresosdelalengua.es/valladolid/ponencias/unidad_diversidad_del_espanol/1_la_ norma_hispanica/lope_j.htm).

López García, Á. (2008): "La lengua española y sus tres formas de estar en el mundo", en *Presente y futuro del español. Anuario del Instituto Cervantes*. Madrid: Arco Libros, pp. 471-475.

López García, Á. (2009): *La lengua común en la España plurilingüe*. Madrid/Frankfurt am Main: Iberoamericana/Vervuert.

López Morales, H. (2010): *La andadura del español por el mundo*. Madrid: Taurus.

López Serena, A. (2007): *Oralidad y escrituralidad en la recreación literaria del español coloquial*. Madrid: Gredos.

Lüdi, G. (2011): "Can French be called a pluricentric language?", en A. Soares Da Silva, A. Torres y M. Gonçalves (eds.) *Línguas Pluricêntricas. Variação Linguística e Dimensões Sociocognitivas/Pluricentric Languages. Linguistic Variation and Sociocognitive Dimensions.* Braga: Publicaçoes da Faculdade de Filosofia/Universidade Católica Portuguesa, pp. 87- 107.

Mar Molinero, Cl. (2006): "The European linguistic legacy in a global era: linguistic imperialism, Spanish and the Instituto Cervantes", en Cl. Mar Molinero y P. Stevenson (eds.) *Language Ideologies, Policies and Practices: Language and the Future of Europe.* Basingstoke: Palgrave Macmillan, pp. 76-91.

Martí, F. *et al.* (2006): *Palabras y mundos. Informe sobre las lenguas del mundo.* Barcelona: Icaria.

McLuhan, M. (1962): *The Gutenberg Galaxy: The Making of a Typograhphic Man.* Toronto: University of Toronto Press.

Méndez García de Paredes, E. (2009): "Pluricentrismo y panhispanismo. A propósito del Diccionario Panhispánico de Dudas", en R. De Maeseneer, J. Ingeborg, L. Vangehuchten y J. Vervaeke (eds.) *El hispanismo omnipresente.* Amberes: Ediciones UPA, pp. 223-238.

— (2012): "Los retos de la codificación normativa del español: Cómo conciliar los conceptos de español pluricéntrico y español panhispánico", en F. Lebsanft, W. Mihatsch y Cl. Polzin-Haumann (eds.) *El español, ¿desde las variedades a la lengua pluricéntrica?* Madrid/Frankfurt am Main: Iberoamericana/Vervuert, pp. 281-312.

Milroy, J. y L. Milroy (1991 [1985]): *Authority in Language. Investigating Language Prescription and Standardization.* Londres: Routledge.

Moreno Cabrera, J. C. (2000): *La dignidad e igualdad de las lenguas. Crítica de la discriminación lingüística.* Madrid: Alianza Editorial.

— (2003): *El universo de las lenguas.* Madrid: Castalia.

— (2005): *Las lenguas y sus escrituras: Tipología, evolución* e *ideología.* Madrid: Síntesis.

— (2006): *De Babel a Pentecostés: Manifiesto Plurilingüista.* Barcelona: Horsori Editorial.

— (2008): *El nacionalismo lingüístico. Una ideología destructiva.* Madrid: Ediciones Península.

— (2009): "Las lenguas españolas y la constitución: 30 años de nacionalismo lingüístico (1978-2008)", en E. de Miguel (ed.) *La pluralidad lingüística: aportaciones formativas, sociales y culturales.* Madrid: Secretaria General Técnica del Ministerio de Educación, pp. 35-78.

— (2011): " 'Unifica, limpia y fija'. La RAE y los mitos del nacionalismo lingüístico español", en S. Senz y M. Alberte (eds.), vol. I, pp. 156-341.

Moreno Fernández, F. (2000): *¿Qué español enseñar?.* Madrid: Arco Libros.

— (2010): *Las variedades de la lengua española y su enseñanza.* Madrid: Arco Libros.

Morgenthaler García, L. (2008) *Identidad y pluricentrismo lingüístico. Hablantes canarios frente a la estandarización.* Madrid/Frankfurt am Main: Iberoamericana/Vervuert.

Moseley, Ch. (2010): *Atlas of the World's Languages in Danger.* Paris: UNESCO Publishing (http://www.unesco.org/culture/en/endangeredlanguages/atlas).

Muhr, R. (2005): Language Attitudes and language conceptions in non-dominating varieties of pluricentric languages"/"Die Spracheinstellungen und Sprachkonzepte nicht dominierender Varietäten plurizentrischer Sprachen", en R. Muhr (ed.) *Standardvariationen und Sprachideologien in verschiedenen Sprachkulturen der Welt. Standard Variations and Language Ideologies in different Language Cultures around the World.* Viena: Peter Lang Verlag, pp. 9-20.
Nettle, D. y S. Romaine (2000): Vanishing Voices: The Extinction of the World's Language. Oxford: Oxford University Press.
Oesterreicher, W. (2004): "El problema de los territorios americanos", en *III Congreso Internacional de la Lengua Española.* Rosario (http://www.congresosdelalengua.es/rosario/ponencias/aspectos/oesterreicher_w.h).
Ong, W. (1987): *Oralidad y escritura. Tecnologías de la palabra.* México: Fondo de Cultura Económica.
Paffey, D. (2012): *Language Ideologies and the Globalization of 'Standard' Spanish.* Londres: Bloomsbury.
Pascual, J. A. y E. Prieto de los Mozos (1998) "Sobre el estándar y la norma", en C. Kent y M.ª D. de la Calle (eds.) *Visiones salmantinas.* Salamanca: Universidad de Salamanca/Ohio Wesleyan University, pp. 63-95.
Phillipson, R. L. (1992) *Linguistic Imperialism.* Oxford: Oxford University Press.
Polzenhagen, F. y R. Dirven (2008) "Rationalist or romantic model in globalization?", en G. Kristiansen y R. Dirven (eds.) *Cognitive Sociolinguistics. Language Variation, Cultural Models, Social Systems.* Berlin/Nueva York: Mouton de Gruyter, pp. 237-299.
Prieto de los Mozos, E. (1999) "Sobre las gramáticas normativas y las gramáticas no normativas", en *Homenatge a Jesús Tusón.* Barcelona: Empúries, pp. 245-258.
Quirk, R. (1988) "The question of standards in the international use of English", en P.H. Lowenberg (ed.) *Language Spread and Language Policies: Issues, Implications and Case Studies. Proceedings of the Georgetown University Roundtable on Languages and Linguistics.* Washington DC: Georgetown University Press, pp. 229- 141.
Real Academia Española (2001): *Diccionario de la lengua española.* Madrid: Espasa-Calpe/Academia Española.
Real Academia Española y Asociación de Academias de la Lengua Española (2005): *Diccionario panhispánico de dudas.* Madrid: Santillana.
— (2009): *Nueva gramática de la lengua española.* Madrid: Espasa-Calpe.
— (2010a): *Manual de la nueva gramática de la lengua española.* Madrid: Espasa-Calpe.
— (2010b): *Diccionario de americanismos.* Madrid: Espasa-Calpe.
Ricento, Th. (ed.) (2006): *An Introduction to Language Policy: Theory and Method.* Australia: Blackwell Publishing.
Robertson, R. (1992): *Globalization. Social theory and global culture.* Londres: Sage Publications.
Robins, R. H. (1967): A *Short History of Linguistics.* Londres: Longman [vers. esp. *Breve historia de la lingüística.* Madrid: Cátedra, 1997].
Rubin, J. y B. H. Jernudd (eds.) (1971): *Can Language Be Planned?: Sociolinguistic Theory and Practice for Developing Nations.* Honolulu: The University Press of Hawaii.
Salvador, G. (1992): *Política lingüística y sentido común*: Madrid: Istmo.

Senz, S., Alberte, M. y J. Minguell (2011): "Las academias de la lengua española, organismos de planificación lingüística", en S. Senz y M. Alberte (eds.), vol. I, pp. 372- 550.

Senz, S. y M. Alberte (eds.) (2011): *El dardo en la Academia. Esencia y vigencia de las academias de la lengua española*. Vols. I y II. Barcelona: Melusina.

Shohamy, E. (2006): *Language Policy and Language Planning. Hidden Agendas and New Approaches*. Londres: Routledge.

Siguán, M. (2007): "El español en contacto con otras lenguas de España", en M. Lacorte (coord.) *Lingüística aplicada del español*. Madrid: Arco Libros, pp. 281-308.

Skutnabb-Kangas, T. (2000): *Linguistic genocide in education or worldwide diversity and human rights?* Nueva York: Lawrence Erlbaum.

Spolsky, B. (2004): *Language Policy. Key Topics in Sociolinguistics*. Cambridge: Cambridge University Press.

Stewart, W. (1968): "A sociolinguistic typology for describing national multilingualism", en J. A. Fishman (ed.) *Readings in the Sociology of Language*. The Hague: Mouton, pp. 531- 545.

Thornburn, Th. (1971): "Cost-Benefit Analysis in Language Planning", en J. Rubin y B. H. Jernudd (eds.), pp. 253-262.

Tusón Valls, J. (2003): *Los prejuicios lingüísticos*. Barcelona: Octaedro.

Valle, J. del (ed.) (2007): *La lengua patria común. Ideas e ideologías del español*. Madrid/Frankfurt am Main: Iberoamericana/Vervuert.

De Varennes F. (2013): "Language policy at the supranational level", en B. Spolsky (ed.) *The Cambridge Handbook of Language Policy*. Cambridge: Cambridge University Press, pp. 149-173.

Vázquez Villanueva G. (2008): "¿La lengua española: Herencia cultural o proyecto político? Debates en el Congreso Literario Hispanoamericano de 1892", en *Signos* 41 (66), pp. 81- 106 (http: www.scielo.cl/pdf/signos/v41n66/art04.pdf).

Woolard, K. (2008): "Language and Identity Choice in Catalonia: The Interplay of Contrasting Ideologies of Linguistic Authority", en K. Süselbeck, U. Mühlschlegel y P. Masson (eds.) *Lengua, nación e identidad. La regulación del plurilingüismo en España y América Latina*. Madrid/Frankfurt am Main: Iberoamericana/Vervuert, pp. 303-323.

Wright, S. (2004): *Language Policy and Language Planning. From Nationalism to Globalization*. Nueva York: Palgrave Macmillan.

Wurm, S. (2001) *Atlas of the World's Languages in Danger of Disappearing*. Paris: UNESCO Publishing.

Zamora Vicente, A. (1999): *La Real Academia Española*. Madrid: Espasa-Calpe.

Zimmermann, K. (2010): "La hispanofonía, la lingüística hispánica y las Academias de la lengua: propuestas para una nueva cultura lingüística", en: Ortega, Julio (ed.) *Nuevos hispanismos interdisciplinarios y trasatlánticos,* vol. II. Madrid/Frankfurt am Main: Iberoamericana/Vervuert, pp. 43-59.